ANTIGONE
OU
LA PIETÉ

Dans la même collection:

Textes de la Renaissance
sous la direction de Claude Blum
17

Robert Garnier

ANTIGONE
OU
LA PIETÉ

tragedie

Edition critique,
établie, présentée et annotée
par Jean-Dominique Beaudin

*Ouvrage publié avec le concours
du Centre National du Livre*

PARIS
HONORÉ CHAMPION ÉDITEUR
7, QUAI MALAQUAIS (VIᵉ)
1997

Diffusion hors France: Editions Slatkine, Genève

INTRODUCTION

I- CIRCONSTANCES DE LA PARUTION. MESSAGE POLITIQUE.

Antigone paraît en 1580, après trois pièces romaines et deux pièces grecques. Le titre complet de l'œuvre est *Antigone ou la Pieté.* Garnier s'inspire essentiellement des *Phéniciennes* de Sénèque et de l'*Antigone* de Sophocle, ajoute quelques réminiscences de la *Thébaïde* de Stace, utilise, mais fort peu, les *Phéniciennes* d'Euripide. Il a puisé parfois à d'autres sources (autres pièces de Sénèque, comme l'*Œdipe* ou l'*Agamemnon, Odes* d'Horace, œuvres de Ronsard, peut-être même les *Dionysiaques* de Nonnos de Panopolis, etc.).

La légende d'Antigone jouit d'une certaine faveur au seizième siècle: la pièce de Sophocle a été traduite en italien par Luigi Alamanni (1533), en latin par Gentien Hervet (1542), Rotaller (1550), Lalamant - ou Lalemant - (1557), en français par Calvy de La Fontaine (1542); Jean-Antoine de Baïf en a donné une adaptation française (1573). La traduction en vers latins de l'allemand Rotaller (qui, pour la circonstance, latinise son nom en Rotallerus) figure dans les *Tragoediae selectae* publiées en 1567 par Henri Estienne. Quant aux éditions du texte grec, M.-M. Mouflard (*R. Garnier*, tome III, p.85) en signale plusieurs: une première paraît à Venise, chez les Alde en 1502; elle est reproduite à Florence en 1522, puis à Paris en 1528; une deuxième est donnée par Turnèbe à Paris en 1553 et une troisième par Henri Estienne en 1568, avec des scolies. En ce qui concerne les *Phéniciennes* de Sénèque, Garnier s'est probablement servi d'une édition publiée à Lyon en 1576 (cf. Marie-Madeleine Mouflard, *Robert Garnier*, tome III, p.9-10).

Garnier a peut-être composé sa tragédie en deux phases: Marie-Madeleine Mouflard remarque en effet (*Robert Garnier*, tome I, p.339) qu'il existe d'importantes différences de style entre les deux parties, ce qui suppose des dates de rédaction espacées. Il ne nous semble pas impossible que l'auteur ait commencé à rédiger les actes IV et V dès 1573, à la suite de l'adaptation de Baïf, mais nous n'en avons pas la preuve. On ne doit pas non plus écarter la possibilité d'une influence des idées de Jean Bodin, dont *La République* paraît en 1576, ainsi que celle des débats qui ont eu lieu, la même année, aux Etats généraux de Blois, ce qui nous obligerait à retarder de trois ans la composition de cette partie de la pièce. D'autre part, selon M.-M. Mouflard, certaines allusions politiques peuvent permettre de dater les trois premiers actes. La rivalité entre Monsieur et Henri III à la mort de Charles IX présente des affinités avec celle d'Etéocle et de Polynice, puisque Monsieur, duc d'Alençon, avait pensé qu'il pourrait alors occuper le trône, avait été arrêté et s'était évadé en 1575. Il s'était réconcilié avec le roi en 1576, après des démarches effectuées par la reine mère Catherine de Médicis, qui ne sont pas sans faire songer à l'entremise de Jocaste dans la tragédie. Il dirigera plus tard son ambition ailleurs, cherchant à régner en Angleterre ou aux Pays-Bas et réalisant par avance le souhait que Jocaste exprime au deuxième acte (vers 862-867):

> Si vous avez desir d'estre supreme Prince,
> D'avoir sous vostre main sujette une province,
> Et que ne puissiez vivre exempt de royauté,
> Laissez-là vostre frere, et sa desloyauté,
> Cherchez nouveau party: ceste masse terrestre
> De cent sceptres plus beaux ornera vostre dextre.

Ces éléments (événements politiques, parution de l'ouvrage de Bodin) nous permettent de placer l'essentiel de la rédaction de la pièce vers 1576, même si l'œuvre a pu être complétée et remaniée jusqu'en 1580, date de sa publication.

D'une façon plus générale, la légende des Labdacides permet au public de retrouver dans la lutte fratricide entre Etéocle et Polynice des situations qui se rapprochent des guerres civiles religieuses et politiques. Lorsque Jocaste conseille à ses deux fils de renoncer à leur différend pour s'unir contre l'Asie, c'est une manière à peine voilée d'exhorter catholiques et protestants à cesser la guerre intérieure pour se tourner ensemble contre l'étranger. Raymond Lebègue rappelle à ce propos que les deux adversaires ont «naguère repris en commun Le Havre aux Anglais». (Edition d'*Antigone*, Les Belles Lettres, p.268). Pour Garnier, l'intérêt supérieur de la patrie doit l'emporter sur tout le reste; tel est le message de l'acte II. Or, en 1573-1574, *le Réveille-Matin* a suggéré aux Etats réformés de fonder une ligue européenne pour défendre les Huguenots, de même qu'en 1577 *le Tocsin contre les massacreurs* a lancé un appel aux Anglais et aux Suisses. Une armée étrangère a passé la Meuse en janvier 1576 et, au printemps 1580, l'année même où Garnier fait paraître son *Antigone*, le prince de Condé s'est rendu en Allemagne pour lever une armée. Aussi la France vit-elle dans la crainte permanente d'une invasion étrangère (voir G. Jondorf, *Robert Garnier and the themes of political tragedy in the sixteenth century*, p.39). On comprend mieux pourquoi Garnier a choisi le sujet des guerres civiles légendaires de Thèbes: ne voit-on pas Créon condamner les arrière-pensées impérialistes des alliés de Polynice, prêts à exploiter les dissensions internes de la cité thébaine pour établir leur hégémonie sur celle-ci?

> Adraste leur grand Roy s'estoit desja promis
> De voir son Polynice en son thrône remis,
> Pour commander de force, et presser de servage
> Le peuple Ogygien d'indontable courage. (vers 1718-1721)

En outre, le thème des déchirements de la famille des Labdacides permet une critique indirecte des conflits entre Français et surtout une condamnation de l'esprit partisan et sectaire, qui fait trop souvent oublier, au profit de desseins personnels ou de convictions particulières, le bien supérieur du pays. Jocaste invite Polynice à mettre son ambition au service d'une cause plus noble et à prendre pour cible non des Thébains, mais des étrangers (vers 874 sq.):

> Faites bruire le fer de vos lances Argives,
> Et craquer vos harnois sur les lointaines rives
> Du Tygre Armenien (...)
>   C'est là qu'Adraste doit guider ses forces prestes,
> C'est là qu'il doit pretendre à faire ses conquestes:
> Là vaudra beaucoup mieux vos forces employer
> Pour un sceptre nouveau, que de nous guerroyer:
> Vous y pourrez, sans crime, acquerre un diadême.

C'est surtout aux Princes et aux Grands, toujours ardents à nourrir des ambitions démesurées, que Garnier s'en prend, bien plus qu'aux peuples, qui, eux, font preuve de moins de frénésie que les chefs (vers 578- 579):

Les camps vont lentement, mais les deux Capitaines
Ont pour se rencontrer les demarches soudaines.

En 1580, la septième guerre de religion oppose Henri III et Henri
de Navarre, qui s'empare de Cahors et obtiendra ensuite le Quercy et
l'Agenais; il semble avoir lui-même causé cette guerre (cf. G. Jondorf,
op. cit., p.40). Ainsi s'éclairent les propos de Jocaste condamnant la
guerre civile et l'absurdité qui consiste à saccager et à détruire son
propre pays, celui sur lequel on prétend régner (vers 810 sq.):

C'est la ville, mon fils, où Dieu vous a fait naistre,
Et où vous desirez l'unique seigneur estre.
Quelle bouillante rage et quel forcenement
Vous espoind de vouloir destruire en un moment
Vostre propre Royaume, et le voulant conquerre
Le faire saccager par des hommes de guerre? (...)
Aurez-vous, Polynice, aurez-vous bien le cœur
D'y prendre du butin, si vous estes vainqueur?
Et aurez-vous, helas! aurez-vous le courage
De les voir ravager, les voir mettre au pillage?

Enfin, la guerre civile est condamnée pour ses atrocités souvent
plus nombreuses que dans les guerres extérieures. Un trait de langue
prouvera combien Garnier tenait à évoquer de manière expressive les
discordes civiles: il utilise avec insistance les verbes pronominaux,
dont la valeur de réciprocité est renforcée par le préfixe *entre-*:
*s'entredehacher, s'entremeurtrir, s'entredespouiller, s'entrechoquer,
s'entre-homicider, s'entre-affronter, s'entre-occire, s'entremassacrer,
s'entre-tuer, s'entre-offenser, s'entrefouiller au vif, s'entre-
chamailler.* Le tableau des malheurs de la cité de Thèbes (vers 794-
809) peut s'appliquer à la France et ce passage pathétique est propre à
émouvoir un public plongé dans les horreurs d'un conflit qui
s'éternise:

Vostre patrie a veu ses nourricieres plaines,
De chevaux, de harnois, et de gendarmes pleines:
Elle a veu ses coustaux reluire, comme esclairs,
D'armets estincelans, de targues, de bouclers,
Ses champs herissonner de picques menassantes,
Au lieu de beaux espics aux pointes blondissantes:
Elle voit ses guerets par les chevaux poitris,

Les pasteurs deschassez, et leurs troupeaux meurtris:
Les chefs au front superbe, elevez apparoistre
Sur des chars triomphans, et leurs gens reconnoistre:
Les villages flamber, les cases des Bergers
Servir de corps de garde aux soudars estrangers:
Et ce qui est le pire, elle voit les deux freres
L'un sur l'autre acharnez de fureurs sanguinaires,
Se chercher de la vie, et comme Ours furieux,
Se vouloir deschirer de coups injurieux.

La paix intérieure et le patriotisme vont de pair. *Antigone*, nous l'avons dit, a été écrite dans un contexte politique de rivalité entre les princes. Le conflit entre les droits du souverain et les intérêts de la patrie est illustré par la première partie de la pièce, notamment dans les actes II et III. Le roi doit être le garant du salut public et de l'intégrité du pays, qu'il ne peut détruire; il n'a pas le droit de faire subir au peuple les conséquences de ses ambitions personnelles:

L'un le retient à son pouvoir,
L'autre s'efforce de l'avoir:
Ce pendant le peuple en endure,
C'est luy qui porte tout le faix.
Car encor qu'il n'en puisse mais,
Il leur sert tousjours de pasture.

Mais dedans la campagne bruit,
Nostre beau terroir est destruit:
Le vigneron quitte la vigne,
Le courbe laboureur ses bœus,
Le berger ses pastis herbeus,
Et le morne pescheur sa ligne. (vers 972-983)

Jocaste préfère la guerre de conquête, qui a au moins l'avantage de ne pas diviser les sujets du royaume.

En deuxième lieu, Garnier s'interroge sur le pouvoir royal: le roi a-t-il le droit d'édicter n'importe quelle loi? y a-t-il un devoir moral, qui, dans certaines circonstances, l'emporte sur l'obéissance au roi ou à la loi? En somme, existe-t-il une légitimité morale qui, parfois, surpasse la légalité? Lorsque la loi est injuste et qu'elle contredit les préceptes divins, elle ne doit pas être observée: telle est la signification du conflit entre Créon et Antigone. En 1576, dans sa *Republique*, Jean Bodin affirme clairement que «le suget doit obeissance à son Prince souverain, envers et contre tous, reservé la majesté de Dieu, qui est seigneur absolu de tous les Princes du monde» (I, 9, p.147).

On comprend dès lors pourquoi l'auteur a donné à sa pièce son sous-titre, *la Pieté*. Il veut rappeler qu'il s'agit d'une valeur essentielle: piété envers la famille, envers la patrie, envers Dieu, amour de la justice, toutes qualités que l'on trouve réunies chez le personnage principal de la tragédie, Antigone. Une entreprise politique, notamment militaire, doit être justifiée au regard de la loi religieuse ou morale. Créon veut assurer l'ordre, mais il choisit pour cela de promulguer un édit impie. Prince *malavisé*, il tombe dans l'excès et devient tyran, malgré des intentions qu'il croit justes et bonnes. Si Antigone refuse de lui obéir, c'est parce qu'elle souhaite agir selon sa conscience. C'est la loi religieuse et l'amour qui l'inspirent et sa révolte n'a aucune signification politique:

CREON
Vous avez l'inhumant mes edicts transgressé.

ANTIGONE
Mais la loy de nature et des Dieux est plus forte. (vers 1875-1876)

CREON
Je poursuivray les miens encontre vous rebelle.

ANTIGONE
Je n'ay rien entrepris que d'amour naturelle. (vers 1884-1885)

Si les Thébains protestent contre la mort d'Antigone, ce n'est pas pour des raisons politiques. Le chœur des vieillards place nettement la revendication sur le plan moral et religieux, au nom de la justice et de la piété. Antigone et Hémon ne tiennent pas un autre langage. Il y a des lois naturelles fixées depuis toujours par la divinité et nul roi ne peut se permettre de les contredire, sans quoi il serait impie et la cité en serait affectée. L'existence de ces *loix de nature*, admise par Antigone, est également posée par Bodin:

«Le Roy doit obeir aux loix de nature (...) ce qu'il fera, s'il craint Dieu sur tout» (*Republique*, livre II, chapitre III, p.239).

«(la) loy n'est pas sienne, mais c'est la loy de Dieu et de nature» (*Republique*, I, 9, p.145).

Antigone, tout comme Bodin, associe lois de nature et lois divines. C'est sur ce terrain que l'héroïne se place. Mais alors que Bodin traite de tyran le prince qui foule aux pieds les lois de nature (*Republique*, II, 4, p.246-247), Garnier élimine, dans la dernière édition, les deux accusations de tyrannie qu'Antigone formulait à l'encontre de Créon dans les premières versions, afin de bien souligner que son combat ne comporte pas d'appréciation sur le mode de gouvernement de son oncle et qu'elle ne prétend pas remettre en question son pouvoir. Il n'empêche que la distinction entre les décisions justes des bons rois et les ordres impies, injustes et excessifs de Créon est clairement établie par le chœur (vers 2092 sq.):

» Mortels, nous n'avons rien
» Sur ce rond terrien,
» Qui tant nous soit utile,
» Que d'observer les loix,
» Sous qui les justes Rois
» Gouvernent une ville. (...)

Creon a vraiment tort,
De livrer à la mort
Cette vierge royale.
Il pense tesmoigner
Pour les siens n'espargner
Qu'il fait justice egale.

Mais le crime n'est tel
Qu'il doive estre mortel
A sa bru et sa niepce:
Les amours dedaignant
De son fils se plaignant
D'une telle rudesse.

On trouve donc dans la pièce un écho des théories de Jean Bodin: le souverain ne peut régner s'il ne se soumet pas aux lois fondamentales de la cité. Créon ne doit pas gouverner contre la volonté des citoyens ou *la rumeur du peuple*, quand celui-ci exige le respect des prescriptions divines, qui sont au-dessus des princes, et auxquelles ces derniers sont assujettis, tout comme leurs compatriotes.

Il faut aussi se souvenir que la noblesse, aux Etats généraux de 1576, demande à exercer un contrôle sur les décisions du roi, ce dernier n'étant pas supérieur aux lois de l'Etat, qui s'imposent à lui autant qu'aux autres citoyens. Manfred Orlea a fort bien résumé les revendications des aristocrates lors de ces Etats de Blois:

> «La doctrine des calvinistes et des ligueurs sur les Etats généraux peut finalement se résumer en six points. Il s'agit d'une institution ancienne qui a souvent fonctionné. Sur un plan pratique, les Etats généraux doivent délibérer de toutes les affaires du gouvernement et de l'administration. Il est souhaitable qu'ils soient réunis périodiquement. De cette manière ils servent de frein et de contrepoids à toute monarchie qui se veut absolue et qui tend vers la tyrannie. Il est en leur pouvoir de déposer un tyran. Enfin, ils sont les détenteurs de la souveraineté.» (*La Noblesse aux Etats généraux de 1576 et de 1588*, p.77)

Dans la seconde moitié du seizième siècle, le problème de l'étendue du pouvoir royal et de ses limites se pose de manière constante et donne lieu à des débats passionnés. Même lorsque l'on reconnaît le caractère absolu de la monarchie, on ne l'admet que si les décisions prises sont justes et raisonnables. C'est l'avis de Bernard de Girard, sieur Du Haillan, historiographe sous Charles IX. Dans son traité *De l'Estat et Succez des affaires de France* (1570), il écrit:

> «Bien qu'il ait toute puissance et authorité de commander et faire ce qu'il veut, si est-ce que cette grande et souveraine liberté est reiglée, limitée et bridée par bonnes loys et ordonnances (...), ne lui estant tout permis, ains seulement ce qui est juste et raisonnable, et prescrit par les ordonnances et par l'advis de son Conseil» (cité par G. Zeller, *Les Institutions de France au XVI° siècle*, p.79, et par M. Pernot, *Les Guerres de religion en France*, p.6).

La distinction entre la monarchie fondée sur la justice et la tyrannie est un des lieux communs de la pensée politique de l'époque, et Jean Bodin y consacre un développement important au chapitre IV du deuxième livre de la *Republique*:

> «l'un (le roi) entretient la pieté, la justice, et la foy: l'autre (le tyran) n'a ny Dieu, ni foy, ni loy: l'un fait tout ce qu'il pense servir au bien public, et tuition de ses sugets: l'autre ne faict rien que pour son profit particulier, vengeance, ou plaisir (...)» (p.246-247).

Hémon, lorsqu'il affronte Créon au quatrième acte, refuse, lui aussi, de confondre le bon roi et le tyran, et sa distinction repose sur des critères proches de ceux qui sont énoncés dans le traité de Bodin:

CREON
Je luy feray porter de son orgueil la peine.

HEMON
Ce ne sera l'advis de la cité Thebaine.

CREON
Qu'ay-je affaire d'advis? telle est ma volonté.

HEMON
N'estes-vous pas suget aux loix de la cité?

CREON
Un Prince n'est sujet aux loix de sa province.

HEMON
Vous parlez d'un tyran, et non pas d'un bon Prince.

CREON
Tu veux que mes sujets me prescrivent des loix.

HEMON
» Ils doivent au contraire obeir à leurs Rois,
» A leurs Rois leurs seigneurs, les aimer et les craindre:
» Aussi la loy publique un Roy ne doit enfreindre. (vers 2032-2041)

Et, puisque les citoyens de Thèbes préfèrent Etéocle à Polynice, malgré les droits de ce dernier, alors c'est Etéocle qui doit régner (vers 913-917):

POLYNICE
Mais ce n'est qu'un volleur,
Un volleur de Royaume.

IOCASTE
Il est plus agreable
Aux citoyens que vous.

POLYNICE
Et moy plus redoutable.

IOCASTE
Les voudriez-vous regir contre leur volonté?

POLYNICE
» Un peuple contumax par la force est donté.

En ce qui concerne le profil du monarque idéal, Garnier avait défini, dans son *Hymne de la Monarchie* (1567), ce que doit être le bon roi: un bon organisateur, préoccupé par le bien public et la justice:

> Il depart ses états, et comme Prince saige,
> Autorise ceus-la qui valent davantaige,
> Il revisite tout, à celle-fin de voir
> Comme au labeur publique on vaque à son devoir.
> Il les adhorte tous, et si quelqu'un est lâche,
> Ou fait le parresseus au devoir de sa tâche,
> Il le punit, severe, estimant qu'un chacun
> Sera plus excité par le supplice d'un. (vers 163-170)

Créon lui-même se montre soucieux d'équité: il veut, dit-il, que les citoyens soient tous égaux devant ses lois: Antigone et Ismène, bien que princesses de sang, ne jouissent donc d'aucun privilège par rapport aux simples sujets; il croit (à tort, du reste) déceler chez la première le désir d'échapper à la loi commune:

> (elle) pense volontiers
> Que pour le vain respect des Rois ses devanciers,
> Elle n'y soit sugette, et que la felonnie
> Dont elle use envers moy, luy doive estre impunie.
> Mais ores qu'elle soit sœur et fille de Rois,
> De ma sœur engendree en maritales lois,
> Je la feray mourir, et sa sœur avec elle,
> Si je trouve sa sœur estre de sa cordelle. (vers 1846-1853)

Les Thébains (vers 2152-2157) reprochent à Créon son excessive rigueur. Or, dans l'*Hymne de la Monarchie*, comme dans l'ensemble de son œuvre, Garnier associe la clémence à la justice:

> «(...) selon une antithèse héritée d'Aristote et devenue lieu commun à la Renaissance, le roi s'oppose au tyran par l'exercice de la justice et de la clémence: le *Prince humain* (v. 294) est le contraire du *Tyran débordé* (v. 214). Plutôt que l'origine du pouvoir, c'est ici la

manière de l'exercer qui distingue deux formes de gouvernement. La clémence du juste roi est le *leitmotiv* qui hante d'un bout à l'autre le théâtre de Robert Garnier (...)» (Franck Lestringant, *Mélanges Enea Balmas*, tome 1, pp.405-406).

La question de l'autorité royale et de sa légitimité se pose aussi d'un autre point de vue. Comme le remarque Marie-Madeleine Mouflard (*Robert Garnier*, tome II, p.139), Créon n'est allié à la dynastie des Labdacides que par les femmes, et Antigone, bien qu'elle soit une femme, peut faire valoir ses droits en cas de changement de dynastie, puisqu'elle est la plus proche parente d'Œdipe, d'Etéocle et de Polynice par le sang. Le problème de succession risque aussi de se poser en France si Henri III disparaît. La parenté d'Henri de Navarre étant lointaine, le duc de Savoie, le duc de Guise et le roi d'Espagne, mariés aux sœurs du roi, peuvent prétendre accéder à la royauté. M.-M. Mouflard établit un parallèle avec la situation thébaine lorsque le trône est vacant: Créon prend le pouvoir et veut maintenir le bon ordre dans l'intérêt de tous les citoyens. Mais il n'est pas du sang des Labdacides et n'a donc pas la même légitimité qu'Antigone. Jocaste, avant de mourir, prévoit que cet usurpateur s'emparera du sceptre (vers 1208-1211):

> A cette heure Creon trouvant le thrône vuide,
> Sans peine usurpera le sceptre Agenoride:
> Et nous, sexe imbecile, esclaves servirons
> Sous le joug d'un tyran, sinon que nous mourons.

Créon prend donc bien soin de justifier sa prise de pouvoir (vers 1730-1731):

> Or moy, comme celuy qui plus proche de sang
> Du malheureux Edip', viens regner en mon rang (...)

Peut-être craint-il Antigone autant parce qu'elle pourrait être une rivale que parce qu'elle désobéit? Il accuse sa nièce de rébellion et veut voir dans son acte le désir de détruire son autorité:

> » La puissance du Roy les cœurs rebelles donte,
> » Et les soumet aux loix, dont ils ne tiennent conte.
> Cette cy seulement ma defense n'enfreint,
> Mais comme si l'enfreindre estoit un œuvre saint,

> Elle s'en glorifie, et d'impudente audace
> Maintient avoir bien fait, mesme devant ma face:
> Se rit de ma puissance (...) (vers 1840-1846)

En outre, il ne consent certainement pas à ce qu'une femme exerce le moindre pouvoir ou même conteste tant soit peu un édit. Ni Jocaste ni Ismène ne se font aucune illusion sur ce point: les femmes ne peuvent qu'obéir dans une société dominée par des hommes.

II- THÈMES RELIGIEUX.

Le sous-titre de la pièce, *La Pieté*, retient évidemment l'attention. Le thème assure en partie l'unité de l'œuvre. Dans les quatre derniers vers de la pièce, le chœur tire la leçon du drame: elle est sans ambiguïté, de tonalité délibérément religieuse, et attribue les calamités subies à la violation des préceptes divins:

> Vos pertes, vos malheurs, que vous avez soufferts
> » Procedent du mespris du grand Dieu des Enfers:
> » Il le faut honorer, et tousjours avoir cure
> » De ne priver aucun du droict de sepulture. (vers 2738-2741)

Un autre détail mettra en évidence la portée religieuse de la tragédie. A la fin de la scène d'exposition de sa pièce, Sophocle terminait l'entretien entre Antigone et sa sœur par ces mots d'Ismène: «Pars, puisque tu l'as résolu. C'est une folie, sache-le bien; mais tu sais aimer ceux que tu aimes.» (*trad.* Pignarre, t.I, p.87). Paroles touchantes, que Garnier transforme complètement en leur donnant une perspective différente:

> Or allez de par Dieu, le bon-heur vous conduise,
> Et tourne à bonne fin vostre *sainte* entreprise. (vers 1620-1621)

Dès les premiers vers, Œdipe rappelle qu'il est un réprouvé aux yeux du destin et qu'il a enfreint les lois religieuses les plus sacrées:

> Ainsi devant que naistre, ains devant qu'estre faict
> J'estois ja crimineux d'un horrible forfaict:
> J'estois ja parricide, et ma vie naissante
> D'un sort contraire estoit coupable et innocente. (...)

> (...) helas! le Destin nuisiblement propice
> A mon futur malheur, m'arracha du supplice,
> Me preservant pour l'heure, à fin que d'un poignard
> J'ouvrisse un jour le sein de mon pere vieillard,
> Que je devois meurtrir par la voix prophetique,
> Trop veritable helas! de l'oracle Delphique;
> Or l'ay-je massacré de cette dure main,
> Vrayment dure et cruelle, et l'empire Thebain
> J'ay conquis par sa mort, ornant la mesme dextre,
> Qui l'ame luy tolut, de l'honneur de son sceptre.
> Encor ne fust-ce tout: car le ciel me voulant
> Accabler de mesfaicts, et les accumulant
> Par monceaux entassez, me feit (ô chose infame!)
> L'incestueux mary de ma mere, sa femme. (vers 271-294)

Par la suite, Jocaste confirme le caractère sacrilège de l'inceste qu'elle a commis: elle emploie le mot *execrable*, qui, dans la langue du XVI° siècle, possède une signification religieuse: est *exécrable* ce qui doit être détesté parce qu'il enfreint les lois les plus sacrées; le sens étymologique n'a pas disparu: en latin, *exsecrabilis* veut d'abord dire «maudit, dévoué aux divinités infernales», ou, encore, «exclu du sacré, qui va à l'encontre du sacré». Aussi une malédiction d'ordre religieux pèse-t-elle sur la famille des Labdacides (vers 1198-1207):

> J'ay malheureuse, Edipe et d'Edipe conceu:
> J'ay mon enfant, ô crime! en ma couche receu,
> Mon enfant parricide, et la dextre ay baisee
> Que mon espoux avoit de son sang arrosee.
> Que pouvoit, que devoit estre au monde produit
> D'un execrable Hymen qu'un execrable fruit?
> Ils se sont massacrez d'une horrible furie:
> Des yeux de mon mary la lumiere est perie,
> Qui non contant de fuir la celeste clarté,
> S'est de Thebes banny, s'est de nous escarté.

La rivalité d'Etéocle et de Polynice découle donc de la faute d'Œdipe et de Jocaste. Mais les frères ennemis, en se livrant sans retenue à leur passion du pouvoir, en viennent à sacrifier le bien de leur patrie, acte qualifié d'impie par Œdipe:

> Le frere veut du frere et le bien et la vie,
> Tant ils ont de regner une bruslante envie,

> Tant ce desir les ronge, et ceste authorité
> Les contraint de forcer tout droict de pieté. (vers 305-308)

Jocaste tient d'assez semblables propos:

> Je ne vien pas icy, je n'y suis pas venuë
> Travailler de labeur ma vieillesse chenuë,
> Pour estre le tison de vos impietez,
> Mais pour fendre le roc de vos cœurs irritez. (vers 726-729)

Jocaste et Antigone consacreront -en vain- tous leurs efforts à rompre cette dissension meurtrière et cette haine, au nom de la piété:

> Je vous pri' je vous pri' despouillez ce rancœur,
> Et d'humble pieté remparez vostre cœur. (vers 840-841)

Ce concept de *piété* doit être interprété dans un sens très large, celui de la *pietas* latine: il s'agit d'une notion religieuse, mais qui comporte de multiples aspects (devoirs envers les dieux, envers la famille, envers les serments, envers la patrie). Simone Fraisse fait pertinemment remarquer (*Le Mythe d'Antigone*, p.24) que «(la) piété fraternelle (...) se confond avec la pitié, les deux mots qui procèdent du même radical étant au XVI° siècle encore mêlés dans l'usage. En ensevelissant son frère, Antigone se montre *piteuse* ou *pitoyable*, c'est-à-dire qu'elle pratique la charité.»

On comprend mieux, dans ces conditions, l'attitude d'Antigone: elle cherchera par l'observance de la loi religieuse, par sa piété fraternelle et filiale et par le sacrifice de sa vie, à racheter toute sa lignée de la tache originelle. Elle a été frappée par les paroles pessimistes de son père: en effet, au début du premier acte, Œdipe a le sentiment très vif qu'il souille l'univers de sa présence; sa mort peut donc seule purifier le monde; il a beau s'être aveuglé, le Ciel et les dieux continuent à l'observer; il se déclare *abominable* (c'est-à-dire, au sens latin du terme, «digne d'être repoussé comme un mauvais présage»):

> Pour ne voir plus le ciel aveugler me suis peu,
> Mais ce n'est pas assez, car du ciel je suis veu:
> Le ciel tout regardant est tesmoin de mon crime,
> Et ne m'engouffre helas! sous l'infernal abysme,

> Me souffre, abominable, encores avaler
> Les saveurs de la terre, et le serein de l'air. (vers 15-20)

Il qualifie ses actes d'*horribles*, notion qui évoque une monstruosité morale et religieuse, défiant à la fois les lois naturelles, sociales et divines; il invoque la fatalité, nous dirons même sa prédestination, et nous allons voir que ce dernier concept est ici probablement lié aux discussions théologiques issues des progrès du courant réformateur en France; cette idée se trouve fermement combattue par Antigone qui n'admet pas de faute indépendamment de la volonté humaine (vers 125-136):

> *EDIPE*
> Le malheur où je suis n'est pas remediable.
>
> *ANTIGONE*
> Du malheur qui vous poingt vous n'estes pas coupable.
>
> *EDIPE*
> Apres m'estre du sang de mon pere polu?
>
> *ANTIGONE*
> Non, puisque l'offenser vous n'avez pas voulu.
>
> *EDIPE*
> J'ay ma mere espousee, et massacré mon pere.
>
> *ANTIGONE*
> Mais vous n'en sçaviez rien, vous ne le pensiez faire.
>
> *EDIPE*
> C'est une forfaicture, un prodige, une horreur.
>
> *ANTIGONE*
> Ce n'est qu'une fortune, un hasard, une erreur.
>
> *EDIPE*
> Une erreur, qui le sang me glace quand j'y pense.
>
> *ANTIGONE*
> Ce n'est vrayment qu'erreur, ce n'est qu'une imprudence.
>
> *EDIPE*
> Quel monstre commit onc telle mechanceté?

ANTIGONE
» Personne n'est mechant qu'avecques volonté.

Il ne nous semble pas exagéré de dire que cette controverse est un écho du débat qui opposait catholiques et calvinistes: Antigone, en affirmant le rôle de la liberté de l'homme dans le choix du mal ou du bien, ne peut se résoudre à l'idée d'une condamnation originelle définitive de l'individu. Garnier, en bon catholique, ne saurait adhérer à l'idée d'une réprobation divine à l'égard de l'individu avant même sa naissance. Antigone cherchera obstinément à échapper à la malédiction qui paraît peser sur la famille d'Œdipe: pour cela, elle se dévouera à ses proches, sacrifiera sa jeunesse et son mariage et acceptera une mort prématurée. Même si elle échoue sur le plan des faits, elle triomphe sur celui de la morale et de la religion. Son abnégation a quelque chose d'évangélique; sont en revanche peu conformes à l'idéal chrétien son manque d'humilité et son désir de gloire. On voit toutefois que Garnier a tenté d'adapter la légende païenne à l'esprit chrétien et, quoique la mythologie et le paganisme tiennent une place importante dans sa pièce, la conception métaphysique qui forme le socle de l'œuvre s'inspire de la philosophie chrétienne. La preuve en est la profession de foi d'Antigone concernant les préceptes immuables et inviolables de la divinité: elle reconnaît bien l'existence et les exigences de Pluton, mais ne s'en réfère pas moins également à l'idée d'un grand dieu créateur, très proche de celui de la Bible:

> » Le grand Dieu, qui le Ciel et la Terre a formé,
> » Des hommes a les loix aux siennes conformé,
> » Qu'il nous enjoint garder comme loix salutaires,
> » Et celles rejetter qui leur seront contraires.
> » Nulles loix de Tyrans ne doivent avoir lieu,
> » Que lon voit repugner aux preceptes de Dieu. (vers 1816-1821)

Le traitement chrétien des thèmes païens transparaît dans d'autres passages, par exemple dans le chœur des vers 1622-1705: alors que Sophocle avait écrit un chant en l'honneur du soleil et de Zeus, Garnier célèbre *le Ciel* et amplifie le thème de la providence. Le chœur s'adresse à Dionysos en le nommant *pere* (vers 403), ce qui en fait un dieu providentiel, proche de celui du *Nouveau Testament*.

Lorsque Créon consent à expier ses fautes et se prépare à en rendre compte un jour ou l'autre à Minos et à recevoir le salaire de son crime (vers 2170-2173), on voit se dessiner l'image du jugement de Dieu tel que le christianisme le conçoit: «(...) à la différence du Créon de Sophocle, celui de Garnier accuse lui-même, et non pas le destin aveugle» (Voichita Sasu, «Un cas d'intertextualité au XVI° siècle: l'*Antigone* de Robert Garnier», p.274). Le concept de piété, si important, nous l'avons rappelé, va de pair avec l'amour: Antigone n'entreprend rien *que d'amour naturelle*: l'expression a beau être reprise de Sophocle (où l'héroïne proclamait: *je suis faite pour partager l'amour et non la haine*), elle est renouvelée par l'esprit chrétien.

III- LE MONDE GREC PAÏEN.

L'orientation chrétienne qu'il entend donner à son œuvre ne dispense pas Garnier, comme tous ceux de ses contemporains qui puisent aux sources classiques, d'obéir aux contraintes de la vraisemblance. Choisissant un sujet païen, il ne peut faire abstraction ni des coutumes, ni des croyances, ni des fables de la Grèce antique. S'il lui arrive parfois de commettre des anachronismes (voir notre note correspondant aux vers 2284-2287), il se montre, le plus souvent, comme dans ses pièces précédentes, soucieux de couleur locale et y réussit fort habilement.

Voici par exemple l'évocation du site montagneux de la Béotie:

> Retire donc ta main qui tendrement me serre,
> Et permets que tout seul sur ces montagnes j'erre.
> J'iray sur Cithéron aux longs coustaux touffus,
> Où dés que je fu né, dés qu'au monde je fus
> Ma mere m'envoya, pour dans un arbre paistre
> Les corbeaux de ma chair qui ne faisoit que naistre:
> Il me demande encore, il me faut là tirer.
> C'est luy, c'est Cithéron, que je doy desirer:
> C'est mon premier sejour, ma demeure premiere,
> C'est la raison qu'il soit ma retraitte derniere. (vers 21-30)

Mais on remarquera que cette description n'a rien de gratuit: le Cithéron est évoqué aussi pour sa valeur symbolique: il devient l'incarnation géographique du destin d'Œdipe, qui, un peu plus loin, cherche le repos dans un décor à la fois *horrible* et protecteur, parce qu'il se trouve déchiré entre le sentiment d'un destin implacable et l'aspiration à la paix de l'âme:

> Je me veux reposer en cet antre cavé,
> Dans ces horribles monts tristement enclavé,
> Qu'un fort buisson encerne, et d'une ondeuse source
> Le beau crystal errant en eternelle course.
> Là sur un tuf assis, et du coude appuyé
> J'entretiendray d'espoir mon esprit ennuyé,
> Que la mort secourable en brief me viendra prendre,
> Et mon ame fera sur l'Erebe descendre (...) (vers 391-398)

L'accumulation des noms de lieux antiques (pas uniquement grecs, du reste) contribue à créer une impression de vérité historique et géographique, en même temps qu'elle peut constituer pour des princes ambitieux un prodigieux appât:

> Poussez de vos soldars les fieres legions
> Dans les champs Lydiens, fertiles regions,
> Où les fameuses eaux de l'opulent Pactole
> Coulent en cent replis des rochers de Tymole:
> Monstrez vos estendars aux rivages retorts
> Du sommeilleux Meandre, et les monstrez aux bords
> Du creux Eurymedon, aux claires eaux de Xanthe,
> Qui du mont Idean a sa course naissante.
> Donnez en la Lycie, et aux champs Syriens,
> D'où jadis sont issus nos peres Tyriens.
> Faites bruire le fer de vos lances Argives,
> Et craquer vos harnois sur les lointaines rives
> Du Tygre Armenien, où le beau Soleil blond
> Devant qu'il soit à nous monstre l'or de son front. (vers 868-881)

Dans cette tragédie fondée sur une légende, la mythologie tient évidemment une place primordiale.

Il faut d'abord signaler l'importance des Enfers, royaume de Pluton, le dieu qui exige que les honneurs soient rendus aux morts; par ailleurs, comme les personnages, accablés d'infortunes, aspirent sans cesse à la mort, seule susceptible, selon eux, de mettre un terme à leur vie douloureuse, la mythologie infernale joue un rôle de premier plan: y sont constamment évoqués l'Achéron, Cerbère, le Tartare, l'Erèbe, les Furies, les Parques, les supplices infligés à Tantale, Ixion, Prométhée, etc.

Œdipe songe au suicide et appelle sur lui, dans un large mouvement oratoire emphatique et hyperbolique, marqué par l'amplification et l'accumulation, des châtiments plus terribles encore que ceux qui tourmentent les plus grands criminels:

> Laisse le Styx, mon pere, et tousjours accompagne
> La bourrelle Alecton, de mon ame compagne:
> Voy ses tisons soulfreux, ses foüets, et ses serpens
> Enflez de noir poison, sur mes poumons rampans,
> Mon eternelle peine, et la prens pour vengence,
> Ta douleur consolant de mon horrible offense.
> Que s'il ne te suffist, comme certe il n'est mal
> Pareil à mon forfait, à mon forfait egal,
> Si tu te deulx encor' du peu de mes encombres,
> Aimant mieux que je sois avec les tristes Ombres
> Sur les bourbeux palus des creux Enfers grondans,
> Fay que la terre s'ouvre et me pousse dedans:
> Fay moy porter le roc, qui sans cesse devale,
> Fay moy souffrir la soif et la faim de Tantale,
> Que du cault Promethé j'aye la passion,
> Du tonnant Salmonee, et du traistre Ixion:
> Tous leurs tourments ensemble à peine pourront estre
> Suffisans pour moy seul, damné devant que naistre. (vers 161-178)

Jocaste, à son tour, après la mort de ses fils, aspire à rejoindre le pays des ombres:

> Dieu des profonds manoirs, qui les ombres des morts
> Reçois de toutes parts aux Acherontez bords,
> Roy du monde noirci pren mon ame esploree,
> Fuyant avec ce corps la grand' voûte azuree:
> Pren mon ame plaintive et la mets en requoy.
> Elle a souffert tousjours depuis qu'elle est en moy,
> Elle sort des enfers en sortant de ce monde,
> Et cherche son repos en la Stygieuse onde. (vers 1302-1309)

Antigone, condamnée à mort, est déjà en proie aux sombres visions de l'au-delà souterrain:

> Hà je sçay que bien tost sortant de ma caverne,
> Je vous verray mon pere au profond de l'Averne!

> Vous ne vivrez long temps apres mon triste sort,
> Cette nouvelle icy vous hastera la mort.
> Je vous verray ma mere esclandreuse Iocaste,
> Je verray Eteocle, et le gendre d'Adraste,
> N'agueres devalez sur le noir Acheron,
> Et non passez encor par le nocher Charon.
> Adieu brigade aimee, adieu cheres compagnes,
> Je m'en vay lamenter sous les sombres campagnes (vers 2196-
> 2203)

Pluton domine le drame: en refusant de lui obéir, en se moquant ouvertement de ses commandements, Créon attire sur lui sa colère, de même que Penthée avait été châtié par Dionysos pour avoir méprisé et tourné en ridicule son culte et ses mystères. Garnier établit donc une cohérence et l'univers poétique créé par les évocations mythologiques s'accorde avec l'unité dramatique. Dionysos est, de surcroît, le protecteur de Thèbes, que ses habitants nomment leur *tutelaire Dieu* (vers 459): ils rappellent sa naissance et son culte, lui adressent un hymne de louange et lui demandent d'écarter tout danger (vers 403-467). Il est malaisé de savoir si Garnier s'est inspiré des *Dionysiaques* de Nonnos de Panopolis, qui ont été édités par G. Falkenburg, à Anvers, en 1569, donc onze ans avant la parution d'*Antigone*; ce qui est sûr, c'est que l'on retrouve dans la pièce des allusions à tous les événements évoqués dans les chants épiques de ce poète grec du IV° siècle après J.-C.: première naissance et éducation de Dionysos-Zagreus, son meurtre, perpétré par les Titans, seconde naissance de Dionysos sous le nom de Bacchus, enlèvement d'Europe, participation du dieu à la lutte contre les géants aux côtés de Zeus, épisode de Penthée et d'Agavé, conquête des Indes, destinées de Lycurgue, d'Actéon, d'Erigone, etc. Même si l'on écarte cette source, on peut légitimement penser que Garnier a entrepris de suivre la voie tracée par son maître Ronsard, qui a donné à Bacchus une place importante dans sa poésie (voir les *Odes* et, plus encore, les *Dithyrambes*, ainsi que l'*Hymne* -ou *Hynne*- *de Bacchus* de 1560). Les épithètes que le poète tragique donne au dieu sont empruntées à l'œuvre du Vendômois: *pere* (*Hynne de Bacchus*, 165 et 179), *Nomien, Evaste, Agnien, Bassarean, Emonien, Evach, Agyeu* (*Dithyrambes*). Les *Métamorphoses* d'Ovide et les *Hymnes* de Marulle contiennent également des passages concernant Bacchus. La geste de cette divinité faisait donc partie d'un fonds poétique commun, antique et moderne, dans lequel l'auteur d'*Antigone* pouvait aisément et abondamment puiser. On doit noter que Garnier présente le dieu comme une divinité pacifique et dont la fureur n'a rien de dangereux, ni de meurtrier: c'est au contraire un dieu providentiel et qui a pour mission de rassembler les citoyens:

> Escoute, pere, ô bon Denys,
> Rassemble les cœurs desunis
> Des freres plongez en discords,
> Et de nos Beotiques bords
> Toutes calamitez banis. (vers 443-447)

Le poète français se révèle sur ce point disciple d'Euripide, qui, dans *les Bacchantes*, avait donné de Dionysos une image nouvelle:

> «Le dionysisme originel est (...) tout sauvage. Rien n'y ressemble à ce grand désir de paix que manifestent certains chœurs des *Bacchantes*. Ce désir de paix, c'est, je crois, Euripide qui l'introduit.» (André-Jean Festugière, *De l'Essence de la tragédie grecque*, p.71.)

Dionysos *aime la paix, apaise les douleurs* et assure la prospérité, dans un esprit de justice, thème cher à Garnier:

> «Le dieu fils de Zeus se plaît dans les festins; il aime la paix que donne l'opulence, nourricière des jeunes hommes. Au riche et à l'indigent il dispense également le charme du vin, qui apaise les douleurs.» (vers 417-423, *trad.* Maurice Lacroix, 1976.)

Les personnages ne cessent de se référer au monde des dieux et des héros. Agénor, père de Cadmos, le fondateur de Thèbes et l'ancêtre des Labdacides, était lui-même descendant de Zeus. Hémon veut imiter Persée délivrant Andromède et venir au secours de sa fiancée condamnée à mort. La mythologie est intimement liée au déroulement de la tragédie. Les malheurs de la cité et de la famille royale remontent aux premiers temps de l'histoire de Thèbes. Garnier ne se montre pas seulement soucieux de couleur locale: loin de constituer de purs ornements artificiels, l'appel aux légendes n'est jamais arbitraire: il acquiert une valeur symbolique ou a pour rôle d'insérer dans une longue suite historique les infortunes des personnages et de redoubler le caractère exemplaire de leur destinée.

L'évocation des combats mythologiques s'inscrit en marge de la guerre civile qui déchire les Thébains:

> Lors que les rebelles Geans
> Gravirent aux champs Phlegreans
> Contre le ciel, à grands efforts,
> Gyge et Mimas tu rendis morts
> Dedans les fourneaux Etneans. (vers 423-427)

C'est toute l'histoire de la cité thébaine qui revit au fil des vers sa fondation par Cadmos, sa consolidation par Amphion, ses victoires passées, en particulier la conquête des Indes par Bacchus:

> Tu meurs, ô race genereuse,
> Tu meurs, ô Thebaine cité,
> Tu ne vois que mortalité
> Dans ta campagne plantureuse:
> Tes beaux coustaux sont desertez,
> Tes citoyens sont escartez,
> Dont les majeurs veirent esclorre
> Sous les enseignes de Bacchus,
> Les premiers rayons de l'Aurore,
> Esclairans les Indois vaincus. (...)
>
> Nous enfans de si preux ancestres,
> Sommes presque tous accablez
> Par les Argiens assemblez
> Pour de nous se rendre les maistres. (vers 1456-1479)

Le tableau du contraste entre la gloire ancestrale de Thèbes et les menaces qui pèsent sur son destin élargit la perspective tragique, ce qui est encore une manière d'intégrer étroitement le mythe à l'action théâtrale.

IV- LE TRAGIQUE ET LE PATHÉTIQUE.

Le tragique réside en premier lieu dans le sentiment de la malédiction: Œdipe est coupable malgré lui. Il ne cesse de le rappeler de manière obsessionnelle. Il se reproche à la fois son parricide et son inceste, mais ainsi que le note R. Garapon («L'*Antigone* de Robert Garnier et la légende d'Œdipe», in *Studi di letteratura francese*, pp.33-37), il éprouve davantage de culpabilité au sujet de l'assassinat de Laïos qu'à propos de l'inceste commis avec sa mère. Jocaste se montrera hantée par son acte incestueux, bien qu'il ait été involontaire, et elle verra dans la haine réciproque de ses deux fils une conséquence de son propre crime. En effet, même si Polynice et Etéocle sont sciemment fautifs, leur crime et leur impiété envers la patrie sont présentés comme déterminés par les fautes de leurs parents et de leurs ancêtres. L'ambition de Créon découle aussi de cette prédestination au mal. C'est Créon qui prend, à la fin de la pièce, le relais d'Œdipe en commettant, lui aussi, indirectement, un parricide:

> Mere, vous n'avez peu, trop outragee au cœur,
> Survivre à vostre enfant meurtry par ma rigueur:
> Et moy meurtrier je vy, Clothon mes jours devide,
> Qui suis espoux, et oncle, et pere parricide. (vers 2722-2725)

«Œdipe est, au dénouement, sinon pardonné et absous, du moins oublié et comme remplacé dans son rôle de premier coupable.» (R. Garapon, *art. cit.*, p.38-39).

Les décrets du *fatum* ne doivent pas faire oublier la part de responsabilité de l'individu. Si Œdipe et Jocaste peuvent être absous, les passions sont souvent la cause directe des fautes et des crimes. Le triste dénouement du drame est imputé par le chœur final à l'impiété. Le chœur intercalaire du deuxième acte dénonce *l'ardente ambition*, origine de l'*affliction* subie par le peuple thébain. Un autre chœur, au milieu du quatrième acte, reproche à Créon sa mauvaise conception de la justice (vers 2128-2157). L'accumulation des malheurs découlant inéluctablement de l'ambition ou de la tyrannie est un des ressorts tragiques les plus importants.

Le malheur suprême, expression la plus forte du tragique, c'est la mort, présente d'un bout à l'autre de la pièce: six personnages perdent la vie; toute une lignée et même toute la cité sont frappées (vers 1456-1459). Jean Emelina a bien étudié ce phénomène («La Mort dans les tragédies de Garnier», *Mélanges Larmat*, p.322):

> «Ce qui meurt, c'est un pays, un peuple (...) *Ces meurtres à foison* (*Antigone*, 2650) frappent non seulement les héros adultes, mais plus encore leur descendance.»

Les morts sont précisément, voire complaisamment décrites, avec un goût du détail concret:

> «Le lexique des armes et le lexique du corps (...) témoignent (...) (du) souci du concret (...). Ainsi au lieu de l'invariable synecdoque du *fer* (...) c'est l'épée, l'estoc, le poignard, le glaive, la dague, le couteau, le coutelas ou le cimeterre; au lieu du *cœur*, du *flanc* ou du *sein*, c'est la poitrine, le ventre, l'estomac, la mœlle, les entrailles ou les nerfs. On mesurera mieux l'écart en comparant les récits de mort d'*Antigone* avec ceux de *La Thébaïde* de Racine. Chez ce dernier, les frères ennemis *dans le sein l'un de l'autre (...) cherchent un passage* (v.1322), alors qu'ils *s'entre-fouillent au vif* chez Garnier, que Polynice *grince les dents de rage* et *met* à Etéocle un *demy-pied de son espee au ventre* (v.1118, 1150 et 1153).» (J. Emelina, *id.*, p.329)

Le tragique provient aussi des contrastes: contraste entre les efforts désespérés d'Antigone et de Jocaste pour arrêter la guerre civile et leur échec total; contraste entre les tentatives faites pour convaincre Créon et le refus entêté du roi; contraste entre l'attitude de Créon au quatrième acte, décidée, autoritaire, faite d'assurance hautaine, et son lamentable effondrement dans la scène finale, où le sort s'abat sur lui impitoyablement; contraste entre son ironie méprisante envers le culte de Pluton et la vengeance finale du dieu; contraste entre sa prospérité imprévue lors de la vacance du pouvoir et son infortune soudaine, opposition soulignée à l'envi par le messager au commencement du cinquième acte et qui s'accorde avec la conception aristotélicienne du héros tragique, passant du bonheur au malheur, souvent par une erreur qu'il commet, une *hamartia*, qui le pousse à la démesure, à l'*hybris*, en d'autres termes à l'*outrecuidance*:

> Comme Fortune escroule, esbranle et bouleverse
> Les affaires humains poussez à la renverse!
> » Comme elle brouille tout, et de nous se jouant
> » Va sans dessus dessous toute chose rouant!
> » Sur les fresles grandeurs superbe elle se roule,
> » Puis soudain les releve en retournant sa boule,
> » Et si nul des mortels ne prevoit son destin.
>   Voila le vieil Creon si heureux ce matin,
> Malheureux à cette heure. Il estoit sans attente,
> Sans espoir eleu Roy d'une ville puissante.
> Il a nos ennemis presentement chassez,
> Que Polynice avoit contre nous amassez:

> Ores le malencontre en sa maison devale,
> Qui ce nouveau bonheur de tristesses esgale. (vers 2416-2429)

Tragique et pathétique sont intimement liés. Plusieurs passages en témoignent. Garnier va jusqu'à représenter directement le suicide de Jocaste et il fait transporter le cadavre d'Hémon sur la scène. Antigone évoque les jours de désolation à la fin du troisième acte et au début du quatrième. Promise à la mort, elle chante ses adieux à la vie, alors que ses bourreaux viennent, sous les yeux du spectateur, la lier et l'enfermer dans la caverne où elle est condamnée à périr de faim. Créon déplore amplement les infortunes familiales lors de la catastrophe, et le chœur lui fait remarquer qu'il reconnaît trop tard son erreur, ce qui porte le tragique à son comble:

> Helas je le sçay bien à mon grand deconfort.
> Incurable est ma peine, incurable mon tort.
> Helas! que ma vieillesse est de malheurs chargee!
> Que mon ame a d'angoisse, et qu'elle est affligee! (vers 2646-2649)

Garnier n'a pas manqué ici de recourir à un procédé traditionnel de l'art tragique, dont l'effet pathétique est garanti: le personnage jusque là aveuglé voit soudain clair, mais pour constater qu'il n'y a plus rien à faire. Il n'est plus alors que *Creon l'infortuné* (vers 2618): en lui attribuant cette épithète de style quasiment homérique, le poète fait de lui l'exemple même du roi victime à la fois du destin et de sa propre faute: il le hausse au niveau du type et du symbole. Créon ressent d'autant plus la cruauté du châtiment que lui inflige Pluton qu'il a lui-même, peu de temps auparavant, ouvertement méprisé, avec une ironie sacrilège (et une démesure toujours désapprouvée par les dieux dans la tradition grecque), la vénération de sa nièce pour le dieu des Enfers (vers 2084-2085):

> Elle apprendra combien c'est une chose vaine
> De faire honneur aux Dieux de l'infernale plaine.

C'est parfois sans s'en rendre compte qu'un personnage formule des souhaits qui se retourneront contre lui. Antigone souhaite finir ses jours *en un antre reclus* (vers 1395): son vœu se réalisera, mais pas du tout comme elle l'a espéré: sa grotte sera une prison qui la mènera à une mort lente; le spectateur, qui connaît la légende et donc la suite des événements, saisit le caractère involontairement prémonitoire de la réplique, reconnaît la tragique ironie du destin, ce qui le prédispose à une compassion accrue envers la future victime, déjà fort éprouvée par les malheurs de sa famille.

Le poète développe les effets pathétiques par rapport à ses sources, notamment la tragédie de Sophocle: le récit d'Eurydice ne comprenait chez le poète grec que neuf vers, alors qu'il en comporte trente-sept dans la pièce française. La confrontation des deux passages permet de constater que le texte de Garnier offre des descriptions concrètes et imagées; l'auteur privilégie les sensations et les émotions, comme en témoigne la présence obsédante des verbes de perception.

Voici d'abord la tirade d'Eurydice chez Sophocle (1183-1191):

> Ὦ πάντες ἀστοί, τῶν λόγων ἐπῃσθόμην
> πρός ἔξοδον στείχουσα, Παλλάδος θεᾶς
> ὅπως ἱκοίμην εὐγμάτων προσήγορος.
> Καὶ τυγχάνω τε κλῆθρ᾽ ἀνασπαστοῦ πύλης
> χαλῶσα, καί με φθόγγος οἰκείου κακοῦ
> βάλλει δι᾽ ὤτων· ὑπτία δὲ κλίνομαι
> δείσασα πρὸς δμωαῖσι κἀποπλήσσομαι.
> Ἀλλ᾽ ὅστις ἦν ὁ μῦθος αὖθις εἴπατε·
> κακῶν γὰρ οὐκ ἄπειρος οὖσ᾽ ἀκούσομαι.

> Citoyens, vos paroles sont venues jusqu'à moi, comme je sortais pour adresser mes supplications à la déesse Pallas. Au moment où la porte s'ouvrait, le bruit d'un malheur touchant les miens a frappé mes oreilles et je suis tombée à la renverse dans les bras de mes femmes, paralysée par la terreur...Allons, quelle que soit la nouvelle, répétez-la devant moi. Je saurai entendre mon malheur: j'ai l'habitude. (texte et traduction, éd. R. Pignarre, Paris, Garnier, 1947).

Et voici à présent le récit fait par le même personnage dans la tragédie française (vers 2461-2497), et que nous citons *in extenso*, afin de donner une idée de l'art de l'amplification chez Garnier:

> O Thebains mes amis, je me suis divertie
> Du service des Dieux, pour un bruit effroyant,
> Qui sortant du chasteau m'a troublee en l'oyant.
> J'allois au sacré temple où Pallas on adore,
> Et à peine en la rue estoy-je entree encore,
> Quand j'entens la rumeur du peuple espouvanté,
> Qui bruyoit tristement de quelque adversité

De la maison Royale: à ceste voix ouye,
Espointe de frayeur, je tombe esvanouye.
Mes femmes m'embrassant me levent comme un faix,
Et me couvrant le front me portent au palais:
Où peu apres estant d'ecstase revenue,
Et de ce fascheux bruit m'estant resouvenue,
Je sors pleine d'ennuis, ardente de sçavoir
Quel infortune c'est, ce qu'il y peut avoir.
La poitrine me bat, le sang au cœur me glace,
Une froide sueur me destrempe la face,
La force me defaut, mon bras n'a plus de poux,
Et sous mon foible corps tremblotent mes genoux.
Je presage un grand mal: car cette matinee
L'Orfraye a sur nos tours sa foible voix trainee
En longs gemissemens: j'ay veu dessur nos lits
Mille taches de sang, et dessur mes habits.
J'ay depuis estimé que ce fussent presages
Du meurtre des deux Rois, et des autres carnages
De nos bons citoyens, qui aujourd'huy sont morts,
Repoussant vaillamment les Argives efforts:
Mais ore je voy bien que ce signe demonstre
Que sur nos propres chefs adviendra malencontre,
Par le visage morne et les pleurs que je voy
Du peuple, qui me suit et lamente sur moy.
Je l'entens murmurer de quelque horrible chose,
De quelque grand mechef dont m'advertir on n'ose.
Si le faut-il sçavoir. Dites moy je vous pry,
De quel malheur provient ce lamentable cry?
Dites-le hardiment: je ne suis apprentive
A porter des ennuis, sans fin il m'en arrive.

De la même façon, on peut comparer le récit du messager au cinquième acte avec le passage correspondant de la tragédie antique: les vers 2532-2575 de la pièce française suivent, mais en les développant, les vers 1209-1230 du drame grec: l'amplification porte surtout sur la description du désespoir de Créon. Garnier, une fois de plus, privilégie le pathétique et le spectaculaire. Alors que le messager de Sophocle se contentait de dire au sujet de Créon: *il gémit, il laisse échapper une plainte amère* (*éd. cit.*, t.I, v.1210-1211), Garnier a donné davantage de détails concrets et pittoresques:

Le Roy s'en trouble tout, devient palle, et ne peut
Proferer un seul mot, tant son ame s'esmeut.

> Il avance le pas, il begaye, et demonstre
> Par ses gestes divers qu'il craint du malencontre.
> Nous haste d'approcher de cet antre pierreux,
> Luy mesme y court soudain, s'appelle malheureux,
> Gemist, souspire, pleure, et ses gourdes mains rue
> Sur ses cheveux grisons et sa barbe chenue.

Les chœurs participent fréquemment aux malheurs des héros et interviennent soit pour les soutenir, soit pour les critiquer. Ils ont la plupart du temps pour fonction de doubler les personnages, notamment dans les épisodes les plus émouvants, ou d'exprimer la crainte que ressent déjà le spectateur, et d'intensifier ainsi les effets pathétiques et l'attente tragique:

> *CHŒUR DE VIEILLARDS*
> Cette pauvre Antigone en sa misere faut:
> Pour sa condition elle a cœur trop haut. (vers 1838-1839)

> *CHŒUR DE VIEILLARDS*
> Il sort d'un pas leger piqué d'ire et d'amour:
> J'ay grand' peur qu'il projette à faire un mauvais tour. (vers 2066-2067)

> *CHŒUR DE FILLES*
> O desastre cruel! ô fiere destinee!
> O du vieillard Creon ire trop obstinee!
> Vienne la mort soudaine et de son heureux dard
> Nous traverse en ce lieu toutes de part en part. (vers 2208-2211)

L'expression du pathétique passe par le recours aux diverses figures aptes à traduire l'émotion: exclamation, répétition, hypotypose, interrogation oratoire, dérivation. Ces procédés se conjuguent souvent avec de multiples gestes qui illustrent la souffrance des personnages. La scène des adieux d'Antigone à la vie (vers 2158 sq.) donne une bonne idée de l'utilisation de la rhétorique à des fins pathétiques: la figure de la répétition y domine, d'abord associée à l'hypotypose (*voyez* est utilisé huit fois en douze vers); ces deux figures sont ensuite accompagnées de l'exclamation *helas*:

> *Voyez*, ô Citoyens qui Thebes habitez,
> Le supreme combat de mes adversitez!
> *Voyez* mon dernier mal, ma torture dernière!

Voyez comme on me meine en une orde taniere
Pour y finir mes jours! *voyez helas voyez*
Pour mes derniers repas les vivres octroyez!
Voyez les durs liens qui les deux bras me serrent!
Voyez que ces bourreaux toute vive m'enterrent!
Voyez qu'ils vont mon corps en un roc emmurer,
Pour avoir mon germain voulu sepulturer!
Une fille royale on livre à la mort dure,
On me condamne à mort sans autre forfaiture.

De même, un peu plus loin, Garnier recourt à la répétition lancinante du mot *adieu*, qui sonne comme un chant funèbre; les attitudes des pleureuses donnent à l'ensemble un effet plastique très théâtral; quant aux larmes, elles sont mises en relief par la disposition en chiasme du mot *larmoyez* en début et en fin de vers:

Adieu Thebes *adieu*: l'austere maladie
De ses palles maigreurs n'a ma face enlaidie,
Les cousteaux on ne vient en ma gorge plonger,
Et toutesfois la mort me contraint desloger.(...)
Adieu brigade aimee, *adieu* cheres compagnes,
Je m'en vay lamenter sous les sombres campagnes:
J'entre vive en ma tombe, où languira mon corps
Mort et vif, esloigné des vivants et des morts.(...)
Adieu luisant Soleil, *adieu* rayons ardans
Adieu pour tout jamais! car dans ce pleureux antre,
Mon supreme manoir, jamais ta clairté n'entre.
Adieu mon cher Hemon vous ne me verrez plus,
Je m'en vay confiner en cet antre reclus:
Souvenez-vous de moy, que la mort on me donne,
Qu'on me livre à la mort pour avoir esté bonne.
Vous degoutez de pleurs, vos yeux en sont noyez,
Ne larmoyez pour moy, mes sœurs, *ne larmoyez*.
Pourquoy sanglotez-vous? pourquoy vos seins d'albâtre
Allez-vous meurtrissant de force de vous battre?
Adieu, mes cheres Sœurs, je vous fay malaiser,
Je ne veux plus de vous que ce dernier baiser.
Adieu mes Sœurs, *adieu*, trop long temps je retarde
De mes piteux regrets la mort qui me regarde.

La description prend volontiers ici une fois de plus la forme de l'hypotypose descriptive; celle-ci est d'ailleurs encore associée à la répétition d'un mot dans cet autre extrait de la même scène:

> *Voicy* donc ma prison, *voicy* donc ma demeure,
> *Voicy* donc le sepulchre où il faut que je meure!
> Je ne veux plus tarder, il faut entrer dedans.

Comme il est naturel, le pathétique trouve souvent sa source dans les exclamations ou les interrogations oratoires:

CREON

> O trois et quatre fois malheureuse ma vie!
> O vieillesse chagrine au desastre asservie!
> O crime detestable! ô monstrueux forfait!
> J'ay par ma cruauté mon cher enfant desfait!
> Hà bourreau de mon sang! (...)
> Helas! que ma vieillesse est de malheurs chargee!
> Que mon ame a d'angoisse, et qu'elle est affligee! (...)
> Que me peut-il rester de chose miserable
> Que ne m'ait fait sentir la fortune muable? (...)
> Hé bons dieux que feray-je? est-il calamité
> Qu'apparier je puisse à mon adversité?
> Que me peut-il rester? que reste à ma vieillesse
> Qu'elle ne soit confite en extreme destresse? (vers 2624 sq.)

V- LA CONSTRUCTION DRAMATIQUE ET LE DYNAMISME DU SPECTACLE.

La tragédie d'*Antigone* est la plus longue pièce de Robert Garnier et l'une des plus étendues de toutes celles du seizième siècle (2741 vers); l'action est particulièrement riche en événements. Le premier acte contient une assez vaste scène d'exposition: Antigone tente de persuader son père (qui s'est lui-même rendu aveugle en apprenant les crimes qu'il a commis), que ses actes ne sont pas des fautes volontaires et elle parvient à l'empêcher de recourir au suicide, en lui demandant de vivre pour arrêter la guerre fratricide qui va mettre aux prises ses deux fils; Œdipe préfère charger Antigone de retourner auprès de sa mère et de lui demander de séparer les frères ennemis. Le chœur invoque Bacchus, dieu protecteur de Thèbes, pour qu'il *rassemble les cœurs désunis*. Au deuxième acte, Jocaste tente en vain de convaincre ses fils de renoncer à guerroyer entre eux et à mettre la cité à feu et à sang: Etéocle ne voulant pas céder la royauté à son frère, malgré le pacte qui prévoit qu'ils doivent alternativement régner chacun pendant un an, Polynice lui a déclaré la guerre et il s'est rendu à Thèbes accompagné de ses nombreux alliés grecs. Le chœur, qui a, au cours de cet acte, déjà condamné les dangers de l'ambition, déplore les ravages de la guerre et les changements brusques de la Fortune. Au troisième acte, un messager raconte le combat, qui s'est terminé par un duel entre les deux frères: l'un et l'autre y ont trouvé la mort. Jocaste se poignarde sur scène, malgré tous les efforts qu'Antigone déploie pour l'en empêcher. La jeune fille laisse alors éclater sa douleur et son désespoir, tandis que son cousin et fiancé Hémon tente de la réconforter. Le chœur conclut l'épisode en pleurant les morts de la bataille. Le quatrième acte s'ouvre sur un dialogue entre Antigone et sa sœur Ismène: Créon, frère de Jocaste et père d'Hémon, ayant constaté la vacance du trône, a décidé de prendre le pouvoir; il donne l'ordre d'enterrer Etéocle, mais il refuse toute sépulture à Polynice, qu'il juge rebelle contre sa cité; Antigone ne peut supporter que son frère soit privé des honneurs funèbres et que son âme erre sans pouvoir passer l'Achéron; elle fait part à sa sœur Ismène de son intention d'ensevelir le corps de Polynice, conformément aux prescriptions religieuses; Ismène, effrayée de son audace, refuse de la suivre par respect pour la loi royale et essaie vainement de la détourner de son projet. Le chœur remercie les dieux d'avoir assuré la défense et la victoire de la cité. Créon vient proclamer l'édit qui interdit toute sépulture pour Polynice. Aussitôt, les gardes préposés à la surveillance du cadavre amènent Antigone prisonnière: l'un d'eux explique au roi qu'elle a désobéi à ses ordres et tenté d'enterrer son frère. Antigone et son oncle s'affrontent alors en un virulent échange d'arguments, qui aboutit à la condamnation à mort de l'héroïne. Ismène entre en scène pour soutenir sa sœur et elle prétend avoir été l'instigatrice de son acte, mais Antigone détrompe Créon. Le roi n'écoutera pas son fils venu pour défendre sa fiancée et l'avertir de la sympathie que le peuple thébain éprouve pour elle, il maintiendra au contraire son verdict. Le chœur fait l'éloge de la justice et désapprouve la décision prise par Créon de faire exécuter sa nièce. Tandis que l'on enchaîne Antigone et qu'on la conduit vers la grotte où elle doit être enfermée pour y mourir de faim, la princesse chante ses adieux à la vie; un chœur de jeunes filles lui promet une gloire immortelle comme récompense de son héroïque conduite, puis entonne un hymne funèbre. Hémon éclate en un monologue d'imprécations contre son père et prend la décision d'aller, sans plus tarder, secourir sa fiancée. Le quatrième acte s'achève par un chant choral consacré aux rigueurs et à la puissance de l'amour. Le cinquième acte est celui de la catastrophe: un messager annonce au chœur et à Eurydice, l'épouse de Créon, la mort d'Antigone et d'Hémon. Créon, pris de remords après une entrevue avec le devin Tirésias, a décidé d'absoudre Antigone et d'enterrer Polynice, mais il est trop tard: sa nièce s'est étranglée de ses propres liens et son fils s'est tué sur son corps. La pièce se termine par le suicide d'Eurydice et par les pleurs que le roi, conscient de sa culpabilité, verse sur le sort de sa famille et sur lui-même, tandis que le chœur tire la leçon religieuse des événements.

On le voit, la pièce est considérablement chargée. Dans sa thèse sur la *Tragédie française au seizième siècle,* Emile Faguet reproche à Garnier d'avoir mal construit son drame: il incrimine le procédé de la contamination, puisqu'il existe deux parties dans cette tragédie: la lutte entre les deux frères, puis le procès et la mort d'Antigone:

> «Il faut s'imaginer une pièce dont les *Phéniciennes* d'Euripide forment les trois premiers actes et dont l'*Antigone* de Sophocle forme les deux actes derniers. L'exposition est celle d'un *Œdipe à Colone*, la partie centrale est une manière de *Thébaïde*; et les deux derniers actes sont une *Antigone*. Si Garnier, comme il paraît au titre qu'il a choisi, veut que sa pièce soit une *Antigone*, il faut qu'il confesse que c'est une *Antigone* en deux actes précédée de trois actes de prologue. La vérité est qu'il y a absolument deux pièces dans cet ouvrage, précédées d'une exposition qui renseigne tant mal que bien le spectateur, mais qui ne mène à rien.» (2° éd., p.220)

Nous nous permettrons de ne pas souscrire sans réserves à ce sévère jugement. S'il y a bien effectivement deux parties et même, d'un certain point de vue, deux actions dans cette pièce, elles sont reliées entre elles de manière étroite et c'est ce qui fait l'originalité de Garnier. L'unité est double. Elle est d'abord thématique: l'observance des grandes valeurs (piété, maîtrise de soi, justice) est la seule réponse possible à la malédiction qui s'acharne contre les Labdacides et leur descendance. L'unité est aussi psychologique: Antigone incarne d'un bout à l'autre de la pièce la résistance à cette fatalité par le respect de ces valeurs. Aussi Faguet nous semble-t-il injuste en prétendant qu'«il n'y a même pas d'idée maîtresse qui ramène à un point unique l'esprit du spectateur» (p.221); il reconnaît toutefois que «le vrai titre de la tragédie c'est évidemment «la famille d'Œdipe» et il ajoute: «l'idée morale dominant la pièce sera donc *Œdipe châtié dans ses enfants.*» (p.223). Mais c'est pour écrire ensuite: «Pour que l'unité existe, il faut que cette idée soit toujours présente à la pensée du spectateur. Elle ne le sera que si elle vit dans un personnage: ce personnage sera Œdipe. Qu'Œdipe soit donc toujours sur la scène.» (p.223). En réalité, Faguet réécrit la pièce et se substitue à Garnier en réduisant arbitrairement la signification de son œuvre. Pour ce dernier, en effet, le sujet n'est pas seulement *Œdipe châtié dans ses enfants*, mais aussi et surtout *Antigone se dressant contre la malédiction de la famille d'Œdipe* ou encore *Antigone luttant pour la justice et la piété*; et le personnage qui fait vivre ces idées, c'est précisément et tout naturellement la jeune fille, présente sur scène pendant la presque totalité de la pièce, et dont la mort nous est racontée dans le dernier acte. En outre, l'héroïne assure l'unité de la tragédie d'une autre manière, puisqu'en elle se trouvent réunis les principaux ressorts du tragique: crainte, pitié et admiration. Si nous admirons Antigone, c'est parce qu'elle possède au plus haut degré le sens du devoir et le sentiment de l'amour, qui lui tracent une route dont elle ne s'écarte jamais; son seul instant de faiblesse (son regret de quitter la vie quand on la mène vivante au tombeau) la rehausse pourtant dans notre esprit, puisque nous mesurons alors l'importance de ce qu'elle abandonne de plein gré en se laissant guider par la loi divine et son courage spontané:

> «L'auteur nous dévoile un aspect du caractère d'Antigone qui fait d'elle une héroïne cornélienne: le sentiment du devoir; au nom de ce sentiment aigu, elle repousse les solutions pratiques, commodes que propose le bon sens et défie la mort par l'orgueil de composer un destin singulier et par un héroïsme de la parole et des actes, né des composantes éthiques de sa personnalité que sont l'honneur et le respect des lois divines. Le devoir d'inhumer le corps de son frère Polynice et de réconforter son père la tient en vie. Elle fait voir à Ismène, sa sœur, que l'acte de piété envers son frère la délivre de ce monde où règnent la tristesse et la misère, mais lui assure une gloire éternelle (...). Armée de cette décision et du courage d'affronter la loi de Créon, dont la passion même d'Hémon ne peut la détourner, Antigone assume son devoir et défie Créon (...). Antigone a une grande âme: sa foi dans l'au-delà, suggérée par le désir de quitter ce monde (...) et les souffrances que cette foi suppose ne sont pas le dû de

tout un chacun. Les dimensions du rôle reposent sur l'élévation de
cette âme, sur l'amour de l'éternel, de l'absolu (comme chez
Sophocle), sur un amour sage pour Hémon (et non pas violent comme
chez Sophocle), sur le courage, mais aussi sur la faiblesse tout
humaine qui, paradoxalement, mettent en relief sa grandeur et sa
féminité.» (V. Sasu, «Un cas d'intertextualité...», pp.265-266).

On voit donc que Garnier a voulu faire d'Antigone le point
convergent de toutes les composantes de sa tragédie, le personnage
autour duquel tout s'organise: thèmes, sens, portée morale, caractères:
elle s'oppose successivement à son père, à sa mère, à sa sœur, à son
oncle; c'est grâce à elle qu'Hémon et Ismène vont se surpasser:

«En s'éloignant encore de son modèle, Garnier accorde un égal
héroïsme aux deux sœurs qui se disputent la gloire de mourir pour un
idéal de piété et d'humanité (...). Ismène acquiert une nouvelle
dimension.» (V. Sasu, id., pp.269-270)

Dialoguant avec son père dans la longue scène d'exposition,
Antigone y joue un rôle primordial: elle réussit à empêcher Œdipe de
se tuer; elle reçoit de lui la mission de s'opposer à la guerre entre les
deux frères. Au deuxième acte, c'est elle qui pousse Jocaste à
intervenir pour les séparer. Au troisième acte, lorsque sa mère essaie
de se suicider, elle cherche de toutes ses forces à la détourner de son
dessein, mais n'y parvient pas. Dès lors, elle n'aura plus qu'une idée,
enterrer son frère Polynice, auquel Créon refusera la sépulture. Déjà
elle avoue à Hémon qu'elle ne songe qu'aux funérailles; elle proclame
son dégoût de la vie; tout cela préfigure la suite de la tragédie: elle
prendra, au quatrième acte, tous les risques et, finalement, sacrifiera sa
vie et son amour. Garnier a donc pris soin de bien réunir les deux
parties de l'action, ce qui diminue l'effet de dispersion qui aurait pu
résulter de la contamination de deux trames préalablement séparées.
La perspective de Garnier nous semble par conséquent plus cohérente
qu'elle ne l'apparaissait à Faguet. L'on peut certes regretter qu'Œdipe
ne revienne pas en fin de drame pour déplorer la rigueur du destin, ce
qui établirait une cohérence en renouant avec les fils tissés lors de
l'exposition; la symétrie y aurait gagné. Mais Garnier a jugé que
l'unité était suffisamment assurée par la figure centrale d'Antigone,
qui donne son titre à la pièce, et par la permanence du thème qui lui
fournit son sous-titre, la piété.

A vrai dire, la position de Faguet n'est justifiée que dans la mesure où l'on peut isoler les actes IV et V et les jouer comme une pièce indépendante du reste: mais ne serait-ce pas alors restreindre la portée politique et religieuse de la tragédie? Il faut se souvenir que la structure d'un drame de la Renaissance n'obéit pas aux mêmes principes que ceux du XVII° siècle; l'unité n'y est pas soumise aux mêmes contraintes: elle peut être fondée sur l'enseignement que l'auteur veut transmettre; l'une des premières vertus que Ronsard, dans sa préface à la *Franciade*, reconnaît aux tragédies, c'est d'être *didascaliques et enseignantes*, d'où l'extrême importance, quantitative et qualitative, des sentences, presque toujours signalées par des guillemets dans les éditions de ce temps: nous avons relevé, dans *Antigone*, près de 271 vers sentencieux sur les 2741 vers de la pièce, soit environ 10% (les guillemets manquent parfois): leur nombre est particulièrement élevé dans les parties lyriques (le chœur remplit son rôle de moraliste) et dans les grandes controverses idéologiques, notamment au quatrième acte. La portée didactique de la tragédie se manifeste aussi dans le goût pour les dialogues stichomythiques, où s'affrontent les idées. Du reste, la pièce est, en majeure partie, constituée de débats, où les personnages cherchent à se justifier et à démontrer le bien-fondé de leurs actes ou de leurs opinions, mais sans jamais parvenir -et en cela réside une part du tragique- à persuader l'interlocuteur.

D'autre part, Garnier a pris soin de multiplier les préparations, en faisant alterner la crainte et l'espoir: les effets de surprise sont ainsi ménagés. *Antigone* est, parmi les tragédies de l'auteur, celle qui comporte le plus grand nombre de coups de théâtre, dont les plus étonnants sont la mort simultanée des deux frères, le revirement d'Ismène, les suicides de Jocaste, d'Hémon et d'Eurydice, le repentir de Créon. Jusqu'à la fin, le spectateur peut espérer que la chaîne des erreurs et des malheurs va se briser. Le tragique naît de la ruine de cet espoir.

D'une manière plus générale, l'*Antigone,* tout comme *La Troade,* parue un an auparavant, témoigne d'un progrès dans la conduite de l'action et dans le choix des effets spectaculaires par rapport aux tragédies de la première période de la carrière de l'auteur. L'influence de la *Poétique* d'Aristote et de *l'Art de la Tragédie* de Jean de La Taille (1572) a peut-être contribué à modifier la technique de Garnier.

La scène d'exposition, au lieu d'être confiée à un personnage unique s'épanchant en un long monologue, se présente sous forme d'un dialogue entre Œdipe et sa fille. Le vieillard évoque la querelle entre ses deux fils, qui forme le sujet des deux actes suivants et incite sa fille à tout faire pour les réconcilier. Garnier accentue le dynamisme de la scène en introduisant des dialogues stichomythiques qui ne figuraient pas dans la tragédie de Sénèque dont il s'inspire. Au deuxième acte, le messager rappelle l'urgence d'une intervention de Jocaste pour séparer les combattants et abrège ainsi les lamentations de la reine. Au troisième acte, le récit du messager est entrecoupé de brèves répliques, ce qui évite la monotonie. L'un des passages les mieux réussis est celui du suicide de la reine, qui a lieu sous les yeux mêmes des spectateurs: ceux-ci assistent aux efforts inutiles d'Antigone pour empêcher sa mère d'accomplir son geste fatal. Dans les deux derniers actes, Garnier a condensé au maximum la pièce de Sophocle, peut-être en partie pour ne pas étendre démesurément une œuvre déjà fort longue. Il en résulte un effet de concentration dramatique et d'accélération dans le rythme des événements, auquel se joint le sentiment d'une mécanique fatale implacable.

C'est ainsi que le récit du garde (1772-1799) est moins long, moins comique, moins familier que chez Sophocle. De plus, dans la pièce antique, le garde figurait dans deux scènes. Une seule suffit au poète français. Il supprime le chœur intercalaire qui séparait, chez le poète grec, les deux épisodes et chantait la grandeur de l'homme tout en dénonçant ses faiblesses. Si Garnier sacrifie un sujet qui aurait convenu à la tragédie édifiante qu'il compose, c'est qu'il veut privilégier la rapidité du drame. De même, avant l'arrivée d'Hémon (vers 1944), il élimine un chant consacré au tragique de la condition humaine et à la cruauté du destin de la famille d'Œdipe. Ayant déjà traité, à la fin du deuxième acte, un thème semblable, il estime inutile de le reprendre ici, au quatrième acte, et en profite pour enchaîner quatre dialogues très vigoureux qui se succèdent sans laisser aucun répit au spectateur: après l'affrontement entre Créon et Antigone, le violent échange entre Ismène et sa sœur et le conflit entre le roi et Ismène, voici, sans aucune pause lyrique, l'entretien, d'abord calme, puis très vite orageux, entre Hémon et son père. Toutes ces innovations témoignent d'une volonté délibérée de créer une tension psychologique et dramatique permanente. Enfin, avant la série des catastrophes, Sophocle avait placé une très belle scène, où le roi refusait d'écouter les conseils et les prédictions du devin Tirésias et s'emportait contre lui, avant d'opérer sans transition une volte-face: saisi par la crainte, il ordonnait soudain la libération d'Antigone. Jugeant probablement ce changement trop rapide et invraisemblable, Garnier retarde au maximum le revirement. Quant au dialogue entre le roi et le devin, aussi étonnant et regrettable que cela puisse paraître, le poète français l'a fait disparaître, se contentant d'un bref récit (vers 2505-2509): il s'est sans doute privé d'une scène très animée, mais le drame y gagne en concentration et bénéficie de l'enchaînement incontrôlable des événements. La densité tragique résulte aussi du respect de l'unité de temps, puisque tout se déroule en une seule journée, ainsi qu'en témoignent les vers 2480-2491.

Si, sur ces différents points, Garnier abrège et condense, il amplifie en revanche systématiquement, nous l'avons dit, tous les éléments susceptibles d'accroître le pathétique. De même, les dialogues stichomythiques sont très fréquents et souvent plus nombreux ou plus étendus que chez ses modèles. Les personnages s'affrontent au cours d'échanges violents et au moyen de répliques symétriques cinglantes. Deux exemples illustrent bien le procédé: la joute entre Antigone et Créon et l'altercation entre le roi et son fils. Au cinquième acte, c'est d'abord par un échange de répliques, fondé sur des questions pressantes et de courtes réponses que le messager apprend au chœur -et donc aux spectateurs- les morts d'Antigone et d'Hémon. Nous citons ce fragment remarquable par son efficacité dramatique:

LE CHŒUR
Quel sanglant infortune encores nous tourmente?

LE MESSAGER
La Fortune nous bat plus que jamais sanglante.

LE CHŒUR
Nous est-il survenu de nouveaux accidens?

LE MESSAGER
Tout est plein de soupirs et de pleurs là-dedans.

LE CHŒUR
Est-ce dans le chasteau que tombe cest esclandre?

LE MESSAGER
Sur le chef de Creon vient ce malheur descendre.

LE CHŒUR
De Creon? quel malheur en son âge chenu?

LE MESSAGER
C'est par luy, le chetif, que tout est advenu.

LE CHŒUR
Et qu'est-ce? dy nous tost, sans nous tenir en trance.

LE MESSAGER
Ils sont tous roides morts par son outrecuidance.

LE CHŒUR
Jupiter! qui sont-ils? qui a ce meurtre fait?

LE MESSAGER
Hemon le pauvre Hemon s'est luy mesme desfait.

LE CHŒUR
Et pourquoy? qui l'a meu? le courroux de son pere?

LE MESSAGER
Il est mort forcené d'amour et de colere.

LE CHŒUR
De l'amour d'Antigone il estoit esperdu.

LE MESSAGER
D'Antigone l'amour et la mort l'ont perdu.

LE CHŒUR
De ceste pauvre vierge esteinte est donc la vie.

LE MESSAGER
Sa mort est de la mort de son Hemon suivie. (vers 2440-2456)

L'auteur s'est également montré attentif aux mouvements, aux gestes, et aux attitudes des personnages, et cela d'un bout à l'autre de la pièce. Garnier indique souvent les lieux de l'action:

EDIPE
(...) Permets que tout seul par ces montagnes j'erre (...) (vers 22)

Je me veux reposer en cet antre cavé,
Dans ces horribles monts tristement enclavé,
Qu'un fort buisson encerne, et d'une ondeuse source
Le beau crystal errant en eternelle course.
Là sur un tuf assis, et du coude appuyé
J'entretiendray d'espoir mon esprit ennuyé (...) (vers 391-396)

La description de la nature, préconisée par Ronsard, n'obéit pas ici seulement à des motifs poétiques: Garnier met au service de la représentation les préceptes de la Pléiade. On notera la précision des indications, y compris en ce qui concerne l'éclairage de la scène: l'ombre s'étend sur le lieu du spectacle, de même qu'au deuxième acte, la luminosité augmente (vers 468-470):

JOCASTE
Soleil qui, gallopant par ce rond spacieux,
Illumines la terre et la voûte des Cieux,
Regarde par pitié, cernant ce grand espace (...)

L'action se déroule *hors les portes de la ville de Thèbes,* précise l'auteur à la fin de l'*argument*. Il respecte donc l'unité de lieu, même si plusieurs décors peuvent être imaginés selon les moments: la campagne près de la ville pour le premier acte, la proximité du champ de bataille aux deux actes suivants, une caverne où l'on emprisonne Antigone à la fin du quatrième acte; un château au fond de la scène au cinquième acte: nous lisons aux vers 2443-2344:

LE MESSAGER
Tout est plein de soupirs et de pleurs là-dedans.

LE CHŒUR
Est-ce dans le chasteau que tombe cet esclandre?

Les scènes s'animent par les déplacements des personnages. Le texte mentionne les entrées et les sorties:

ANTIGONE
Hé mon ami, pour Dieu,
Ne passe point plus outre, ains t'arreste en ce lieu.
Demeure, où refuis-tu? (vers 986-987)

Au quatrième acte, le procédé devient systématique:

GARDE
Vous viendrez, vous viendrez.

ANTIGONE
Je n'y recule pas.

CHŒUR DE VIEILLARDS
Quelle Dame est-ce-la qu'ils tiennent par le bras?
C'est la pauvre Antigone: hà fille miserable!
Vous avez volontiers esté trop pitoyable.

CREON
Amenez, attrainez: vous estes gens de bien. (vers 1764 sq.)

CHŒUR DE VIEILLARDS
Voici venir Ismene.

CREON
Où est-elle?

CHŒUR DE VIEILLARDS
Elle vient (...)

CREON
Les voici les serpens,
Les pestes, que j'aimois plus cher que mes enfans. (vers 1887 sq.)

C'est le même personnage (le chœur des vieillards, ou tout simplement l'un d'entre eux) qui indique l'arrivée et le départ d'Hémon:

Voici le pauvre Hemon vostre enfant debonnaire (...) (vers 1944)

Il sort d'un pas leger piqué d'ire et d'amour (vers 2066).

Au cinquième acte, l'agitation sur scène est parallèle à l'accélération dramatique et à la montée de l'émotion:

> *LE CHŒUR*
> Mais j'entrevoy, ce semble, Eurydice qui sort:
> Auroit-elle entendu nouvelle de sa mort,
> Ou bien si par Fortune elle seroit sortie? (2458-2460)

L'interrogation sur les allées et venues traduit l'angoisse tragique:

> *LE CHŒUR*
> Mais d'où vient que la Royne est si tost retournee
> Quand elle a sceu d'Hemon la dure destinee,
> Sans faire aucuns regrets, sans avoir lamenté,
> Sentant d'un si grand dueil son cœur accravanté?
>
> *LE MESSAGER*
> Je m'en estonne bien, mais toutefois j'estime
> Qu'elle a voulu presser la douleur qui la lime,
> Et ne la declarer en public devant tous:
> Mais qu'elle vomira son dueil et son courroux
> Libre dans le chasteau sans que ses pleurs on voye.
> » Celuy larmoye seul qui de bon cœur larmoye.
> Autrement, je ne croy qu'il puisse avoir danger,
> Que par trop de douleur elle s'aille outrager:
> Elle est trop retenue et a trop de prudence.
>
> *LE CHŒUR*
> Certes je n'en sçay rien, mais ce triste silence
> Me semble presagir incurables malheurs (vers 2600-2614)

Dans la panique générale, ceux qui entrent dans la ville pour s'informer rencontrent ceux qui en sortent:

> *LE MESSAGER*
> Entrons dedans la ville, on pourra nous apprendre
> Si le dueil luy a fait sur sa vie entreprendre.
>
> *LE CHŒUR*
> Allons: mais voila pas Creon l'infortuné? (vers 2616-2618)

Et quand Créon s'apprête à son tour à courir hors de scène pour voir le cadavre de sa femme, Dorothée l'en empêche:

CREON
Allons, courons la voir.

DOROTHEE
                    Ne vous hastez ja tant,
Vous ne ranimerez sa vie en vous hastant.
Trop tost à vostre dam vous verrez la pauvrette
Preste à faire descente en la tombe muette. (vers 2674-2677)

Cette animation spectaculaire est d'autant plus remarquable que, dans ses premières tragédies, Garnier n'avait pas montré autant de sens dramatique. On peut dire que, de ce point de vue, *Antigone* se rapproche d'une conception moderne du théâtre. Nous assistons dans cette pièce à une évolution esthétique. Il est facile d'opposer le statisme de *Porcie* (1568) ou de *Cornélie* (1574) au dynamisme de *La Troade* (1579) et d'*Antigone* (1580): l'influence bénéfique de Sophocle et du théâtre grec en général a porté ses fruits.

Garnier multiplie en outre les allusions aux jeux de physionomie:

IOCASTE
                    Hé pourquoy doutez-vous,
Et vostre ardant regard eslancez à tous coups
Dessus vostre germain? (vers 692-694)

Le chœur décrit souvent le visage des personnages; il fait pour ainsi dire office de narrateur et de metteur en scène:

CHŒUR DE VIEILLARDS
Voici venir Ismene.

CREON
Où est-elle?

CHŒUR DE VIEILLARDS
                    Elle vient:
En ondoyantes pleurs le visage luy nouë,
Qui luy vont effaçant le vermeil de sa jouë.
Hà fille que j'ay peur! (vers 1887-1890)

L'arrivée d'Hémon est ainsi commentée par les mêmes vieillards:

> Voici le pauvre Hemon vostre enfant debonnaire,
> Ternissant de chagrin l'air de sa face claire:
> Il monstre estre bien triste, et avoir dans le cueur,
> A le voir souspirer, une extreme langueur.
> C'est volontiers l'effect d'une amour desbordee,
> De voir arriver mal à sa douce acccordee,
> Il la plaint. Or l'oyant ainsi deconforter
> Je pense qu'il ne peut son malheur supporter. (vers 1944-1951)

Les gestes des différents personnages sont constamment évoqués par les intéressés eux-mêmes: Œdipe demande à Antigone de lui lâcher la main, ce qu'elle refuse de faire. Elle décrit ses propres attitudes:

> Par vos cheveux grisons ornement de vieillesse,
> Par cette douce main tremblante de foiblesse,
> Et par ces chers genoux que je tiens embrassez,

et Œdipe la relève:

> Ma fille, leve toy, tu me transis le cœur (...) (vers 361sq.)

Au deuxième acte, le messager commente la sortie précipitée de la reine:

> Elle court furieuse, ainsi qu'une Menade
> Court au mont Citheron, de son esprit malade:
> Ou comme un trait volant par un Scythe eslancé,
> Ou comme au gré du Nort un navire poussé,
> Ou comme on voit au soir une estoile luisante
> Se glissant parmy l'air courir estincelante. (vers 586-591)

Et l'on retrouve le procédé au cinquième acte, lorsque le chœur annonce la sortie d'Eurydice:

> Elle s'en va troublee ainsi qu'une Bacchante
> Au haut de Cithéron, qui pleine de fureur,
> Va celebrant le Dieu des Indes conquereur. (vers 2585-2587)

Jocaste sollicite le regard de ses fils et s'interpose entre eux (vers 656-658):

> Tournez vos yeux vers moy, magnanimes guerriers,
> Dressez vers moy vos dards et vos glaives meurtriers
> Sacquez-les dans mon sein, dedans cette poitrine (...)

Elle décrit l'armement des guerriers (vers 686-692):

>   (...) que vostre main nerveuse
> Renferme en son fourreau cette espée odieuse:
> Fichez-moy cette hache en terre bien avant,
> Ostez ce grand pavois qui vous arme au devant,
> Delacez cet armet, qui d'une longue creste
> Horrible m'effroyant, vous poise sur la teste.
> Decouvrez vostre face.

D'une façon générale, les personnages pressent leurs interlocuteurs de se déplacer, d'agir ou de parler:

> *MESSAGER*
> Race du vieil Creon, secourez je vous prie,
> Secourez promptement la commune patrie.
> Accourez, hastez-vous, repoussez les tisons
> Ja ja prests à lancer sur les toicts des maisons. (vers 490-493)

Antigone joint ses prières à celles du soldat (vers 502-504), qui, peu de temps après, rappelle l'urgence d'une intervention:

> Tandis qu'à lamenter vous despensez le temps
> On approche des murs les estendars flotans,
> Les bataillons serrez dans la plaine herissent,
> Comme espics ondoyans qui par les champs blondissent:
> Ils reluisent du fer qui leur couvre le dos:
> Le front, qui leur pallist sous les armes enclos,
> Sourcille de fureur: les yeux leur estincellent,
> Comme esclairs flamboyans,quand les astres querellent. (...)
> Allez, avancez-vous, il est temps, depeschez,
> Vous les verrez bien tost l'un à l'autre attachez. (vers 532 sq.)

et Antigone renchérit (vers 550-551):

> Or allez donc, Madame, et, sans leurs armes craindre,
> Abordez-les premier qu'ils viennent à se joindre (...)

Au moment où l'émotion atteint son comble, la chœur demande au messager de parler au plus vite (vers 2448):

Et qu'est-ce? dy nous tost, sans nous tenir en trance.

et Eurydice exprime bientôt un souhait semblable (vers 2504):

Tu me tiens trop long temps, despesche je te prie.

La répétition de ces procédés accélère la marche de l'action, crée sur scène le mouvement nécessaire à une représentation animée et contribue à produire un climat tragique angoissant. D'ailleurs, au fur et à mesure que la catastrophe s'amplifie, les répliques deviennent de plus en plus courtes, comme si la respiration se faisait de plus en plus haletante. Garnier n'a donc pas hésité à accumuler les moyens pour rendre sa pièce la plus spectaculaire possible. Il ose, nous l'avons signalé, faire mourir Jocaste sur scène, après une lutte acharnée entre la reine et sa fille, celle-ci essayant en vain d'arracher à sa mère le poignard qu'elle tient à la main, afin de l'empêcher d'exécuter son dessein. Comme chez Sophocle, on apporte le cadavre d'Hémon sur le théâtre. C'est sous les yeux du public qu'on vient chercher Antigone pour l'enchaîner et l'enfermer dans une caverne basse et sombre. Autant d'éléments visuels qui rendent la pièce apte à la représentation. Il faut y ajouter la présence de nombreux personnages secondaires: la vie de la cité thébaine jaillit, diverse et colorée, à travers les chœurs: habitants de Thèbes, vieillards, jeunes filles, et tous partagent les malheurs de la famille royale. Garnier songeait donc au spectacle en écrivant ses tragédies. Certaines descriptions évoquent des bruits de coulisses ou même peut-être des mouvements de figurants. On peut, par exemple, imaginer une mise en scène où l'on entendrait le cliquetis des armes et où l'on entreverrait des soldats armés traverser le fond du théâtre pendant qu'Œdipe prononce ces vers:

Le terroir Cadmean fourmille de gendarmes,
Tout est plein de chevaux, de dards, de feux, de larmes,
De plaintes et de cris: le laboureur s'enfuit,
Tout ce bord retentist de tumulte et de bruit. (vers 321-324)

Des femmes déguisées en bacchantes pourraient danser pendant l'hymne à Dionysos qui termine le premier acte et tenter de conjurer, par les sortilèges de leur procession et leur folie sacrée, les préparatifs de guerre, dont les bruits lointains parviendraient aux oreilles des spectateurs: cette coexistence de deux ensembles sonores symboliserait l'affrontement entre la fureur dionysiaque, source de paix et de rassemblement, et la fureur guerrière, responsable de la discorde et des meurtres. Aucune didascalie n'impose un tel choix, mais le texte paraît suffisamment suggestif pour qu'un metteur en scène puisse en tirer des effets spectaculaires: l'imagination poétique de Garnier se mue ici en imagination théâtrale. De même, le chœur final du troisième acte accompagne très probablement le cortège funèbre des citoyens tombés au champ d'honneur, assurant ainsi sans difficulté la transition avec le quatrième acte, où Antigone évoque le cruel spectacle des obsèques. Plus loin, tandis qu'un chœur condamne le verdict de mort prononcé par Créon contre sa nièce, on amène déjà Antigone enchaînée vers le lieu de son supplice, et l'on comprend mieux l'apostrophe qu'elle lance aux Thébains réunis sur la scène: aucun temps mort ne subsiste donc. A la fin de la pièce, de nouvelles funérailles se déroulent devant le public: on apporte les corps des morts de la tragédie. A ce dernier élément spectaculaire nous serions tenté d'ajouter, après l'ultime tirade du roi désespéré, l'image, en arrière-plan, du batelier Charon venant chercher les morts (Etéocle, Polynice, Jocaste, Eurydice, Hémon et Antigone), pour les installer dans sa barque et leur faire passer l'Achéron, à l'insu des personnages placés sur le devant de la scène; ensuite, éclairé par un rayon de lumière au milieu des ténèbres, le choryphée (un vieillard qui pourrait ressembler très vaguement au devin Tirésias), debout près de la lugubre silhouette de Créon prostré, prononcerait, face au parterre, solennellement, lentement et calmement, les quatre derniers vers tirant la morale religieuse du drame et rappelant le respect dû aux commandements *du grand Dieu des Enfers.* Rien n'indique que Garnier ait songé à cette mise en scène plutôt qu'à une autre, mais est-il interdit de rêver à une représentation qui traduirait les sombres visions infernales du poète et qu'Antigone qualifierait volontiers d'*achérontées?*

Au début du XX° siècle, on a parfois soutenu que le théâtre tragique de la Renaissance n'était pas destiné à être joué, mais simplement à être lu en public, thèse dont Gustave Lanson et Raymond Lebègue ont aisément dénoncé la fausseté, en publiant des listes de représentations attestées à cette époque; le second a démontré que Garnier accordait une grande importance au jeu dramatique. Certes, nous ne savons pas si l'*Antigone* a été représentée du vivant de son auteur, mais les nombreux exemples que nous venons de donner prouvent qu'elle a été conçue en fonction du spectacle.

VI- ÉDITIONS.

On dénombre, du vivant de l'auteur, cinq éditions de l'*Antigone*:

A - l'édition princeps de 1580, parue à Paris, chez Mamert Patisson, au logis de Robert Estienne;

B - le texte donné par la première édition collective du théâtre de l'auteur en 1580 (même éditeur);

C - le texte figurant dans la deuxième édition collective (Paris, Mamert Patisson, 1582);

D - le texte proposé par la troisième édition collective (Paris, Mamert Patisson, 1585);

E - le texte fourni par la quatrième édition collective, parue à Toulouse, chez Pierre Jagourt, en 1588.

Nous prenons pour base la dernière édition préparée par les soins de l'auteur, celle de 1585, que nous appelons D. Nous avons établi le texte d'après les exemplaires conservés à la Bibliothèque Nationale sous la cote [Rés. Yf 2959], à la bibliothèque de l'Arsenal sous la cote [Réserve 8° B12 589] et à la bibliothèque de la Sorbonne sous les cotes [R ra 472, in-12] et [R ra 472a, in-12]. Nous respectons l'orthographe et la ponctuation de cette édition. Les guillemets (») placés devant certains vers figurent dans le texte original et signalent les sentences. Les astérisques renvoient à l'*index verborum*. La foliotation est précisée entre crochets et en caractères gras: elle est placée à droite du vers qui commence la page ou du nom du personnage qui le prononce ou, s'il y a lieu, du titre situé en haut de la page; toutefois, dans le corps des textes rédigés en prose (*Dédicace*, *Argument*), nous la plaçons immédiatement avant le premier mot ou la première syllabe de la page.

Nous indiquons les variantes des trois premières éditions: nous les nommons, en suivant l'ordre chronologique, A, B, C. Nous suivons pour A l'exemplaire de la Bibliothèque Nationale -cote [Rés. Yf 3951])- et celui de la bibliothèque de l'Arsenal -cote: [8° B 12 689], pour B l'exemplaire de la bibliothèque de l'Arsenal, -cote [Rés.8° BL 12 588]- et pour C celui de la Bibliothèque Nationale -cote [Rés. p - Yf- 532]. Nous écartons, sauf quand la portée du passage est en jeu, les variantes ne concernant que la graphie ou la ponctuation, rarement significatives. En revanche, nous conservons celles qui modifient le sens du texte, surtout dans le domaine du lexique et de la syntaxe. On ne peut qu'être sensible à l'attention que l'auteur accordait à la correction de ses œuvres: ainsi se trouve justifié le choix que nous avons fait de nous référer à l'édition de 1585, qui marque un progrès dans l'expressivité, l'originalité stylistique et la perspective thématique et dramatique: on s'en convaincra aisément en se reportant aux variantes et aux notes.

Enfin, nous ne tenons pas compte de l'édition parue à Toulouse en 1588 (E), très fautive, ainsi que nous avons pu en juger en examinant de près l'exemplaire de la Bibliothèque Nationale [8° Yf 1461]. Garnier n'a certainement pas revu ce texte, qui présente une ponctuation souvent aberrante (pas de point à la fin d'une phrase, virgule à la place d'un point en fin de phrase, point au milieu d'une phrase), une versification parfois erronée et d'innombrables lapsus (*peuples* pour *peuple*, *s'entrebrassant* pour *s'entre-embrassant*, *recommandant* pour *(ils) recommandent*, *courbe* pour *courbé*, *pleiné* pour *pleine*, *sa* ou *ma* pour *la*, *à* pour *a*, *peut* pour *veut*, *prenoit* pour *prevoit*, *courrir* pour *couvrir*, *tombeaux* pour *troupeaux*, *luisant* pour *l'avisant*, etc.).

ANTIGONE,
OU
LA PIETÉ,

TRAGEDIE.[1]

---

[1] *A* Antigone, ou la pieté, tragedie de Rob. Garnier conseiller du Roy et de Monseigneur frere unique de sa Majesté, Lieutenant general Criminel au siege Presidial et Senechaussee du Mayne. A Paris, Par Mamert Patisson Imprimeur du Roy, au logis de Robert Estienne. M.D.LXXX. Avec privilege. *B titre identique, sauf* Rob. *écrit en entier* Robert. *C titre:* Antigone, ou la pieté, tragedie.

A MONSEIGNEUR [f°204 r°]
BRISSON, CONSEILLER
du Roy en son Conseil privé,
et President en sa Cour
de Parlement.

Il me souvient, Monseigneur, que lors que la genereuse* liberalité de nostre bon Roy (non jamais assouvy d'illustrer* les belles et admirables vertus de ses sujets) eust honoré la docte preud'hommie* de monseigneur de Pibrac,[1] de la souveraine dignité de President à la Cour, les Muses me meirent à propos l'un de mes Tragiques ouvrages en main, pour testifier* en mon esgard la publi[f°204 v°]que alaigresse que la France avoit de son advancement[2]. Et ores, que la mesme debonnaireté* de nostre mesme Roy a voulu decorer vostre semblable vertu d'une mesme dignité, en ceste mesme Cour, les mesmes Tragiques Muses me viennent tirer des mains cet ouvrage de mesme stile et façon: pour, vous le presentant, demonstrer* que je ne veux estre seul qui ne communique*[3] à l'universel conjouissement* de ce Royaume, pour le nouvel ornement de vos merites. Car qui est le François,[4] chez lequel n'ait penetré la celebrité de vostre nom? qui n'ait l'oreille repue et traversee du son de vos louanges? voire*[5] qui ne soit tiré en une merveillable* admiration, de voir les astres et les hommes ainsi conspirer à [f°205 r°]l'embellissement d'un si digne sujet? Je ne puis dire que nostre âge (bien que miserable) soit un siecle de fer,[6] ce* pendant que je verray la vertu ainsi esclater au pourpre de Senateurs, sur le throne de la supreme Justice de ce Royaume, telle que nous la voyons reluire en la droite equité de ces six reverables

---

[1] *ABC* Pibrac, merveille de ce temps, de la souveraine dignité
[2] *ABC* advancement en honneur. Et ores,
[3] *ABC* je ne veux estre seul ne communiquant à
[4] *ABC* Et qui est le François, je vous prie, chez lequel
[5] *ABC* et qui ne soit tiré
[6] *ABC* En bonne foy je ne puis dire nostre âge (bien que miserable) estre un siecle de fer,

peres, qui tiennent en ce saint Areopage le premier rang d'authorité: et ausquels la vertueuse[1] saison* de nos ancestres ne se peut vanter d'avoir rien produit de pareil. Pour le moins devons-nous esperer de nostre bon Prince, comme d'un second Auguste, le retour d'un siecle d'or, tandis que tels Pilotes maniront, sous le bon-heur qui l'accompagne, le gouvernail de sa Justice. Mais je m'esgare, Monseigneur, et sans y penser, [f°205 v°]poussé de l'impetuosité de mon desir, je me viens embarquer sur la mer de vos louanges: et au lieu de vous presenter une Tragedie, je semble vouloir entrer en un Panegyric. Je me radresseray* donc, pour vous entretenir des infortunes* de ceste pitoyable* Antigone, qui revivant en nostre France, se vient, comme esperdue*, jetter entre vos bras, pour luy estre aussi favorable support, qu'elle fut debonnairement* le soustien et conduitte de son miserable pere.

Vostre tres-affectionné serviteur R. GARNIER.

---

[1] **ABC** regretable

ARGUMENT D'ANTIGONE.   [f°206 r°]

Chacun sçait, comme Edipe fils de Laye Roy de Thebes, et d'Iocaste sa femme, fut exposé à mort sur le mont Cithéron, aussi tost qu'il fut né: pour avoir esté predict au Roy qu'il seroit un jour par luy occis*. Et que Phorbas pasteur* de Polybe Roy de Corinthe, qui passoit d'avanture*, le voyant pendu à un arbre les jambes traversees d'un osier, et le trouvant bel enfant à son gré, le porta à la Royne sa maistresse, qui n'en avoit aucuns, laquelle le nourrit et eleva comme sien. Et que devenu grand, ayant sur la verité de son origine consulté l'oracle d'Apollon, il[1] luy fut dict, qu'il trouveroit son pere pres de Thebes: où s'estant acheminé il eut fortuitement querelle avec les gens* du Roy, qu'il rencontra en chemin sans le cognoistre, lequel accouru au secours des siens, fut par luy occis* en la meslee. Que depuis estant retourné à Thebes, et l'ayant delivree des molesties* du Sphinx, il espousa la Royne Iocaste sa mere, et eut d'elle quatre enfans, Eteocle, Polynice, Antigone, et Ismene. Que quelque temps apres, la ville estant mortellement infectee* d'une longue et irremediable peste, il entendit de l'oracle, que la contagion ne cesseroit que la mort du defunct Roy ne fust vengee. Ce qui fut cause, que s'estant plus exactement informé du temps, du lieu, et de la façon de ce meurtre, il decouvrit que c'estoit luy mesme qui l'avoit [f°206 v°]perpetré, et qu'il avoit commis inceste avec sa mere. Et qu'ayant horreur* de telles execrations*, il s'arracha les yeux de ses propres mains, quitta la ville, et alla faire penitence sur les rochers de Cithéron, passant ses miserables jours en lamentations et regrets, avec Antigone, qui ne le voulut abandonner. Or ce* pendant Eteocle et Polynice ses fils entrez en differend pour le droict du Royaume, convindrent et accorderent en fin de regner successivement d'an en an. Et suivant cet accord,[2] Eteocle ayant, comme aisné, commencé sa charge, s'y trouva si bien, que son temps expiré il ne voulut laisser prise et se demettre du gouvernement, pour recevoir un successeur. Dequoy Polynice justement indigné se retira vers les Princes de Grece, pour implorer leur aide au recouvrement de son Royaume. Et entre autres s'adressa au Roy des Argiens Adraste, qui l'ayant faict son

---

[1]   **ABC** Apollon, luy fut dict,

[2]   **ABC** d'an en an. Suivant lequel accord,

gendre, assembla une forte armee pour le remettre en ses terres, et en dechasser* l'usurpateur. Ils camperent pres les murailles de Thebes, où estoit Eteocle, qui mist toutes ses forces aux champs, et à l'instant se donna une cruelle* et sanglante bataille, où mourut la plus part des deux armees, mesmes les chefs et capitaines. Polynice extremement desplaisant* de la mort de Tydee son beau-frere, de Capanee, Hippomedon, Amphiaree et Parthenopee, belliqueux* et magnanimes* seigneurs, fist appeler son frere Eteocle au combat, auquel ils entrerent si furieusement*, [f°207 r°]à la veuë des deux camps, qu'ils demeurerent tous deux morts sur la place. Dont Iocaste advertie, se donna d'un poignard dans le sein, et mourut. Les Argiens d'autre part voyans[1] celuy mort, pour lequel ils avoyent prins* les armes, et se sentans merveilleusement* affoiblis de la perte qu'ils avoyent faitte, leverent le siege, et se retirerent hastivement[2]. Creon frere d'Iocaste s'estant fait Roy, fait enterrer ses morts, avec defense à peine de la vie, d'inhumer les corps des ennemis, et sur tous celuy de Polynice, motif d'une si funeste guerre. Et pour l'execution de son ordonnance*, fait asseoir des gardes pour surprendre les infracteurs* d'icelle. Ce non-obstant Antigone se resout d'ensevelir son frere, et de ne le laisser manger aux bestes et oiseaux: mais comme elle vaquoit à ce pitoyable* office*, elle est prise et menee à Creon, qui la condamne à mort. Elle est descendue et enclose* en une caverne pour y mourir de faim: mais elle, sans attendre une si longue mort, s'estrangle de ses liens de teste. Creon l'avoit fiancee avec Hemon son fils, qui l'ayant trouvee morte en ceste caverne, où il estoit entré pour l'en tirer, vaincu d'amour et de douleur, se traverse le corps de son espee, et trespasse* sur celuy de sa maistresse. Les nouvelles de ce piteux* accident* venues aux oreilles de la Royne sa mere, la saisirent d'une si intolerable douleur, qu'elle se tua sur l'heure. Creon comblé* de tristesse pour l'amas* de tant de soudains et multipliez desastres*, [f°207 v°] fait de lamentables regrets, qui ferment la catastrophe* de ceste Tragedie.

Ce subjet est traitté diversement, par Eschyle en la[3] Tragedie intitulee Des sept Capitaines à Thebes, par Sophocle en l'Antigone,

---

[1]   *AC* voyant
[2]   *ABC* se retirerent honteusement.
[3]   *A* sa

par Euripide aux Phenisses, et par Seneque et Stace en leurs Thebaides. La representation en est hors les portes de la ville de Thebes.

LES ENTREPARLEURS.

Edipe.
Antigone.
Iocaste.
Messager.
Polynice.
Hemon.
Ismene.
Chœur de Thebains.
Creon.
Chœur de Vieillards.
Les gardes du corps de Polynice.
Chœur de filles Thebaines.
Eurydice.
Dorothee.

ANTIGONE,

OU

LA PIETÉ,

TRAGEDIE.

ACTE I.

EDIPE. ANTIGONE.

EDIPE

Toy, qui ton pere aveugle et courbé de vieillesse
Conduis si constamment*, mon soustien, mon addresse*,
Antigone ma fille, helas! retire toy,
Laisse moy malheureux souspirer mon esmoy*,
5   Vaguant* par ces deserts: laisse moy je te prie,
Et ne va malheurer* de mon malheur ta vie.
Ne consomme* ton âge* à conduire mes pas,
La fleur de ta jeunesse avec moy n'use pas,
Retire toy ma fille. Et dequoy me profite,
10 Me voulant fourvoyer*, ta fidelle conduite?
Je ne veux point de guide au chemin que je suy:
Le chemin que je cherche est de sortir d'ennuy*,
M'arrachant de ce monde, et delivrant la terre   [f°208 v°]
Et le ciel de mon corps, digne de son tonnerre.
15   Pour ne voir plus le ciel aveugler me suis peu,
Mais ce n'est pas assez, car du ciel je suis veu:
Le ciel tout regardant est tesmoin de mon crime,
Et ne m'engouffre helas! sous l'infernal abysme*,

Me souffre, abominable*, encores avaler[1]
20   Les saveurs de la terre, et le serein de l'air.
        Retire donc ta main qui tendrement me serre,
     Et permets que tout seul sur ces montagnes j'erre*.
     J'iray sur Cithéron aux longs coustaux* touffus,
     Où dés que je fu né, dés qu'au monde je fus
25   Ma mere m'envoya, pour dans un arbre paistre*
     Les corbeaux de ma chair qui ne faisoit que naistre:
     Il me demande encore, il me faut là tirer*.
     C'est luy, c'est Cithéron, que je doy desirer:
     C'est mon premier sejour*, ma demeure premiere,
30   C'est la raison qu'il soit ma retraitte derniere.
     Je veux mourir vieillard, où je fus destiné
     De mourir enfançon*, si tost que je fus né.
     Redonne moy la mort, rens moy la mort cruelle*,
     La mort, qui me suivoit tiré de la mamelle,
35   O meurtrier Cithéron: tu m'es cruel* tousjours,
     Et mes jours allongeant, et retranchant mes jours,
     Pren ce corps qui t'est deu, ceste charongne[2] mienne,
     Execute sur luy l'ordonnance* ancienne.
        Las! pourquoy me tiens-tu? ma fille: et vois-tu pas
40   Que mon pere m'appelle et m'attire au trespas*?
     Comme il se monstre à moy terrible, espouventable?
     Comme il me suit tousjours et m'est inseparable?[3]
     Il me monstre sa playe, et le sang jaillissant
     Contre ma fiere* main, qui l'alla meurtrissant*.   [f°209 r°]

                          ANTIGONE
45   Dontez, mon geniteur*, ceste douleur amere.

                          EDIPE
     Et qui pourroit donter une telle misere?
     Dequoy sert plus mon ame en ce coupable corps?

---

    [1] *D seul présente une virgule après* avaler; *nous ne l'avons pas conservée parce
qu'elle nous a semblé illogique et nous avons préféré la leçon fournie par* **ABC**.
    [2] *A* charoigne
    [3] **ABC** Comme son ombre vain me suit inseparable?

Que ne sors-tu, mon ame? helas! que tu ne sors
D'un si mechant manoir*? penses-tu qu'il me reste
50   Encore un parricide, et encore un inceste?
J'en ay peur, j'en ay peur, ma fille laisse moy:
Le crime maternel me fait craindre pour toy.

ANTIGONE

Ne me commandez point que je vous abandonne,
Je ne vous laisseray pour crainte de personne:
55   Rien rien ne nous pourra separer que la mort,[1]
Je vous seray compagne en bon et mauvais sort.
    Que mes freres germains* le Royaume envahissent,
Et du bien paternel à leur aise jouissent:
Moy mon pere j'auray, je ne veux autre bien,
60   Je leur quitte* le reste et n'y demande rien.
Mon seul pere je veux, il sera mon partage,
Je ne retiens que luy, c'est mon seul heritage.
Nul ne l'aura de moy, non celuy dont la main
S'empare injustement du beau sceptre Thebain:
65   Non celuy qui conduit les troupes Argolides:
Non pas si Jupiter de foudres homicides
Les terres escrouloit*, et fumant de courroux
Descendoit maintenant pour se mettre entre nous,
Il ne feroit[2] pourtant* que ceste main vous lâche,
70   Je seray vostre guide, encor qu'il vous en fâche.
Ne me rejettez point, me voulez-vous priver
Du bonheur le plus grand qui me puisse arriver?
S'il vous plaist de gravir sur l'ombrageuse teste
D'un coustau* bocager, me voyla toute preste:
75   S'il vous plaist un vallon, un creux antre* obscurci,[f°209 v°]
L'horreur* d'une forest, me voyla preste aussi:
S'il vous plaist de mourir, et qu'une mort soudaine
Seule puisse estoufer vostre incurable peine,
Je mourray comme vous, le nautonnier* Charon
80   Nous passera* tous deux les vagues d'Acheron.

---

[1] *ABC* personne, / Et rien ne nous pourra separer que la mort: /Je
[2] *ABC* fera

Mais ployez, je vous pry, cet obstiné* courage*,
Surmontez vostre mal, surmontez vostre rage.
Où est de vostre cœur la generosité*?
Voulez- vous succomber sous une adversité?

EDIPE

85   O la grande vertu*! bons Dieux! se[1] peut-il faire
Que j'aye onque* engendré[2] fille si debonnaire*?
Se[3] peut-il faire helas! qu'un lict incestueux
Ait peu jamais produire* enfant si vertueux*?
Desormais je croiray qu'une Louve outrageuse*
90   Nourisse dans ses flancs une Brebis peureuse:
Que d'un Pigeon craintif soit un Aigle naissant,
Et d'un Cerf lasche-cœur* un Lion rugissant:
Que la nuict tenebreuse engendre la lumiere,
Et la brune Vesper l'Aurore journaliere*:
95   Puisque d'un sale hymen, que nature defend,
De la mere et du fils, peut naistre un tel enfant.
      Laisse moy, mon souci*, veux-tu bien que j'endure
Que mon pere soit mort sans venger son injure*?
Pourquoy me serres-tu de ta virgeale* main
100   Ma dextre* parricide, et mon bras inhumain,
Taché du mesme sang qui me donna naissance?
Mechante, abominable* et pestifere* engence!
      Je ne fay qu'allonger la trame de mes maux:
Je ne vy pas, je sens les funebres travaux*
105   D'un qui tombe au cercueil, mon ame prisonniere
Est close* de ce corps, comme un corps de sa biere.   [f°210 r°]
Tu penses me bien faire en prolongeant ma fin,
Mais je n'ay rien si cher qu'accourcir* mon destin.
Tu retardes ma mort qu'avancer je desire,
110   Et me cuidant* sauver ta main me vient occire*.
Car la vie est ma mort, et mon mal devorant

---

[1] *Dans **D**, on lit ce, lapsus pour se, leçon fournie par **ABC**, et que nous avons évidemment retenue.*

[2] **ABC** Qu'engendrer j'aye peu

[3] *Ici encore nous avons corrigé le lapsus* Ce *pour* Se

Ne peut estre guari si ce n'est en mourant.
» Qui contraint vivre aucun qui n'en a pas envie,
» N'offense* moins qu'ostant à quelque autre la vie.
115 Par ainsi laisse moy: j'ay, desireux, quitté
Du Royaume Thebain l'antique dignité:
Mais je n'ay pas, laissant ce royal diadéme,
Despouillé* le pouvoir que j'avois sur moymesme.
Je suis maistre de moy, personne ne me doit
120 Defendre, ou commander: car moy seul j'ay ce droit.

ANTIGONE

N'aurez-vous point pitié de ma douleur amere?

EDIPE

N'auras-tu point pitié du malheur de ton pere?

ANTIGONE

Vostre malheur est grand, mais un cœur genereux*
Surmonte tout malheur, et n'est point malheureux.

EDIPE

125 Le malheur où je suis n'est pas remediable.

ANTIGONE

Du malheur qui vous poingt* vous n'estes pas coupable.

EDIPE

Apres m'estre du sang de mon pere polu*?

ANTIGONE

Non, puisque l'offenser* vous n'avez pas voulu.

EDIPE

J'ay ma mere espousee, et massacré mon pere.

ANTIGONE

130 Mais vous n'en sçaviez rien, vous ne le pensiez faire.

EDIPE
C'est une forfaicture*, un prodige*, une horreur*.

ANTIGONE
Ce n'est qu'une fortune*, un hasard*, une erreur.

EDIPE
Une erreur, qui le sang me glace quand j'y pense.

ANTIGONE
Ce n'est vrayment qu'erreur, ce n'est qu'une imprudence*.

EDIPE
135   Quel monstre commit onc* telle mechanceté?   [f°210 v°]

ANTIGONE
» Personne n'est mechant qu'avecques volonté.

EDIPE
Ce sont propos perdus: Tu ne sçaurois combatre
Par tes fortes raisons mon cœur opiniastre.
J'ay desir de mourir, et de plonger mon mal
140   Avec mon ame serve*, en l'abysme* infernal:
Et si plus bas encore un trespassé* devale*,
Plus bas je veux tomber que la voûte infernale.
        Penses-tu pour m'oster de la dextre* le fer,
Pour m'oster un licol*, ourdy* pour m'estouffer,
145   Pour destourner mes pas des roches sourcilleuses*,
Et pour me reculer* des herbes venimeuses,
M'empescher de mourir? tu tasches pour neant*
De me clorre l'enfer qui est tousjours beant.
» La mort s'offre sans cesse: et combien* que la vie
150 » De tout chacun puisse estre à tout moment ravie,
» La mort ne l'est jamais, la mort on n'oste point.
» Quiconque veut mourir, trouve la mort à poinct.
» Mille et mille chemins au creux Acheron tendent,
» Et tous hommes mortels, quand leur plaist, y descendent.

155   O mort! ô douce mort! viens estouper* mes sens,
        Et me perce le cœur de tes dards* meurtrissans*,
        Deschire moy le sein de tant d'horreurs* capable,
        Arrache moy la vie, et l'esteins, pitoyable*,
        Sous cette roche dure en eternel recoy*,
160   Et que jamais Phebus ne rayonne sur moy.
        Laisse le Styx, mon pere, et tousjours accompagne
        La bourrelle* Alecton, de mon ame compagne:
        Voy ses tisons soulfreux*, ses foüets, et ses serpens[1]
        Enflez de noir poison, sur mes poumons rampans,
165   Mon eternelle peine, et la prens pour vengence,
        Ta douleur consolant de mon horrible* offense*.   [f°211 r°]
        Que s'il ne te suffist, comme certe il n'est mal
        Pareil à mon forfait*, à mon forfait* egal,
        Si tu te deulx* encor' du peu de mes encombres*,
170   Aimant mieux que je sois avec les tristes Ombres
        Sur les bourbeux palus* des creux Enfers grondans,
        Fay que la terre s'ouvre et me pousse dedans:
        Fay moy porter le roc, qui sans cesse devale*,
        Fay moy souffrir la soif et la faim de Tantale,
175   Que du cault* Promethé j'aye la passion*,
        Du tonnant Salmonee, et du traistre Ixion:
        Tous leurs tourments* ensemble à peine pourront estre
        Suffisans pour moy seul, damné devant que naistre.
        Sus donc Edipe, sus, ne t'outrage* à demy,
180   Ce n'est pas assez d'estre à tes yeux ennemy,
        Tes yeux seuls n'ont forfait*, tu es en tout coupable,
        Et n'y a rien de toy qui ne soit punissable.
        Ouvre toy l'estomac*, dechire toy le sein,
        Arrache toy le cœur de ta sanglante main,[2]
185   De ta main parricide, et qu'elle mesme paye
        A ton pere le prix de sa mortelle playe.

---

[1] *ABC vers 161-163:*
    Laisse le Styx, mon pere, et tousjours accompagnes
    Les trois bourrelles Sœurs, de mon ame compagnes:
    Voy leurs tisons soulfreux, leurs foüets, et leurs serpens
[2] *ABC* de ta bourrelle main,

ANTIGONE

Pour Dieu, mon Geniteur*, appaisez vostre mal,
Puis qu'il ne vient de crime, ains* d'un malheur fatal:
Escoutez-moy pauvrette, et vostre oreille douce
190   Ma suppliante voix par desdain ne repousse.
Je ne demande pas que vous vueillez encor
Reprendre en vostre main le sceptre d'Agenor:
Je ne demande pas, que de loix salutaires
Vous vueillez gouverner vos peuples volontaires,
195   Et que vostre famille abysmee* en malheur
Vous vueillez redresser en son antique honneur:
Je ne vous requiers* pas que le dueil* qui vous tue   [f°211 v°]
Vous vueillez despouiller* de vostre ame abatue:
» Combien* qu'il appartienne à l'homme de grand cœur*,
200   » D'estre de la fortune* en ses assauts vainqueur,
» Et de ne succomber à la douleur maistresse:
» Ains* de fouler aux pieds la rongeante tristesse,
» Qui rampe dans nostre ame, incurable poison,
» Si lon ne la destrempe* avecques la raison.
205   Pourquoy recourez vous à la mort pour remede?
Sinon que vostre force à la Fortune* cede,
Que contre son assaut vous n'estes assez fort,
Et que vous ne pouvez soustenir son effort.
Mais las! que sçauroit plus la Fortune* vous faire?
210   Sçauroit-elle estre plus qu'elle vous est contraire*?
Jupiter, qui peut tout, ne sçauroit augmenter
Le comble du malheur qui vous fait lamenter*.
        Quel bien esperez-vous aux rives tenebreuses,
Eternel compagnon des ames malheureuses,
215   Que vous n'ayez ici? Ne souffrez-vous autant
Que vous pourriez souffrir sur l'Acheron estant?
Qu'est-ce qui vous asprit*? quelle fureur* vous pique
De vouloir devaler* au marez Plutonique?
Est-ce pour ne voir plus ce beau jour escarté*?
220   Vos yeux perdent du jour l'amiable* clarté.[1]
Est-ce pour vous priver du royal diadéme?

---

[1]   *A* clairté.

Pour quitter vos palais? Vous en privez vous mesme.
Est-ce pour vous bannir loin de vostre païs,
Loin de femme et d'enfans? Vous les quittez haïs:
225 Vostre sort inhumain de cela vous delivre.
Partant* vous ne devez vous lamenter de vivre.
Car la vie vous oste autant que le trespas*
A coustume d'oster à ceux qui vont là bas.   [f°212 r°]
Quel bien vous peut donner cette mort souhaitee?
230 Qu'aurez-vous plus estant une ame Acherontee?

EDIPE
Je me veux separer moymesme de mon corps:
Je me fuiray moymesme aux Plutoniques bords:
Je fuiray ces deux mains, ces deux mains parricides,
Ce cœur, cest estomac*, ces entrailles humides
235 Horribles* de forfaits*, j'esloigneray* les cieux,
L'air, la mer, et la terre, edifices des Dieux.
        Puis-je encore fouler les campagnes fecondes
Que Cerés embellist de chevelures blondes?
Puis-je respirer l'air? boire l'eau qui refuit*?
240 Et me paistre du bien que la Terre produit?
Puis-je encore, polu* des baisers d'Iocaste,
De ma dextre* toucher la tienne qui est chaste?
Puis-je entendre le son, qui le cœur me refend*,
Des sacrez noms de pere et de mere et d'enfant?¹
245   Las! dequoy m'a servy qu'en la nuict eternelle
J'aye fait amortir* ma lumiere* jumelle,
Si tous mes autres sens egalement touchez
De mes crimes ne sont comme mes yeux, bouchez?
        Il faut que tout mon corps pourisse sous la terre,
250 Et que mon ame triste aux noirs rivages erre*,
Victime de Pluton. Que fay-je plus ici
Qu'infecter* de mon corps l'air et la terre aussi?
        Je ne voyois encor la clairté* vagabonde
Du jour, et je n'estois encores en ce monde,
255 Les doux flancs maternels me retenoyent contraint,

---

¹ *C* enfans?

Qu'on me craignoit desja, que j'estois desja craint.
Aucuns sont devorez de la Parque severe
Si tost qu'ils sont sortis du ventre de la mere:
Mais las! je n'en estois encore à peine issu*,   [f°212 v°]
260   Voire je n'estois pas de ma mere conceu¹
Que ja* desja la mort me brandissoit sa darde*,
Lors trop prompte à m'occire*, et ores trop musarde*.
On arresta ma mort (miserable) devant
Que je fusse animé*, que je fusse vivant.
265   O l'estrange* avanture*! un pere veut desfaire*
Son petit enfançon* premier* que de le faire,
Devant que² l'engendrer, et commande tuer
Celuy qui le devroit vivant perpetuer:
Las! il craint le contraire, et son ame timide*
270   Pense que cet enfant sera son homicide.
          Ainsi devant que naistre, ains* devant qu'estre faict
J'estois ja* crimineux* d'un horrible* forfaict*:
J'estois ja* parricide, et ma vie naissante
D'un sort contraire* estoit coupable et innocente.
275   Je fus mis au supplice aussi tost que je peu
Gouster l'air de ce monde et que j'en fus repeu.
On me perça les pieds d'une broche flambante,
Et haut on me pendit en la forest mouvante
Du pierreux Cithéron, au sommet d'un rocher,
280   Pour nourrir les corbeaux de ma tendrette chair.
Mais helas! le Destin nuisiblement propice
A mon futur malheur, m'arracha du supplice,
Me preservant pour l'heure, à fin que d'un poignard
J'ouvrisse un jour le sein de mon pere vieillard,
285   Que je devois meurtrir* par la voix prophetique,
Trop veritable helas! de l'oracle Delphique.
Or* l'ay-je massacré de cette dure main,
Vrayment dure et cruelle*, et l'empire Thebain
J'ay conquis par sa mort, ornant la mesme dextre*,

---

¹   *ABC vers 259-260:*
      Mais las! je n'en estois encore encore issu,
      Je n'estois pas encor' de ma mere conceu
²   *ABC* Premier que

290 Qui l'ame luy tolut*, de l'honneur de son sceptre.   [f°213 r°]
     Encor ne fust-ce tout: car le ciel me voulant
     Accabler de mesfaicts, et les accumulant
     Par monceaux entassez, me feit (ô chose infame*!)
     L'incestueux mary de ma mere, sa femme.
295 Quel Scythe, quel Sarmate, et quel Gete cruel*,
     Despouillé de raison, commit onc* rien de tel?
     J'ay ma dextre* lavé dans le sang de mon pere,
     J'ay d'inceste polu* la couche de ma mere,
     J'ay produit* des enfans en son ventre fecond,
300 Qui freres et enfans tout ensemble me sont.
     Ores* j'ay tout quitté, fors* toy mon Antigone,
     J'ay laissé femme, enfans, et de Thebes le throne,
     Le loyer* de mon crime, helas! mais aujourd'huy
     Voyla ma geniture* en bataille pour luy.
305 Le frere veut du frere et le bien et la vie,
     Tant ils ont de regner une bruslante envie,
     Tant ce desir les ronge, et ceste authorité
     Les contraint de forcer tout droict de pieté.
     Ce malheur est conjoinct au sceptre Agenoride,
310 De s'acquerir* tousjours avecque parricide:
     Aussi mes deux enfans y courent acharnez*
     Comme Lyons griffus* au combat obstinez*.
     Polynice se plaint que son frere luy vole
     Son droit, et le fraudant*, sa promesse viole:
315 Invoque le secours des grands Dieux colerez*
     Contre ceux qui les ont en serment parjurez:
     A faict armer, banny, pour la querelle* sienne
     Les Gregeoises citez, la jeunesse Argienne:
     Veut forcer son germain*, qui ne luy veut ceder
320 Le royaume usurpé, qu'il veut seul posseder.
     Le terroir* Cadmean fourmille de gendarmes*,   [f°213 v°]
     Tout est plein de chevaux, de dards*, de feux, de larmes,
     De plaintes et de cris: le laboureur s'enfuit,
     Tout ce bord retentist de tumulte* et de bruit.

ANTIGONE
325 Quand vous n'auriez, mon pere, autre cause de vivre,

Que pour Thebes defendre et la rendre delivre*
Des combats fraternels, vous ne devez mourir,
Ains* vos jours prolonger pour Thebes secourir:
Vous pouvez amortir* cette guerre enflammee,
330   Seul vous avez puissance en l'une et l'autre armee:
Des mains de vos enfans vous pouvez arracher
Le fer desja tiré pour s'entredehacher*.
Vous pouvez arrester la fureur* qui chemine,
Comme un ardant* poison, par leur chaude poitrine,
335   Et de vostre patrie esloigner les dangers
Qui la vont menassant de soudars* estrangers:
La mettant en repos, et comme d'une corde
Serrant nos cœurs unis d'une sainte concorde.
Vivez donc je vous pry, vivez doncques pour nous,
340   Si vivre desormais vous ne voulez pour vous:
Vostre vie est la nostre, et qui l'auroit ravie,
Auroit ravi de nous et d'un chacun la vie.

EDIPE

Que ces maudits enfans ayent respect à moy?
Qu'ils desarment leurs mains, et se gardent* la foy?
345   Les traistres, les mechants, affamez de carnages,
Confits* en cruautez*, en fraudes* et outrages*,
D'empires convoiteux, ne sçauroyent faire bien,
Dignes de moy leur pere, et du lignage* mien.
Ils sont plongez en mal, leur esprit ne propose
350   Qu'ourdir* et que tramer[1] toute execrable* chose.
Leur esprit n'est poussé que de toute fureur*,
La crainte des grands Dieux ne leur donne terreur,   [f°214 r°]
Ils ne reverent rien, la honte* paternelle,
Ny l'amour du pays ne leur est naturelle:
355   Ils s'entremeurtriront*, si la bonté des Dieux
Ne retient aujourd'huy leur glaive furieux*.
C'est pourquoy me convient souhaiter que je meure,
C'est pourquoy trop long temps au monde je demeure,
Estant pres de souffrir, differant mon trespas*,

---

[1] **ABC** Que bastir, que tramer

360   De pires passions* que je ne souffre pas.

ANTIGONE

Par vos cheveux grisons ornement de vieillesse,
Par cette douce main tremblante de foiblesse,
Et par ces chers genoux que je tiens embrassez*,
Ce mortel pensement* je vous prie effacez
365   De vostre ame affligee, et laissez cette envie
De mourir, où le sort trop cruel* vous convie.
Vivez tant que Nature[1] ici vous souffrira,
Puis recevez la mort quand elle s'offrira:
Elle vient assez tost, et jamais ne ramene
370   Une seconde vie en la poitrine humaine.

EDIPE

Ma fille, leve toy, tu me transis le cœur,
Ton louable desir sera du mien vainqueur:
Appaise ta douleur, ma chere vie, appaise
La tristesse et l'ennuy* que te fait mon malaise*.
375   Ces larmoyans* soupirs que tu pousses en l'air
Me traversent les os et me font affoler*.
Je vivray, ma mignone, à fin de te complaire,
Et traineray mon corps par ce mont solitaire
Autant que tu voudras, rien ne me peut douloir*
380   Qui se face à ton gré, je n'ay autre vouloir.[2]
Je franchiray les flots de la mer Egeane,
Je plongeray ma teste en la flamme Etneane,
S'il te plaist: et d'un roc, touchant le ciel des bras,   [f°214 v°]
Je m'iray sans frayeur precipiter à bas:
385   S'il te plaist maintenant je seray la viande*[3]
D'un Lyon ravisseur, d'une Louve gourmande.
Je vivray, je mourray, selon qu'il te plaira,
Ta seule volonté ma conduitte sera.

---

[1] *A* nature
[2] *ABC vers 380:*
    Qui à ton gré se face, et selon ton vouloir.
[3] *ABC vers 385:*
    S'il te plaist, s'il te plaist, je seray la viande

ANTIGONE

Vivez doncque en repos, sans que vostre pensee
390   Soit des malheurs passez desormais offensee*.

EDIPE

Je me veux reposer en cet antre* cavé*,
Dans ces horribles* monts tristement enclavé,
Qu'un fort buisson encerne*, et d'une ondeuse source
Le beau crystal errant* en eternelle course.
395   Là sur un tuf assis, et du coude appuyé
J'entretiendray d'espoir mon esprit ennuyé*,
Que la mort secourable en brief* me viendra prendre,
Et mon ame fera sur l'Erebe descendre:
Tandis, mon reconfort, que tu auras le soing
400   De me faire apporter ce qui m'est de besoing.
Or* retourne à ta mere, et si tu peux l'incite
D'appaiser de ses fils la querelle maudite.

CHŒUR DE THEBAINS.

O Pere que par noms divers
L'on invoque par l'univers,
405   Nomien, Evaste, Agnien,
Bassarean, Emonien,
Tousjours orné de pampres verds:

Qui parmy le foudre nasquis,
Et dedans la cuisse vesquis*
410   De Jupiter, qui te porta
Jusques à tant qu'il t'enfanta
A Nyse, qu'apres tu conquis: [f°215 r°]

Qui l'ombreuse croupe du mont
Du saint Parnasse au double front,
415   Fais retentir, et Cithéron,
Et les montagnes d'environ,
Au bruit que tes Menades font:

Quand avec les Satyres nus
Aux pieds de bouc, aux fronts cornus,
420   Dançant en maints follastres tours,
Celebres au son des tabours*
Tes hauts mysteres* inconnus.

Lors que les rebelles Geans
Gravirent aux champs Phlegreans
425   Contre le ciel, à grands efforts,
Gyge et Mimas tu rendis morts
Dedans les fourneaux Etneans.

Tu t'es, magnanime*, vengé
Du Roy Thracien enragé:
430   Agave et l'Edonide chœur
Ont puny Penthé ce mocqueur,
Qui ton nom avoit outragé*.

Sans crainte aux Enfers tu descens,
Les Tigres te sont blandissans*,
435   Les bruyans fleuves tu flechis,
Les barbares* mers tu franchis
Leurs flots te sont obeïssans.

Ton nom s'est espandu fameux*
Au Gange et Araxe escumeux,
440   Et ton exercite* pampré
Victorieux a penetré
Bien loing jusqu'aux peuples gemmeux*.

Escoute pere, ô bon Denys,   [f°215 v°]
Rassemble les cœurs desunis
445   Des freres plongez en discords*,
Et de nos Beotiques bords
Toutes calamitez banis.

Garde* la Thebaine cité
De domestique* adversité:

450   Ta mere à Thebes te conceut,
            Et ton pere à Thebes receut
            Ta premiere nativité*.

            Icy tes Thyades, hurlant,
            Vont au soir l'herbette* foulant,
455   Leurs thyrses* Nyseans vestus
            De vigne aux branchages tortus*,
            A cheveux espars sautelant*.

            Vien, ô vien Evach, Agyeu,
            Vien nostre tutelaire* Dieu,
460   Nous t'invoquons, nous te prions,
            A toy, desolez*, nous crions,
            Chasse tout malheur de ce lieu.

            Si nous recevons, ô seigneur,
            De toy ce desiré bonheur,
465   Tandis que le ciel tournera,
            Tandis que la mer flotera,
            Nous chanterons à ton honneur.

ACTE II.

IOCASTE. MESSAGER. ANTIGONE.

IOCASTE

Soleil qui gallopant par ce rond* spacieux,
Illumines la terre et la voûte des Cieux,
470 Regarde par pitié, cernant* ce grand espace,
Le desastreux* esmoy* de nostre pauvre race:
Voy qu'apres tant de maux, l'un sur l'autre amassez,
D'un extreme mechef* nous sommes menacez.
Thebes tombe en ruïne, et les Grecques cohortes
475 Viennent en grand' fureur* pour forcer nos sept portes:
Mes enfans embrasez d'un desir enragé
D'occuper mechamment le royaume outragé*
De leur vieil geniteur*, taschent d'effort contraire
A s'entredespouiller du sceptre hereditaire.
480   Agave Bassaride a de son thyrse* saint
L'irreverend* Penthé mortellement atteint,
Penthé sa geniture*, et de son sang liquide[1]
A, cruelle*, arrosé le chœur Aëdonide:
Mais le sanglant mesfait de son cœur insensé
485 De Bacchiques fureurs* plus outre* n'a passé.
Moy je n'ay pas esté tant seulement mechante,
Mais j'ay faict ces mechants de qui je me lamente:
Je les ay engendrez pour estre le flambeau
De cette grand' Cité prochaine du tombeau.

MESSAGER

490 Race du vieil Creon, secourez je vous prie,
Secourez promptement la commune patrie.
Accourez, hastez-vous, repoussez les tisons
Ja* ja* prests à lancer sur les toicts des maisons.
L'ennemy se presente, et cette longue plaine

---

[1] *ABC* humide

495 Fourmille de soudars*, que Polynice ameine,
Demandant animeux*, que l'accord convenu
Pour le sceptre Thebain luy soit entretenu*.
Il a toute la Grece arrangee* en bataille,   [f°216 v°]
Sept divers escadrons entournent* la muraille,
500 Prests de venir aux mains: secourez, defendez
Nos murs, de vos enfans contrairement* bandez*.

ANTIGONE

Allons Madame, allons, vos maternelles larmes
De leurs guerrieres mains feront tomber les armes.
Vous les pourrez rejoindre* en une bonne amour,
505 Et faire qu'au Royaume ils commandent par tour.

IOCASTE

Las je ne sçay que faire! à bon droict Polynice
Se plaint qu'en le chassant Eteocle jouisse
Seul du sceptre ancien, combien qu'il soit celuy
Qui le doive pretendre aussi bien comme luy:
510 Toutesfois dejetté* de sa native* terre,
Ja depuis trois moissons de ville en ville il erre*
Miserable et chetif*, jusqu'*à tant qu'il s'est veu
Chez Adraste, qui l'a pour son gendre receu.
Il a des Rois voisins imploré les armees,
515 Dont il couvre aujourd'huy les campagnes Cadmees,
Pour recouvrer des mains d'Eteocle, l'honneur
D'estre de nos citez legitime seigneur.
Il fait bien de vouloir ce que le droict luy donne,
Et tascher de l'avoir, mais d'une façon bonne.
520   Pour qui me banderay*-je? helas! auquel des deux
Ma faveur donneray-je, estant la mere d'eux?
Je ne puis plaire à l'un, sans à l'autre desplaire:
Faire du bien à l'un, sans à l'autre malfaire*,
Ny souhaiter que l'un ait prospere succez*,
525 Sans souhaiter aussi que l'autre l'ait mauvais.
        Tous deux sont mes enfans: mais bien que je les aime
D'egale affection, comme mon ame mesme,
J'incline toutesfois beaucoup plus pour celuy

Dont la cause est meilleure, et qui a plus d'ennuy*.   [f°217 r°]
530 » On a communément pitié des miserables,
     » Et leur condition nous les rend favorables.

MESSAGER

Tandis qu'à lamenter* vous despensez le temps,
On approche des murs les estendars flotans,
Les bataillons serrez dans la plaine herissent*,
535 Comme espics ondoyans qui par les champs blondissent:
Ils reluisent du fer qui leur couvre le dos:
Le front, qui leur pallist sous les armes enclos*,
Sourcille de fureur*: les yeux leur estincellent
Comme esclairs flamboyans, quand les astres querellent*.
540   Ja* desja la trompette esclate* un son affreux,
Ja* les fiers* escadrons s'encourageants entr'eux
Demarchent arrangez* par la plaine poudreuse*,
Prests de s'entrechoquer d'une ardeur* colereuse.
Voyez comme les chefs la longue picque au poing
545 S'avancent les premiers, de leurs batailles* loing,
Enragez de combatre, et d'acquerre* une gloire
Au danger de leur sang, par l'heur* d'une victoire.
Allez, avancez-vous, il est temps, depeschez,
Vous les verrez bien tost l'un à l'autre attachez*.

ANTIGONE

550 Or allez donc, Madame, et sans leurs armes craindre
Abordez-les premier* qu'ils viennent à se joindre*:
Faites leur choir* des mains leurs targues* et leurs dars*,
Sacquez* de leur costé leurs meurtrissants* poignars
Alterez de leur sang: et, si la soif gloutonne
555 De s'entre-homicider* si fort les espoinçonne*,
Qu'ores la reverence* obeïsse au mespris,[1]
Et leurs cœurs obstinez soyent de trop d'ire* espris:
Plantons-nous au milieu des phalanges contraires,
Opposons la poitrine aux picques sanguinaires,

---

[1] **ABC:** *vers 555-556:*
De s'entre-homicider, leurs ames espoinçonne,
Si que la reverence obeisse au mespris,

560   Appaisons cette guerre, ou que les premiers coups   [f°217 v°]
       Des freres animez* se donnent¹ contre nous.

                          IOCASTE
       J'iray, j'iray soudaine, et seray toute preste
       D'affronter leurs cousteaux, et leur tendre la teste,
       Leur tendre la poitrine, à fin que celuy d'eux
565   Qui meurtrira* son frere, en puisse meurtrir* deux.
          S'ils ont quelque bonté, mes pitoyables* larmes
       Les devront esmouvoir* à mettre bas les armes:²
       Mais s'ils n'en ont aucune, ils devront commencer
       En moy, leur parricide, et sur moy s'eslancer.

                          ANTIGONE
570   Les estendars dressez par les troupes remuent,
       Les scadrons* ennemis sur les nostres se ruent,
       L'air courbé retentist sous le fremissement
       De tant de legions au combat s'animant*:
       Recourez recourez à vos douces prieres,
575   Pour retarder l'effort* de leurs dextres* guerrieres.
       Ils marchent pesamment, vous les aurez atteints
       Devant qu'entre-affrontez ils soyent venus aux mains.³

                          IOCASTE
       Les camps vont lentement, mais les deux Capitaines
       Ont pour se rencontrer* les demarches* soudaines.
580   Quel tourbillon de vent me portera par l'air?
       Quel Stymphalide oiseau fera mon corps voler?
       Quel Sphinx, quelle Harpye à la gorge affamee
       Ira fondre au milieu de l'une et l'autre armee,
       Me portant sur le dos, pour à temps m'y trouver,
585   Et vers mes fiers* enfans ma priere esprouver?

---

¹ *ABC* se lancent

² *D* n'a pas de ponctuation à la fin de ce vers; il s'agit d'un oubli manifeste; aussi
avons-nous rétabli les deux points des éditions *ABC*

³ *ABC vers 577:*
   Devant qu'ils soyent couplez pour en venir aux mains.

MESSAGER

Elle court furieuse*, ainsi qu'une Menade
Court au mont Cithéron, de son esprit malade:
Ou comme un trait volant par un Scythe eslancé,
Ou comme au gré du Nort un navire poussé,
590   Ou comme on voit au soir une estoile luisante
Se glissant parmy l'air¹ courir estincelante.   [f°218 r°]
   Permettent les bons Dieux, que nos Princes esmeus
De sa forçante* voix, ne souillent animeux*
Leurs glaives conjurez d'une mort fraternelle,
595   Ains* que s'entre-embrassant* ils rompent leur querelle!

CHŒUR

Que l'ardente* ambition
Nous cause d'affliction!
Qu'elle nous file d'esclandre*!
Si l'alme* paix ne descend
600   Sur nous peuple perissant,
Nous verrons Thebes en cendre.

Ce malheur tousjours nous joint*,
Et collé ne cesse point
De presser* les Labdacides,
605   Depuis que nos anciens
Quittant les champs Tyriens,
Beurent les eaux Castalides:

Et que Cadme poursuivit
Le faux Toreau, qui ravit
610   Sur sa blandissante* crope*
La belle Europe sa sœur:
Et que le cault* ravisseur
La passa* dedans l'Europe.

Que, las d'avoir traversé
615   Jusqu'à l'ondeuse Dircé,

---

¹ ***ABC*** Se glissant dans le ciel

Sans recouvrer la pucelle*,
Ny son mugissant larron*,
Fist au pied de Cithéron
Sa residence nouvelle.

620   Il bastit nostre Cité,   [f°218 v°]
       Et son terroir* limité
       Du Bœuf, nomma Bœocie:
       Depuis ce temps-la tousjours
       Les malheurs y ont eu cours,
625   Dont elle est ore* farcie.

       Depuis les monstres cruels*
       Y naissent continuels:
       Sur la rive diapree*
       De Cephise un fier* serpent,
630   En cent tortices* rampant,
       Envenima la contree.

       Plus haut que les chesnes vieux
       Il elevoit furieux*
       Sa longue teste sifflante,
635   Restant la plus part du corps
       En maint et maint nœud retors*,
       Dessur* l'herbe flestrissante.

       Les champs de ses dents semez
       Furent d'hommes animez*,
640   Qui sortis, nouveaux gendarmes*,
       En bataillons ordonnez,
       Aussi tost qu'ils furent nez
       S'entre-occirent* de leurs armes.

       Ils ne firent qu'un seul jour
645   Dessur* la terre sejour*:
       Le matin fut leur jeunesse,
       Le midy leur âge meur,
       Du soir la brune noirceur
       Fut leur extreme vieillesse.

650   Acteon est devenu
      Par son desastre*, cornu: [f°219 r°]
      Du Sphinx la monstreuse* forme
      Nous veismes à nostre mal:
      D'Edip' l'inceste brutal,
655   Et le parricide enorme*.

IOCASTE. POLYNICE.

IOCASTE

Tournez vos yeux vers moy, magnanimes* guerriers,
Dressez vers moy vos dards* et vos glaives meurtriers,
Sacquez*-les dans mon sein, dedans cette poitrine,
Qui coupable a porté la semence mutine*
660 De ces maudits combats: employez les efforts*
De vos robustes mains sur ce mourable* corps.
   Soit vous qui accourez du rivage Argolide,
Soit vous qui descendez du fort Agenoride,
Estrangers, Citoyens, pesle-mesle visez
665 A moy, qui ay produict* ces freres divisez:
Qui les ay engendrez de mon enfant leur frere,
Encore degoutant du meurtre de son pere.
Deschirez-moy le corps, mes membres arrachez,
Et de mon tiede sang vostre soif estanchez.
670   Vous doutez? vous tardez? Pourquoy, ma Geniture*,
Voulez-vous à demy violer la nature?
Que ne destrempez*-vous vos armes en mon flanc,
Si vous n'avez horreur* de les souiller au sang
Tiré de mesme ventre, au sang de mes entrailles,
675 Vous entremassacrant au pied de ces murailles?
Mettez les armes bas, ces armes despouillez*,
Ou au sang maternel sans crainte les mouillez.
Ne soit d'aucun respect vostre main retenue,   [f°219 v°]
Je vous tens le gosier et la poitrine nue:
680 Je suis entre vous deux: qui doy-je le premier
De ma pleureuse voix à la paix convier?

Auquel m'addresseray-je? auquel, commune mere,
D'une accolade* sainte iray-je faire chere*?
C'est à vous qui avez si longuement erré*,
685   Du cher embrassement* des vostres separé.
Approchez, mon enfant, que vostre main nerveuse*
Renferme en son fourreau cette espee odieuse:
Fichez moy cette hache en terre bien avant,
Ostez ce grand pavois* qui vous arme au devant,
690   Delacez cet armet*, qui d'une longue creste
Horrible* m'effroyant, vous poise* sur la teste.
Decouvrez vostre face. Hé pourquoy doutez*-vous,
Et vostre ardant* regard eslancez à tous coups
Dessus vostre germain*? craignez-vous qu'il remue,
695   Et qu'en vous embrassant* traistrement* il vous tue?
Non non ne craignez point, n'en ayez point de peur,
Je vous defendray bien de son glaive trompeur
Vous targuant* de mon corps, lequel faudra qu'il perce
Devant que l'inhumain jusqu'au vostre traverse.
700   Que doutez*-vous donc plus? doutez*-vous de ma foy*?
Auriez-vous bien, helas! desfiance de moy?
Moy qui suis vostre mere?

POLYNICE
                  Apres un tel parjure
De mon frere, il n'est rien qui desormais m'assure*.

IOCASTE
Retirez du fourreau ce large coutelas,
705   Reprenez la rudache* et la mettez au bras,
Rebouclez vostre armet*, ne vous mettez en prise*
A vostre frere armé, de crainte de surprise.
      C'est à vous de lascher les armes le premier
Qui estes cause seul de faire desfier*:   [fº220 rº]
710   Laissez-les, je vous pry, pour un petit* d'espace,
A fin que Polynice à mon aise j'embrasse*
Apres son long exil: c'est mon accueil premier,
Helas! et j'ay grand peur que ce soit le dernier.
      Desarmez-vous, enfans. Est-ce chose seante

715   De vous tenir armez vostre mere presente?
       Luy offusquer* les yeux d'un acier flamboyant,
       Et aller de soudars* sa vieillesse effroyant?
       Vous faites une guerre, où plus grande est la gloire
       De se trouver vaincu, que d'avoir la victoire.
720 » Craignez-vous qu'on vous trompe? Hà qu'il vaut beaucoup mieux
      » Estre trompé, que d'estre aux siens fallacieux*,
      » Souffrir quelque forfait* que le faire soymesme,
      » Et perdre que ravir un Royal diadême.
       Mais ne craignez, enfans, vostre mere fera
725   Que l'un trop fraudulent* l'autre ne trompera.
       Je ne vien pas icy, je n'y suis pas venuë
       Travailler* de labeur* ma vieillesse chenuë,
       Pour estre le tison de vos impietez,
       Mais pour fendre le roc de vos cœurs irritez.
730   Eteocle a fiché sa hache contre terre,
       Jetté sa targue* bas, çà donc que je vous serre
       De mes bras maternels, je ne me puis souler
       De vous voir Polynice, et de vous accoler*.
       O mon cher Polynice, une terre estrangere
735   A long temps retenu vostre ame passagere!
       Vous avez longuement erré* par les desers,
       Par les rivages cois*, par les vagueuses mers,
       Fugitif, exilé, couru de la Fortune*,
       Sans secours, sans addresse*, et sans retraitte aucune. [f°220 v°]
740   Las! je n'ay, vostre mere, à vos nopces esté,
       Je n'ay conduit l'espouse à la solennité:
       Je n'ay pour honorer la feste nuptiale
       Enfleuré* le lambris de la maison royale,
       Des odeurs de Sabee embasmé* vostre lict,
745   Ny d'or elabouré* decoré le chaslict.
       Des vostres dechassé*, vous estes allé rendre
       A un prince ennemy, qui vous a faict son gendre:
       Et ore, apres avoir si long temps sejourné
       Loing de mes yeux, en fin vous estes retourné,
750   Non, comme j'esperois, au gré de vostre frere,
       Mais au sac du pays, comme un prince adversaire.
       O mon fils mon cher fils, ma crainte et mon espoir,

Que j'ay tant souhaitté, tant desiré revoir,
Vous me privez du bien que je devois attendre,
755   Nous venant assaillir au lieu de nous defendre.
Helas! faut-il mon fils, mon cher fils, et faut-il
Qu'au retour desiré de vostre long exil,
Pour le commun esclandre* en larmes je me noye,
Au lieu que je pensois ne pleurer que de joye?
760   Mon fils, et falloit-il ne vous revoir jamais,
Ou en vous revoyant bannir la douce paix
Du cœur de la patrie, et de fureur* civile
Nos peuples saccager et nostre belle ville?
Ainsi sans vous la guerre on ne verroit icy,
765   Ainsi vous sans la guerre on ne verroit aussi.
La guerre vous estreint d'une si forte serre,
Qu'on ne vous peut avoir sans que lon ait la guerre.
      Mais combien* que me soit vostre voyage dur,
Venant pour saccager l'Amphionique mur
770   Et nos champs plantureux*, si tressaillé-je d'aise   [f°221 r°]
De ce que je vous voy, vous embrasse*, et vous baise:
Je volle de plaisir, pourveu que vos debats*
Ne passent point plus outre*, et cessent vos combats.
      Combien s'en est fallu, que je n'ay veu descendre
775   Sur vous, mes deux enfans, un carnager* esclandre*!
Je tremble et je fremis de la glaceuse peur
Que vos flambans harnois* m'ont coulé dans le cœur.
Je vous pry par les flancs, où neuf Lunes vous fustes,
Et où vostre naissance, ains* que naistre, vous eustes,
780   Par mes cheveux grisons, par les adversitez
Dont vostre pere et moy sommes tant agitez*,
Et par la pieté, par le cœur debonnaire*
De la pauvre Antigone appuy de vostre pere,
Rechassez* cette armee, et loing de nos creneaux,
785   Loing de nos belles tours destournez ces flambeaux.
Faites marcher ailleurs vos guerrieres phalanges,
Commandez retirer tous ces peuples estranges*:
Portez vos estendars en d'autres regions
Sans nous espouvanter de tant de legions.
790   C'est assez offensé* vostre chere patrie

Qui les larmes aux yeux à jointes mains vous prie:
C'est assez tourmenté* vostre sejour* natal,
Vous luy avez assez faict endurer de mal.
Vostre patrie a veu ses nourricieres plaines,
795   De chevaux, de harnois*, et de gendarmes* pleines:
Elle a veu ses coustaux* reluire, comme esclairs,
D'armets* estincelans, de targues*, de bouclers*,
Ses champs herissonner* de picques menassantes,
Au lieu de beaux espics aux pointes blondissantes:
800   Elle voit ses guerets par les chevaux poitris*,
Les pasteurs* deschassez*, et leurs troupeaux meurtris*:

[f°221 v°]

Les chefs au front superbe*, elevez apparoistre
Sur des chars triomphans, et leurs gens* reconnoistre*:
Les villages flamber, les cases* de¹ Bergers
805   Servir de corps de garde aux soudars* estrangers:
Et ce qui est le pire, elle voit les deux freres
L'un sur l'autre acharnez* de fureurs* sanguinaires,
Se chercher de la vie, et comme Ours furieux*,
Se vouloir deschirer de coups injurieux*.
810   C'est la ville, mon fils, où Dieu vous a fait naistre,
Et où vous desirez l'unique seigneur estre.
Quelle bouillante rage et quel forcenement*
Vous espoind* de vouloir destruire en un moment
Vostre propre Royaume, et le voulant conquerre*
815   Le faire saccager par des hommes de guerre?
        Comment? et voudrez-vous jetter pié* contre-mont
Ces grands monceaux pierreux, qui sourcillent* le front,
Ouvrage d'Amphion? les riches édifices
De tant de beaux palais, decorez d'artifices*?
820   Aurez-vous, Polynice, aurez-vous bien le cœur
D'y prendre du butin, si vous estes vainqueur?
Et aurez-vous, helas! aurez-vous le courage
De les voir ravager, les voir mettre au pillage?
Trainer par les cheveux les vieux peres grisons,
825   Et leurs femmes de force arracher des maisons?

---

¹ *ABC* des

Les filles violer entre les bras des meres?
Et les jeunes enfans mener comme forçaires*
Le col* en un carcan, et les bras encordez*,
Pour les maistres servir en plaisirs desbordez*?
830   Mais pourrez-vous encor voir la ville troublee,
De tumultes*, de cris, de carnages comblee*?
Les corps des citoyens, l'un sur l'autre entassez   [f°222 r°]
De travers, de biais, sans ordre entrelassez,
(Spectacle miserable!) encombrer les passages,
835   Et du sang regorgeant les rouges marescages?
Voir ardre* les maisons, et les hostes dedans
Cruellement brusler sous les chevrons ardans*?
Et brief* faire un tombeau, un bucher mortuaire
De Thebes, qui vous est un bien hereditaire?
840   Je vous pri' je vous pri' despouillez* ce rancœur,
Et d'humble pieté remparez* vostre cœur.

POLYNICE

Seray-je donc tousjours errant* parmy le monde?
Traineray-je ma vie à jamais vagabonde?
Comme un homme exilé, me faut-il à jamais[1]
845   Mon vivre mendier de palais en palais,
Sans terre, sans moyens? Quelle peine plus dure
Eussé-je deu porter* si j'eusse esté parjure
Comme cet affronteur*? Doy-je souffrir le mal
Que devroit endurer un cœur si desloyal?[2]
850   Faut-il qu'il ait profit de sa fraude* et malice*?[3]
     Où se retirera l'affligé Polynice?
Où voulez-vous qu'il aille? Eteocle ha le bien
Du commun heritage, et ne me laisse rien.
     Qu'il jouisse de tout, qu'il ait seul le Royaume,
855   Et qu'on me baille* aumoins quelque maison de chaume,
Ce sera mon palais, je me pourray vanter
D'avoir quelque manoir* sans ailleurs m'absenter.

---

[1] *ABC* Me faut-il donc tousjours, me faut-il à jamais
[2] *ABC* Que devroit endurer ce trompeur desloyal?
[3] *ABC* Et luy, tirer profit de sa fraude et malice?

Mais je n'ay rien du tout, et me convient pour vivre,
Comme esclave habiter chez Adraste et le suivre.[1]
860 » O que c'est chose dure et qui tourmente* bien,
    » Se voir de maistre esclave, et de Roy n'estre rien!

IOCASTE

Si vous avez desir d'estre supreme Prince,
D'avoir sous vostre main sujette une province*,   [f°222 v°]
Et que ne puissiez vivre exempt de royauté,
865 Laissez-là vostre frere, et sa desloyauté,
    Cherchez nouveau party: ceste masse terrestre
    De cent sceptres plus beaux ornera vostre dextre*.
        Poussez de vos soldars* les fieres* legions
    Dans les champs Lydiens, fertiles regions,
870 Où les fameuses* eaux de l'opulent Pactole
    Coulent en cent replis des rochers de Tymole:
    Monstrez vos estendars aux rivages[2] retorts*
    Du sommeilleux Meandre, et les monstrez aux bords
    Du creux Eurymedon, aux claires eaux de Xanthe,
875 Qui du mont Idean a sa course naissante.
    Donnez* en la Lycie, et aux champs Syriens,
    D'où jadis sont issus* nos peres Tyriens.
    Faites bruire le fer de vos lances Argives,
    Et craquer vos harnois* sur les lointaines rives
880 Du Tygre Armenien, où le beau Soleil blond
    Devant qu'il soit à nous monstre l'or de son front.
        C'est là qu'Adraste doit guider ses forces prestes,
    C'est là qu'il doit pretendre à faire ses conquestes:
    Là vaudra beaucoup mieux vos forces employer
885 Pour un sceptre nouveau, que de nous guerroyer:
    Vous y pourrez, sans crime, acquerre* un diadême.
    Là Thebes vous aurez, et vostre frere mesme
    Suivant[3] vos estendars, et nous qui sommes vieux,
    Pour l'heur* de vostre armee invoquerons les Dieux.

---

[1] *ABC* Esclave, retirer chez Adraste et le suivre.

[2] *A* rivaiges

[3] *A* Suivants *BC* Suivans

890   Proposez*-vous aussi les douteuses issues
          Des batailles souvent insperément* perdues:
          Combien Mars est instable, et que le sort humain
          Est toujours, mais sur tout aux combats, incertain.
          Car bien que l'Achaie et l'Inachie ensemble,   [f°223 r°]
895   Portant* vostre querelle*, en vostre camp s'assemble:
          Si* est-ce que tousjours Fortune* y aura part,
          Et que l'evenement despendra du hasard.
              Laissez donc ceste guerre, où tout est plein de doute,
          Où la victoire n'est plus seure que la route,
900   Qui destruit la patrie, et saccage des Dieux,
          Nos publiques patrons*, les temples precieux.

                    POLYNICE
          Et que pour le loyer* de sa fraude* impudente
          Il tienne le Royaume, et que moy je m'absente?
          Jamais jamais Madame, il faut qu'il soit puny
905   De m'avoir traistrement* de ma terre banny.

                    IOCASTE
          Celuy est bien puni qui à Thebes commande,
          Nul n'y a maistrisé* sans adversité grande.
          Depuis Cadme nombrez*, vous n'en verrez aucun
          Qui n'ait esté battu*[1] de ce malheur commun.

                    POLYNICE
910 » Il n'y a tel malheur[2] que perdre son empire.

                    IOCASTE
     » Qui fait guerre à son frere est encore en un pire*.

                    POLYNICE
          De poursuivre un parjure appellez-vous malheur?

                    IOCASTE
          Il est vostre germain*.

---

[1] *ABC* piqué
[2] *ABC* Un Roy n'a tel malheur

POLYNICE

Mais ce n'est qu'un volleur,
Un volleur de Royaume.

IOCASTE

Il est plus agreable
915   Aux citoyens que vous.

POLYNICE

Et moy plus redoutable.

IOCASTE

Les voudriez-vous regir* contre leur volonté?

POLYNICE

» Un peuple contumax* par la force est donté.

IOCASTE

En la haine des miens je ne voudrois pas vivre.

POLYNICE

Ne regne, qui voudra de haine estre delivre*.
920   » Car avec le Royaume est la haine tousjours,
    » Tousjours elle se voit dans les royales Cours:
    Et croy que Jupiter sur les Cieux ne commande,
    Sans estre mal-voulu* de la celeste bande*.
    Ne me chault* de me voir de mes peuples haï,
925   Moyennant que je sois et craint et obeï.   [f°223 v°]

IOCASTE

» C'est une grande charge, un faix insupportable.

POLYNICE

» Il n'est rien de si doux, ny de si delectable*.
    Pour garder un Royaume, ou pour le conquerir
    Je ferois volontiers femme et enfans mourir,
930   Brusler temples, maisons, foudroyer toute chose:
    Bref il n'est rien si saint, que je ne me propose

De perdre mille fois, et mille fois encor,
Pour me voir sur la teste une couronne d'or.
» C'est tousjours bon marché, quelque prix qu'on y mette.
935 » Nul n'achette trop cher qui un Royaume achette.

CHŒUR.

Fortune*, qui troubles tousjours
Le repos des Royales cours,
Balançant d'une main trompeuse
Sur la teste d'un Empereur
940   Le trop variable bon-heur
D'une couronne glorieuse:

Toutes grandeurs tu vas plaçant
Sur un rocher apparoissant,
Environné de precipices,
945   Prestes de cheoir* au premier vent,
Qui les atterre* plus souvent
Qu'il ne fait les bas edifices.

» Sans fin les Rois sont agitez*
» De diverses adversitez,
950 » Le soing* et la peur ne les lasche:
» Ils ne reposent* nullement.
» Car il leur semble à tout moment
» Que la couronne on leur arrache.

» La mer aux deux Syrtes flottant   [f°224 r°]
955 » Les ondes ne boulverse tant,
» Et Scylle si fort ne tempeste*
» Un navire de ses abois*,
» Que la peur tourmente* les Rois
          » Des soupçons qu'ils ont en la teste.

960 » Ils vont redoutans[1] leurs voisins,
» Ils craignent leurs sujets mutins*,

---

[1] *A* redoutant

» La peur en leur ame est empreinte:
» Ils veulent que d'eux on ait peur,
» Et toutesfois tremblent au cœur
965   » S'ils voyent que lon¹ en ait crainte.

Nous ne voyons nos Rois Thebains
Plus amis pour estre germains*:
L'ambition qui les commande,
Ne permet qu'en sincere amour
970   Ils tiennent le sceptre par tour,
Et que l'un à l'autre le rende.

L'un le retient à son pouvoir,
L'autre s'efforce de l'avoir:
Ce* pendant le peuple en endure,
975   C'est luy qui porte tout le faix.
Car encor qu'il n'en puisse mais,
Il leur sert tousjours de pasture.

Mais dedans la campagne bruit,
Nostre beau terroir* est destruit:
980   Le vigneron quitte la vigne,
Le courbe* laboureur ses bœus,
Le berger ses pastis* herbeus,
Et le morne pescheur sa ligne.

---

¹ *A* l'on

MESSAGER. IOCASTE. ANTIGONE. HEMON.

MESSAGER

O Thebes miserable! ô Royauté comblee*
985   D'adversité cruelle* aujourdhuy redoublee!
Ah rancœur fraternelle!

ANTIGONE

Hé mon ami, pour Dieu
Ne passe point plus outre*, ains* t'arreste en ce lieu.
Demeure, où refuis*-tu?

IOCASTE

Las je tremble de crainte.

ANTIGONE

Dy nous, dy, je te pri', la cause de ta plainte.

MESSAGER

990   Tout est perdu.

ANTIGONE

Bons Dieux!

IOCASTE

Hà pauvre femme!

ANTIGONE

Helas!

IOCASTE

Helas que ferons-nous!

ANTIGONE
Ne vous desolez pas,
Madame, moderez la douleur de vostre ame,
Moderez vostre dueil*, moderez-le.

IOCASTE
Je pasme*.
Hà ma fille!

ANTIGONE
Hà madame!

IOCASTE
Hé hé que ferons-nous?

ANTIGONE
995   Las c'est tout un pour moy, je n'ay soin* que de vous,
Je ne plains que vous seule.

IOCASTE
Et moy que vous m'amie.

ANTIGONE
Sans vous je voudrois estre en la salle blesmie*
Du Roy Tartarean.

IOCASTE
Il m'y faut devaler*.

ANTIGONE
Mais plustost nous devons nous entre-consoler.

IOCASTE
1000   Eteocle est donc mort?

MESSAGER
Aussi est Polynice.

IOCASTE

Hà chetive* vieillesse! aumoins que je les veisse.

ANTIGONE

Sont-ils morts au combat en hommes belliqueux*?

MESSAGER

Ils sont morts au combat, mais il n'y avoit qu'eux.

IOCASTE

Se sont-ils combatus?

MESSAGER

        De lance et coutelace.

ANTIGONE

1005   Et s'entre-sont tuez?

MESSAGER

        Tous deux dessur* la place.

IOCASTE

O pauvre mere, helas!

ANTIGONE

        Soudart* je te supply,
Fay nous de cet esclandre* un discours accomply.

MESSAGER

Ja Mars s'allentissoit*, et la creuse trompette
Sonnoit de toutes parts la sanglante retraitte: [f°225 r°]
1010   Tout sentoit le carnage,[1] et la campagne estoit
Ensevelie au sang, qui par ondes flotoit
Sur les corps encombrez*, que l'orageuse foudre
Du bouillant Mars avoit renversez sur la poudre*.
    Le belliqueux* Tydee à terre gisoit* mort,

---

[1] A carnaige,

1015   Le preux* Hippomedon recevoit pareil sort,
        Le vaillant Capanee, Acron et Menecee,
        Amphiaree, Actor, le courageux Hypsee,
        Et tant d'autres guerriers de l'un et l'autre camp,
        Qui gisoyent* par monceaux estendus sur le champ*:
1020   Quand Polynice espoind* d'un regret miserable
        De se voir de la mort de tant d'hommes coupable,
        Adraste va trouver et l'arraisonne* ainsi.
            Je suis cause tout seul de cest esclandre* ici,
        Mon pere, et pour moy seul tant d'ames genereuses*
1025   Vont maintenant trouver les rives tenebreuses:
        Je veux venger leur mort sur moymesme, sur moy,
        Ou sur ce faux* Tyran violateur* de foy*:
        A fin que de nous deux, leurs communs homicides,
        Ne se puissent douloir* les femmes Argolides.
1030   Il eust bien mieux vallu, je le connois* trop tard,
        Que j'eusse en ma personne¹ entrepris ce hasard*,
        Premier* qu'en bataillons les troupes ordonnees
        De contraires fureurs* se fussent moissonnees,
        Et tant de braves chefs outrepercez* de coups
1035   Fussent trebuschez* morts le visage dessous.
        Mais puisque je ne puis cette faute desfaire,
        Aumoins ores* je veux m'esprouver* à mon frere:
        Je m'en vay le combatre. Adieu, prenez souci*
        De l'honneur de ma tombe, et de ma femme aussi.
1040   Ces propos achevez,² il rendosse ses armes,   [f°225 v°]
        Laissant Adraste là, qui fondoit tout en larmes,
        Comme on voit au printemps que Rhodope le mont
        Couvert de neige blanche, en cent ruisseaux se fond:
        Il franchist son cheval, qui le frein dans la bouche,
1045   Battant du pié la terre, attend qu'on l'écarmouche*:
        Puis le piquant alaigre*, eslancé de douleur,
        Le visage terni d'une palle couleur,

---

¹ *ABC* Que j'eusse auparavant

² *C et D ont une virgule après propos, conséquence d'une évidente distraction de l'imprimeur; la logique grammaticale exige que l'on retienne la leçon proposée par A et par B:* Ces propos achevez, il rendosse ses armes,

Les yeux estincelans d'une rage allumee,
Se va planter¹ au pied de la cité Cadmee.
1050 Appelle à haute voix Eteocle, et voyant
Que nul ne descendoit sur le camp² poudroyant*,
S'appuye de sa lance, et de ses yeux mesure
Un lieu capable* et propre à leur guerre future.
    Eteocle tandis* dans le temple prioit
1055 Ses tutelaires* dieux, et leur sacrifioit,
Quand Ephite accouru, l'estomach* hors d'haleine,
Et le poumon battant, luy dist à grande peine,
(Ainsi l'ay-je entendu) Laissez, Sire, ces vœux,
Et ne vous amusez* aux entrailles des bœux,
1060 Il n'est temps de vaquer à faire sacrifice:
Voyla devant les murs l'indigné Polynice,
Qui vous somme au combat, hastez-vous de sortir,
Il veut vos differents par le fer departir*.
    A ces mots il s'enflamme, ainsi qu'en un bocage
1065 On voit un fier* Toreau s'enflammer le courage,
Oyant dans un vallon bugler*³ son ennemi:
Il leve haut la teste, et boursoufflant* parmi
L'espais d'un fort buisson, courageux se presente
Au devant du troupeau que sa rage espouvante.
1070   Eteocle en la sorte, outré* dedans le cœur,
Souffle par les nazeaux* la rage et le rancœur: [f°226 r°]
Le feu luy sort des yeux, le front luy devient palle,
Et le sang retiré dans le sein luy devalle*.
On luy couvre le corps d'un acier flamboyant,
1075 On luy met sur la teste un armet* effroyant:
Son coursier on ameine, où d'alaigresse promte
Avec un ris amer sans avantage⁴ il monte:
Il empoigne une lance au fer bien aceré,
Son espee on luy donne et son pavois* doré:
1080 Puis il se jette aux champs*, et pres de Polynice,

---

¹ *AB* se va camper
² *AB* champ
³ *ABC* beugler
⁴ *A* avantaige

D'une juste* carriere* il entre dans la lice*.

Le peuple Agenoree accourt de toutes pars,
Grimpe dessus les tours et dessur*[1] les rempars,
Tout le monde lamente*, et les larmes coulantes
1085   Arrosent d'un chacun les faces blesmissantes.

IOCASTE
Helas! ma fille helas! que faisoyent lors nos pleurs?
Que ne larmoyons*-nous nos aigrissans* malheurs?

MESSAGER
Les vieillars recourbez et les meres chenues,
Outrageant* leurs cheveux et leurs poitrines nues,
1090   Pleuroyent d'avoir trainé si longuement leurs jours,
Et se vouloyent, de dueil*, precipiter des tours.
Deux fois l'un contre l'autre envenimez coururent,
Et deux fois rencontrez* s'entre-offenser* ne peurent:
Polynice à la fin mist le bois dans le flanc
1095   Du roussin* d'Eteocle, et le rougit de sang.
Le cheval trebucha* d'une cheute pesante,
Comme quand un sapin, battu de la tourmente*,
S'eclate* par le corps sur Parnasse le mont,
Et faisant un grand bruit tombe pié-contre-mont*.
1100   Ce chevalier pensa que le fer sanguinaire
De sa lance eust plongé dans l'aine de son frere,
Saque* l'espee au poing, et d'aveugle desir   [f°226 v°]
Court à luy le voyant sur la terre gesir*:
Mais comme le palfroy* trop bouillant il talonne,
1105   Qui l'emporte[2] agité du fer qui l'esperonne,
Vers le pauvre Eteocle, il tombe renversé
Sur le cheval gisant* le corps outre-percé*.
Ils se levent sur pieds, et l'espee en la dextre*,
Et le pavois* luisant dessur* le bras senestre*,
1110   S'attaquent l'un à l'autre[3] avec tout leur effort*,

---

[1] **ABC** dessus
[2] **ABC** Et qu'il volle agité
[3] **ABC** Se lancent l'un sur l'autre

Resolus de donner ou recevoir la mort.
    La haine et le courroux sous l'armet* apparoissent,
La force et la vigueur, en se voyant, leur croissent:
Ils roidissent le corps d'une jambe avancez,
1115   Courbez sur leurs estocs*, et leurs bras eslancez:
Se tirent coups de poincte*, ore* par la visiere,
Ore* par l'estomach*, d'une addresse guerriere:
S'entre-fouillent* au vif, faisant à chaque fois
Le rouge sang couler au travers du harnois*.
1120   Ils cherchent les defauts, decoupent les courrayes*,
Se desarment le corps, et se couvrent de playes.
    Les deux camps arrangez* les regardent douteux*,
Qui sera le vaincueur de ce combat piteux*.
    Comme quand deux Sangliers, que l'amour aiguillonne,
1125   Se viennent à choquer aux forests de Dodonne,
Ils s'amassent* le corps horriblement* grondans,
Se herissent le poil, escumassent* des dens,
Font sonner leur machoire, et de grand' fureur* portent
Dans le col* ennemy les crochets qui leur sortent,
1130   Se font rougir le ventre: adonques le Pasteur*
Qui d'un coustau* les voit se mussote* de peur,
Fait signe à son mastin des mains et de la teste,
Qu'il se tapisse coy* de crainte de la beste.   [f°227 r°]
    Ainsi les deux guerriers, seul à seul bataillant,
1135   D'un courage indomté s'entre-alloyent chamaillant*:
Se ruoyent* acharnez* coups d'estoc* et de taille*,[1]
Detranchoyent* mainte lame et mainte forte maille*,[2]
Se marteloyent le corps, sur l'acier tempestant*,
Comme deux forgerons sur l'enclume battant
1140   Un fer à tour de bras, qu'on voit geindre de peine,
Se courber, refrongner*, et sortir hors d'haleine.[3]
    Ou comme on voit aussi la gresle craqueter
Sur le toict des maisons, quand l'ireux* Jupiter

---

[1] **ABC** coups d'estoc, coups de taille,
[2] **ABC** Decoupoyent, detranchoyent maint plastron, mainte escaille,
[3] **ABC** vers 1140-1141:
    Un fer à tour de bras: ils gemissent de peine,
    Se rident renfroignez, et en sortent d'haleine.

Contre l'alme* Cerés en Esté se colere*,
1145   Ou qu'il froisse le chef* de Bacchus le bon pere.
       A la fin Polynice, à qui les lasches tours
       De son frere ennemy se presentent tousjours,
       Son exil vergongneux* et la foy* parjuree,
       Se fasche qu'il ait tant contre luy de duree,
1150   Grince les dents de rage[1], et se tenant tendu
       Va de pieds et de mains,[2] se jette à corps perdu
       Contre son adversaire, et de tel effort entre
       Qu'il luy met demy pied de son espee au ventre[3]:
       Le sang en sort fumeux, comme sur un autel
1155   Le sang d'un aigneau fume après le coup mortel,
       Que le prestre sacré dans la gorge luy donne.
       Eteocle pallist, devient foible, et s'estonne*
       De voir son sang couler d'une telle roideur:
       Il sent glacer son front de mortelle froideur,
1160   Ses genous trembloter, toutefois il essaye
       Avec son peu d'effort*, d'apparier* sa playe
       Sur le corps de son frere: il le suit et resuit,
       Et l'autre, en le moquant, se destourne et le fuit.
       Ce* pendant il se lasse, et n'a plus de puissance   [f°227 v°]
1165   De supporter son corps: il perd toute esperance:
       Il tombe renversé, ses armes font un bruit,
       Et ses yeux sont voilez d'une effroyable nuit.

IOCASTE
O miserable femme!

ANTIGONE
O fille infortunee*!

IOCASTE
O detestable* jour!

---

[1] *A* raige
[2] *ABC* Entre de pieds, de mains,
[3] *ABC vers 1152-1153:* et sa dextre efforcee
     A l'espee outrageuse en son corps enfoncee

ANTIGONE
O maudite journee!

MESSAGER

1170 Polynice asseuré d'avoir du tout vaincu,
Jette l'espee à bas, à bas jette l'escu*,
Se desarme le corps de sa forte cuirace:
Puis, elevant au ciel les deux mains et la face,
Rend grace aux immortels d'une gaye ferveur,
1175 De luy avoir donné ce jourdhuy leur faveur.
Approche d'Eteocle, et pensant qu'il deust estre
Du tout desanimé*, comme il faisoit paroistre,
Luy veut, comme vaincueur, le harnois* arracher:
Mais ainsi* que, mal-sage*, il vient à se pencher,
1180 Courbé dessur* la face, et les genous à terre,
Son frere le guignant*, tout le reste reserre
De sa force escoulee, et s'animant* le cœur*
Et les nerfs* languissans de sa vieille rancœur,
Sa vengeresse espee en l'estomach* luy plante,
1185 Puis vomist, trespassant*, son ame fraudulente*.
  Polynice du coup se sentant affoibly,
Et son ame nouër* dans le fleuve d'Oubly,
Dist avec un sanglot qu'il poussa des entrailles:
  Tu vis donc, desloyal, et encore batailles
1190 De ruse et de cautele*! allons allons là bas
Aux lices* de Pluton achever nos combas.
  A ces mots il tomba sur le corps de son frere,
Meslant son tiede sang de son sang adversaire.

IOCASTE
Dires du creux Tenare élancez-vous sur moy,
1195 Sur moy qui fay troubler de nature la loy,   [f°228 r°]
Sur moy qui ay produit* ceste guerre funeste,
Produisant* ces enfans d'un execrable* inceste.
  J'ay malheureuse, Edipe et d'Edipe conceu:
J'ay mon enfant, ô crime! en ma couche receu,
1200 Mon enfant parricide, et la dextre* ay baisee
Que mon espoux avoit de son sang arrosee.

Que pouvoit, que devoit estre au monde produit*
D'un execrable* Hymen qu'un execrable* fruit?
Ils se sont massacrez d'une horrible* furie*:
1205   Des yeux de mon mary la lumiere est perie,
Qui non contant de fuir la celeste clarté,
S'est de Thebes banny, s'est de nous escarté*.

A cette heure Creon trouvant le thrône vuide,
Sans peine usurpera le sceptre Agenoride:
1210   Et nous, sexe imbecile*, esclaves servirons
Sous le joug d'un tyran, sinon que nous mourons:
Mais j'aime mieux mourir, encore que tardive
La mort pour mon bon-heur doresnavant m'arrive:
Et que je deusse helas! si le ciel l'eust voulu,
1215   Mourir auparavant que mon corps fust polu*
Du sale* embrassement* de vous, ma Geniture*,
De vous Edipe, autheur des malheurs que j'endure.

Mais, ô ma chere fille, accompagnez ses pas,
Et ne l'abandonnez jusqu'au dernier trespas*:
1220   Les Dieux ne permettront qu'un faict si debonnaire*
Passe inutilement sans un juste salaire:
Ains le recognoistront, et vostre pieté
Florira celebree en immortalité.[1]

Moy je m'en vay descendre aux caves* Plutoniques,
1225   Pour refraischir* les pleurs de nos malheurs antiques.
Ja de long temps je porte en mon sein douloureux   [f°228 v°]
Ce poignard pour donter mon destin rigoureux.

ANTIGONE
Dieux! qu'est-ce que je voy?

IOCASTE
                    Un poignard salutaire.

ANTIGONE
Salutaire? et comment?

---

[1] *ABC vers 1222-1223:*
    Vous aurez le guerdon* de vostre pieté,
    Si dessus les mortels regne la deïté.

IOCASTE
Pour sortir de misere.

ANTIGONE
1230 O Jupiter! ô ciel! que dites-vous? bons Dieux!
Que vous ferez mourir?

IOCASTE
Que puis-je faire mieux?
Quel remede à mon dueil*, à ma langueur* extreme,
Que d'avancer mon jour et mon heure supreme?
Vien ô vien chere Mort, vien tost me secourir.

ANTIGONE
1235 Je ne permettray pas que vous faciez mourir.
Ca ce glaive outrageux*[1], il convient que je l'aye.

IOCASTE
Non non je veux chercher, je veux trouver mon Laye
Au silence d'Erebe. O Laye, ô mon espoux,
Ne me refusez point d'errer* avecques vous
1240 Sur les rivages noirs, mon offense* est nettie*
En vous sacrifiant mon ame pour hostie*.

ANTIGONE
Hé Madame, pour Dieu, ne me vueillez laisser!

IOCASTE
Ma fille, ne vueillez ma volonté presser*.

ANTIGONE
C'est pour vous destourner d'un propos* dommageable.

IOCASTE
1245 Mais* pour me destourner d'un repos profitable.

---

[1] *ABC* Ca ce fer, ça ce glaive, il convient

ANTIGONE

Si je fis jamais rien qui fust à vostre gré,
Si à vous obeïr j'ay mon cœur consacré,
Et si mon pere vieil en ses langueurs* je guide,
Je vous supply laschez cette dague* homicide,
1250 Et vostre ame purgez du desir qui l'espoind*:
Vivez vivez Madame, et ne vous tuez point.

IOCASTE

Au contraire si onc* vostre cœur pitoyable*,
A vostre pere et moy fut jamais agreable:
Si vous m'avez tousjours obeissante esté,
1255 Ne vueillez maintenant forcer ma volonté.

ANTIGONE

Voulez-vous que j'approuve une chose mauvaise?

IOCASTE   [f°229 r°]

Voulez-vous reprouver un dessein qui me plaise?

ANTIGONE

Je ne vous puis complaire en ce mortel desir.

IOCASTE

Rien que la seule mort ne me donne plaisir.

ANTIGONE

1260 Si la mort vous plaist tant, si cette frenesie
Est tellement empreinte en vostre fantaisie*,
Qu'il vous faille mourir, je mourray donc aussi.
Descendriez-vous là bas, moy demeurant ici?
Je ne vous lairray* point, ains* je suivray vostre Ombre,
1265 Sa compagne eternelle en la demeure sombre.

IOCASTE

Non non, vivez ma fille, et pourquoy mourrez-vous?
Les Dieux sur vostre chef* ne dardent* leur courroux
Comme sur moy chetive*: et leur douceur, peut estre,

Comme à moy leur rigueur, ils vous feront cognoistre.

ANTIGONE

1270   Je ne veux vous survivre, ains* veux que ce poignard¹
Vostre cœur et le mien perce de part en part.

IOCASTE

En la fleur de vos ans?

ANTIGONE
Laisseroy-je ma mere?

IOCASTE

Laisserez-vous plustost vostre langoureux pere,
Solitaire, affligé d'incurables ennuis*,
1275   Ayant les yeux plongez en tenebreuses nuicts?

ANTIGONE

Hé que feray-je donc? ô l'estrange* destresse!
Je ne puis estre à l'un que l'autre je ne laisse:
Si ma mere je suy, desourdissant* mes jours,
Mon pere je lairray* despourveu de secours.
1280   Auquel m'adresseray-je? et auquel, ô pauvrette,²
Suis-je plus attenue* et suis-je plus sugette?
Tous deux je les honore en un devoir egal,
Mais l'un d'eux veut mourir, l'autre plorer* son mal.
J'aimerois mieux la mort de tant de maux outree*,
1285   Et rien tant que la mort aujourdhuy ne m'agree.
Mais quoy? mon pauvre pere en accroistroit son dueil*,
Et si* je ne pourrois l'enfermer au cercueil
Son heure estant venue, et ne pourrois encore   [f°229 v°]
Apres les derniers mots ses deux paupieres clorre*.
1290   Il faut donc, malgré moy, que je survive, helas!
Que je reste apres vous, veufve de tout soulas*.
O misere! ô langueur*! ô fortune* funeste!

---

¹ *ABC* ains qu'un mesme poignard
² *ABC* auquel auquel, pauvrette,

Madame, mon espoir, le seul bien qui me reste
Avec mon chetif* pere, estoufez, arrachez
1295 Ce desir de la mort, qu'aux glaives vous cherchez.
La mort vous est prochaine, attendez sa venue,
Vostre ame ne peut guiere* estre en vous retenue:
Elle viendra soudaine, et vostre corps âgé
Se verra sans effort de tourmens* dechargé.
1300 N'avancez point vostre heure.

IOCASTE

Elle est toute arrivee,
Ja la mortelle darde*[1] est en mon cœur gravee.
Dieu des profonds manoirs*, qui les ombres des morts
Reçois de toutes parts aux Acherontez bords,
Roy du monde noirci pren mon ame esploree*,
1305 Fuyant avec ce corps la grand' voûte azuree:
Pren mon ame plaintive et la mets en requoy*.
Elle a souffert tousjours depuis qu'elle est en moy,
Elle sort des enfers en sortant de ce monde,[2]
Et cherche son repos en la Stygieuse onde.
1310 Vien poignard doucereux, vien en moy te plonger,
Et me fay promptement de ce corps desloger*:
Je tarde trop, craintive.

ANTIGONE

Et que voulez-vous faire?
Au secours au secours, elle se veut desfaire*.
Vous ne vous turez pas, je vous empescheray*.

IOCASTE

1315 Ma fille c'est en vain, je mourray je mourray,
Laissez-moy, laschez-moy, ma mort est resolue:
Je voy ja* de Charon la teste chevelue
Et les larves* d'Enfer, j'entens l'horrible* voix
Du chien Tartarean hurlant à trois abois*.   [f°230 r°]

---

[1] *ABC* Et ja desja sa darde
[2] *ABC* Elle sort des Enfers, sortant de ce haut monde,

1320   Entre glaive en mon cœur, traverse ma poitrine,
        Et dedans mes rongnons* jusque aux gardes chemine:
        Adieu ma chere fille, or* je meurs, las! je meurs,
        Soustenez-moy, je tombe.

                        ANTIGONE
                                O malheur des malheurs!
        O desastreux* encombre*! ô Royne miserable!
1325   O lugubre* infortune*! ô trespas* deplorable!
        Hé madame, pourquoy me laissez-vous ainsi?
        Hé pourquoy mourez-vous que je ne meurs aussi?
        O rigoureux destin! ô Parque trop cruelle*!
        Las vos yeux vont noüant* en la nuict eternelle:
1330   Vostre vie est esteinte, et vostre esprit dolent*
        Aux goufres de Tenare est ore devalant*:
        Une froide palleur vous ternist le visage:
        Vous ne respirez plus, funebre tesmoignage.
        Hé Madame, hé Madame, aumoins que j'eusse part
1335   A l'homicide effort* de ce rouge poignard.
            Larmoyable* Erigone, apres tes dures plaintes
        Faittes dessur* ton pere, et tant de larmes saintes
        Qu'au bois de Marathon triste tu respandis,
        Indulgente* à ton dueil*, d'un licol* te pendis.
1340   Ay-je moins de douleur qu'en souffrit Erigone?
        Fut-elle plus piteuse* en son cœur qu'Antigone?
        Et toutesfois je vy, je vy, mais en vivant
        Je porte plus de mal que la mort esprouvant.
            Voila mes deux germains* morts dessur* la poussiere,
1345   Ma mere entre mes bras vient d'estre sa meurtriere,
        Mon pere erre* aveuglé par les rochers segrets*,
        Remplissant l'air de cris, de pleurs et de regrets:
        Nostre peuple est destruit, le sceptre Thebaïde
        N'ornera desormais la race Agenoride.
1350   Nous avons tout perdu: ce jour, ains* ce moment   [f°230 v°]
        Nostre antique lignage* accable entierement.
        Et je vy miserable! helas voire, helas voire!
        Mais je voudrois desja dans le Cocyte boire.
        Je survi malgré moy, pour ces corps enterrer

1355   De peur que les mastins les aillent devorer:
        Et je survis aussi, pour conduire mon pere
        Et le reconforter en sa tristesse amere,
        L'inhumer de mes mains, son corps ensevelir
        Aussi tost que la mort me le viendra tollir*:
1360   Autrement autrement de mourir je suis preste,
        Il n'y a que cela qui mon trespas* arreste.

                        HEMON

        Quoy? ma chere Antigone, aurez-vous à jamais
        Vostre esprit angoissé* d'un desastre* mauvais?
        Ces beaux yeux que j'adore, et qui m'embrasent l'ame,
1365   Arroseront tousjours de pleurs leur douce flame?[1]
        Quel malheur est-ce là? qui est ce corps gisant*
        Que vous allez ainsi de larmes arrosant?
        Dequoy sert ce poignard en vostre dextre* chaste?

                        ANTIGONE

        Helas! c'est nostre Royne, helas! c'est Iocaste.

                        HEMON

1370   Qui cause ce mechef*? ses deux enfans occis*
        Sont ils cause d'avoir ses vieux jours accourcis*?

                        ANTIGONE

        De ses fils, mes Germains*, la fortune* annoncee
        Luy a dans l'estomac* ceste dague enfoncee,
        Encor moite de sang, et son esprit desclos*
1375   Vagabonde poussé de soupireux* sanglots.
        Suis-je pas bien perdue?

                        HEMON
                            Helas ma chere vie!
        Vous estes longuement du malheur poursuivie.
        Je plains vostre desastre*: ô que n'est vostre esmoy*,

---

[1]   **ABC** Arroseront de pleurs leur amoureuse flame?

Sans vostre ame affliger, tout enclos* dedans moy!¹
1380 Vous me navrez* le cœur de vos piteuses* plaintes,
Ces soupirs gemissans² me sont autant d'estreintes: [f°231 r°]
Appaisez-vous, mon ame, appaisez vos douleurs.
» Un mort ne revient pas pour nos dolentes* pleurs.

ANTIGONE

Puissé-je tant plorer* qu'avec les pleurs je verse
1385 Mon ame, qu'un tourment* si redoublé traverse.

HEMON

La mienne donc aussi la puisse accompagner:
Car je ne veux, mon cœur, jamais vous esloigner*.
Tandis que vous vivrez je vivray, mais dés l'heure
Que vous prendra la Parque, il faudra que je meure.
1390 En vous seule je vy, sans vous certes sans vous
Je trouverois amer le plaisir le plus doux.
Si vous avez du dueil*, j'auray de la tristesse:
Si vous avez plaisir, j'auray de l'alaigresse.

ANTIGONE

J'ay perdu tout esbat*, je ne souhaitte plus
1395 Que vivre avec mon pere en un antre* reclus*.

HEMON

Vivez aux creux deserts de l'Afrique rostie
Entre les Garamants, vivez en la Scythie
Sur les Hyperborez, que les vents orageux
Chargent continument de grands monceaux neigeux,
1400 J'y vivray comme vous: ny chaleur ny froidure,
Tant que vous y serez, ne me semblera dure.

ANTIGONE

Hemon, je vous supply destournez vostre cœur
De moy pauvre esploree*, et confite* en langueur*:

---

¹ **ABC** Que n'est vostre douleur toute enclose dans moy!
² **AB** gemissants

Mon amour est beant* apres la sepulture,
1405 Je n'ay plus de desir que d'une tombe obscure.

HEMON

Plustost l'ondeux Triton sur la terre naistra
Et le mouton laineux dedans la mer paistra,
Que j'esteinde l'ardeur* que j'ay dans la moüelle
Pour aimer saintement vostre beauté trop belle.
1410 Le jour quand Phebus marche, et la nuit quand les cieux
Monstrent pour ornement mille astres radieux*,
Je vous ay dans mon ame, et tousjours vostre image   [f°231 v°]
Errant* devant mes yeux me fait un doux outrage*.

ANTIGONE

Et je vous aime aussi: mais mon affection
1415 Se trouble maintenant par trop d'affliction.
Je n'ay dedans l'esprit que morts et funerailles.

HEMON

Moy j'ay tousjours l'amour cousu dans mes entrailles.

ANTIGONE

Que j'ay d'adversitez!

HEMON

                              Vous en avez beaucoup.
» Communément les maux nous viennent tous au coup.
1420 » Mais comme apres l'hiver le printemps on voit naistre,
» Et apres longue pluye un beau temps apparoistre:
» Ainsi quand les malheurs ont sur nous tempesté*,
» Nous devons esperer de la prosperité.¹

ANTIGONE

Je n'ay plus qu'esperer, mes liesses* perdues
1425 Ne me sçauroyent helas! estre jamais rendues.

---

¹ *ABC Les vers 1420-1423 ne sont pas guillemettés.*

» Quand la mort nous a prins* nous ne renaissons pas,
» Nous perdons sans retour ceux qui vont au trespas*.

HEMON

» Un chacun doit mourir, et la Parque felonne*
» De ce commun devoir ne dispense personne.
1430   Si vostre mere âgee et vos freres sont morts,
Ce ne sont que d'Atrope ordinaires efforts:
Leur jour estoit venu, comme celuy, peut estre,
Qui doit devant Minos nous faire comparoistre.
Car s'il plaist à Clothon, à l'instant il faudra
1435   Que soyons le butin de la mort qui viendra.

ANTIGONE

Qu'elle vienne couper le filet de ma vie,
Car aussi bien je suis de ce monde assouvie,
Je ne vy qu'à regret, et sans mon geniteur*
Desja m'eust ce poignard outrepercé* le cœur,
1440   Je fusse avecque vous, ma mere: hé miserable!
Je n'ay peu je n'ay peu vous estre secourable:
Je n'ay peu destourner, je n'ay peu divertir*
Vostre esprit de vouloir de sa geole sortir.   [f°232 r°]
Requerez* à Pluton que bien tost je vous suive,
1445   Et qu'ici loin de vous longuement je ne vive.
Madame, hé que je baise encore ces doux yeux,
Cette bouche et ce col* qui me sont precieux.
C'est la derniere fois que cette main je touche:
Las helas! je ne puis en retirer ma bouche.

HEMON

1450   Mon œil, laissez ces pleurs et ces gemissemens,
Car ils ne font sinon rengreger* vos tourmens*.
Qu'on la porte en la ville, à fin qu'on luy procure,
Pour office* dernier, royale sepulture.
C'est desormais, mon cœur, tout le besoin qu'elle a:
1455   Tout ce qu'elle veut plus, c'est un sepulchre.

ANTIGONE

Hà là.

    CHŒUR
Tu meurs, ô race genereuse*,
Tu meurs, ô Thebaine cité,
Tu ne vois que mortalité
Dans ta campagne plantureuse*:
1460   Tes beaux coustaux* sont desertez,
Tes citoyens sont escartez*,
Dont les majeurs* veirent esclorre
Sous les enseignes de Bacchus,
Les premiers rayons de l'Aurore,
1465   Esclairans¹ les Indois vaincus.

Ils veirent l'odoreux Royaume
Des Arabes industrieux*:
Et les coustaux* delicieux,
Où les bois distilent le baume.
1470   Ils donterent les Sabeans,
Et les peuples Nabatheans:
Ils veirent la belle contree   [f°232 v°]
Des Perses et des Parthes prompts,
Et les bords de l'onde Erythree
1475   Avec les Gedrosiques monts.

Nous enfans de si preux* ancestres,
Sommes presque tous accablez
Par les Argiens assemblez
Pour de nous se rendre les maistres.
1480   L'herbe s'abreuve en nostre sang,
La plaine est changee en estang,
Et de corps Thebains tapissee.
Tout ce qui est peu demeurer
De reste en la ville Dircee
1485   Ne suffist à les enterrer.

¹ **ABC** esclairants

Nos chefs aux indontez courages*
Trebuschez* morts devant nos murs,
Relaissent aux siecles futurs
De leur vertu* maints tesmoignages.
1490 Ils ont meslé leur sang parmy
Le sang Argolique ennemy,
Jettant leur ame avantureuse
A travers les glaives pointus,
Sans craindre la tourbe* nombreuse
1495 Des Danois, qu'ils ont combatus.

Ils ont receu pareil esclandre*:
S'ils nous ont vaillans assaillis,
Nous n'avons eu les cœurs* faillis*,
Ny les bras gourds* à nous defendre.
1500 Ils ne sont pas plus demeurez
De nos soldats en ces guerez,
Que de leur outrageuse* armee.
S'ils pensent nous avoir vaincus, [f°233 r°]
C'est d'une victoire Cadmee,
1505 Où les vainqueurs pleurent le plus.

Ce qui reste de la bataille
Est malade aux tentes gisant*:
Ou n'est en nombre suffisant
Pour assaillir nostre muraille.
1510 Polynice a bien tost suivy
Son frere, de la mort ravy
Par une playe mutuelle.
» Il n'est forcenement* si grand
» Que d'une rancœur fraternelle,
1515 » Quand la convoitise s'y prend.

ACTE IIII.

ANTIGONE. ISMENE.

ANTIGONE

Ma chere sœur Ismene, aujourdhuy la fortune*
Se monstre à nostre race asprement importune.
Quel malheur, je vous pry, peut un homme agiter*,
Que n'ait versé sur nous l'ire* de Jupiter?
1520 Qu'y a til de cruel, que devant nos murailles
Ne remarquent nos yeux en tant de funerailles?
Nous avons d'Iocaste enseveli le corps,
Mais nos freres germains* sans tombeau gisent morts.
Prenons le soing, ma sœur, de les couvrir de terre,
1525 Attendant qu'on leur dresse un monument de pierre.

ISMENE

Creon a promptement Eteocle inhumé,
Pour autant qu'on l'a veu pour la patrie armé,¹
Et qu'il est mort pour elle, avecque mille et mille
Belliqueux* nourriçons de la Thebaine ville: [f°233 v°]
1530 Mais il a defendu que Polynice fust
Transporté de sa place, et que sepulchre il eust,
Comme indigne d'avoir la tombe funerale*,
Après avoir faict guerre à sa ville natale:
Et veut (ô cruel cœur!) que les Corbeaux becus*
1535 Se gorgent de sa chair et des autres vaincus.

ANTIGONE

Que Polynice serve aux bestes de pasture,²
Sur la terre gisant privé de sepulture?³

---

¹ *ABC vers 1526-1527:*
   Creon a fait soigneux* Eteocle inhumer,
   Pour autant qu'on l'a veu pour la patrie armer*,
² *AB* pasture?
³ *ABC* Et qu'Eteocle soit conduit en sepulture?

Qu'on ne le pleure point? que le grondeux Charon
Le face errer cent ans sans passer l'Acheron?
1540 » C'est chose trop cruelle. Il faut que toute envie,
» Et que toute rancœur¹ meure avecque la vie.

ISMENE

Il menace de mort ceux qui contreviendront
A sa dure defense, et l'enterrer voudront.

ANTIGONE

Monstrons nostre bon cœur, que nostre bienvueillance*²
1545 Surmonte de Creon la severe defense.

ISMENE

Que ferons-nous? Il faut au Prince obtemperer.³

ANTIGONE

Je voy bien que la peur vous fait degenerer*.

ISMENE

Regardez* au danger d'une telle entreprise.

ANTIGONE

En un affaire tel vous estes trop remise*.
1550 Advisez* s'il vous plaist de venir avec moy.

ISMENE

Je ne veux transgresser l'ordonnance* du Roy.

ANTIGONE

» D'une ordonnance* injuste il ne faut tenir compte.

ISMENE

Mais au contrevenant la peine est toute prompte.

---

¹ **ABC** Tout courroux et rancœur
² **ABC** Monstrons nostre bon cœur, et que nostre asseurance
³ **AB** Le vers 1546 est guillemetté.

ANTIGONE
» Rien de grand sans danger entreprendre on ne voit.[1]

ISMENE
1555 » Où le danger paroist, entreprendre on ne doit.

ANTIGONE
» Trop couard* est celuy qui point ne se hasarde*.

ISMENE
J'aime mieux n'avoir mal, et vous sembler couarde*.

ANTIGONE
Regardez de rechef* si me voulez aider.

ISMENE
Je vous pri' meurement vous mesme y regarder*.

ANTIGONE   [f°234 r°]
1560 Puisque vous ne voulez, j'iray donc toute seule.

ISMENE
J'ay grand' crainte, ma Sœur, qu'en fin il vous en deule*.

ANTIGONE
Advienne que pourra, j'ay cela resolu.

ISMENE
J'irois fort volontiers si Creon l'eust voulu.

ANTIGONE
Je ne veux pas trahir les manes de mon frere.

ISMENE
1565 Il est mon frere aussi, mais je ne puis que faire.

---

[1] **ABC** Jamais sans grand danger rien de beau ne se voit.

ANTIGONE
Pourquoy ne pouvez-vous?

ISMENE
Pour Creon que je crains.

ANTIGONE
Il ne peut empescher de faire actes si saints.

ISMENE
Considerez, ma Sœur, nostre sexe imbecile*,
Aux perilleux desseins de ce monde inhabile:
1570 Considerez nostre âge, et repensez encor
Qu'il ne reste que nous du tige* d'Agenor.
Nous sommes sans secours, l'antique bien-vueillance*
Du peuple s'est tournee* avecques la puissance.
Creon est obey, qui, tyran, voudroit bien
1575 Déraciner du tout nostre nom ancien.
» Il faut suivre des grands le vouloir qui nous lie:
» Faire plus qu'on ne peut est estimé folie.

ANTIGONE
Ne bougez donc, ma Sœur, ne vous avanturez,
Seule dans la maison en repos demeurez:
1580 Moy je ne souffriray qu'une Louve gourmande
Du corps de mon Germain* à plaisir s'aviande*.
Je l'enseveliray, deussé-je les efforts*
En mes membres souffrir de cent cruelles morts:[1]
Je ne refuseray de souffrir tout outrage*,
1585 Si souffrir le convient,[2] pour un si saint ouvrage.
Après que j'auray faict, je n'auray point de dueil*
D'estre avecque luy mise en un mesme cercueil:
Vous en requoy* vivez, vivez tousjours heureuse.

ISMENE
Je ferois comme vous, mais je suis trop peureuse.

---

[1] **ABC** de mille et mille morts:

[2] **ABC** Tout angoisseux tourment, pour

ANTIGONE
1590   Cette peur vous provient de faute de bon cœur*.

ISMENE   [f°234 v°]
Ce n'est pas de cela que procede ma peur.

ANTIGONE
Dequoy donc je vous pry?

ISMENE
                              D'une foible nature,
Qui revere les loix.

ANTIGONE
                    La belle couverture*!
Et bien bien ne bougez, je vay l'ensevelir.

ISMENE
1595   Hé Dieux, où allez-vous? vous me faites pallir,
Je n'ay poil* sur le chef* qui d'effroy ne herisse.

ANTIGONE
Je vay sepulturer* mon frere Polynice.

ISMENE
Aumoins gardez-vous bien de vous en deceler*:
Quant à moy je n'en veux à personne parler.

ANTIGONE
1600   Parlez-en à chacun, je veux bien qu'on le sçache.
» Il ne faut que celuy qui ne fait mal, se cache.

ISMENE
Que vous estes ardente* à vous brasser* du mal.

ANTIGONE
Mal ou bien, il aura son honneur funeral*.

ISMENE

Ouy bien si vous pouvez, mais ce n'est chose aisee.

ANTIGONE

1605   Y taschant je seray du surplus excusee.

ISMENE

» Ce que lon ne peut faire entreprendre on ne doit.

ANTIGONE

» Entreprendre il nous faut tout ce qui est de droit.

ISMENE

» Le droit est d'observer ce que le Roy commande.

ANTIGONE

Il faut tousjours bien faire, encor qu'il le defende.[1]

ISMENE

1610   Mais il a Polynice ennemi declaré.

ANTIGONE

Voire apres qu'il s'est veu de son sceptre emparé.[2]

ISMENE

Je vous supply laissez cette emprise* douteuse,
Pour un qui ne vit plus.

ANTIGONE

                        Que vous estes fascheuse!
Laissez-moy, je vous prie, en ma temerité,
1615   Vostre propos ne m'est qu'une importunité.
Mon dessein est louable, et ne m'en peut ensuivre*
Autre mal que me voir de mes langueurs* delivre*

---

[1] *ABC* Voire, et de faire bien, encor qu'il le defende. *(Ce vers est guillemetté dans C.)*
[2] *ABC* Apres qu'il s'est, tyran, de son sceptre emparé.

Par une belle mort, qui des tombeaux obscurs
Fera voler mon nom jusque aux siecles futurs.

ISMENE

1620 Or allez de par Dieu, le bon-heur vous conduise,
Et tourne à bonne fin vostre sainte entreprise.

CHŒUR   [f°235 r°]

Le Ciel retire de nous
Son courroux,
Et nous est ores* propice:
1625 Nous devons pour le bienfait
Qu'il nous fait,
Aux Immortels sacrifice.

De nos murs ils ont eu soing
Au besoing*,
1630 La main ils nous ont tendue:
Nostre cité ne fust point
En ce poinct,
S'ils ne l'eussent defendue.

Qui eust Capanee estant
1635 Combattant
Sur la breche démuree*,
Bouleversé mort à bas,
Sans le bras
Du foudroyant fils de Rhee?

1640 Sous l'escu* qui le targoit*,
Se mocquoit
Des feux et fleches volantes,
Que lançoyent de toutes pars
Nos soudars*
1645 Sur ses armes flamboyantes.

Il les alloit en passant
Terrassant,

Comme un sanglier qui traverse
Quelques escadrons mutins*
1650   De mastins,
Qu'il abat à la renverse.

Ou comme dedans un pré   [f°235 v°]
        Diapré*
Le faucheur fait tomber l'herbe,
1655   Et les espics trebuchants*
        Par les champs,
Qu'il entasse en mainte gerbe.

Quand Jupiter l'avisant*
        Destruisant
1660   Thebes de son malheur preste*,
Print* son rouge foudre en main,
        Et soudain
Luy en ecrasa la teste.

Voyant Amphiare aussi
1665   Sans merci*
Nous faire un mortel esclandre*,
Le fist pour nous garantir*
        Engloutir
Et vif aux Enfers descendre.

1670   Ainsi des bons Dieux sauveurs
        Les faveurs,
Et non la prouesse humaine,
Nous ont gardé* maintenant,
        Soustenant
1675   La pauvre ville Thebaine.

Aux Dieux l'on trouve tousjours[1]
»   Du secours:
» Ils president aux batailles,

---

[1]   *Ce vers n'est guillemetté que dans* **A**

```
        » Ils repoussent les efforts*
1680    »     Des plus forts,
        » Et preservent nos murailles.


        A jamais leur soit l'honneur
            Du bon-heur                    [f°236 r°]
        Qu'ils nous donnent de leur grace:
1685    Que tous les ans au retour
            De ce jour
        Un sacrifice on leur face.


        Nos ennemis foudroyez,
            Effroyez,
1690    Courent eslancez de crainte:
        Laissant par ces rudes monts,
            Vagabonds,
        De leur sang la terre teinte.


        Ils n'ont enterré les corps
1695        De leurs morts,
        Tant la froide peur les presse*:
        En danger que des Vautours
            Et des Ours
        La gloute* faim s'en repaisse.


1700    Ils marchent sans estendars
            Tous espars:
        Ils n'osent lever la teste,
        Envergongnez* de se voir
            Recevoir
1705    La perte au lieu de conqueste.
```

CREON. CHŒUR DE VIEILLARDS.
LES GARDES DU CORPS DE POLYNICE.
ANTIGONE. ISMENE. HEMON.

CREON

Grace aux Dieux immortels qui de nous ont eu soing,
Et nous ont de faveur assistez au besoing*,
Nos ennemis rompus se sont jettez en fuitte,   [f°236 v°]
Quittant honteusement nostre terre destruitte.
1710   La campagne sanglante est couverte de morts:
Cephise va pourprant ses rivages retorts*
De divers sang meslé, qui colore ses ondes,
Ainsi que de Cerés les chevelures blondes.[1]
          Ils avoyent amené les peuples Argiens,
1715   Les troupes de Megare, et les Myceniens:
Les bandes* d'Achaie à nos murs se camperent,
Et d'innombrables dards* nos tours espouvanterent.
Adraste leur grand Roy s'estoit desja promis
De voir son Polynice en son thrône remis,
1720   Pour commander de force, et presser* de servage*
Le peuple Ogygien d'indontable courage*.
Mais luy mesme, tombant, a la terre mordu:
Luy mesme reste mort sur la plaine estendu:
Les corbeaux se paistront de sa chair, qui n'est digne
1725   Du tombeau de Cadmus, dont le mechant forligne*.
Il a, plein de fureur*, son peuple guerroyé,
Et de flamme et de fer le pays foudroyé:
Son nom doit estre infame* à la race future,
Et son corps execré* pourrir sans sepulture.
1730   Or moy, comme celuy qui plus proche de sang
Du malheureux Edip', viens regner en mon rang,
J'ay par publique edict fait expresse defense
D'inhumer ce mechant: que si aucun s'avance
De faire le contraire et enfreindre ma loy,
1735   S'asseure* d'esprouver le colere d'un Roy.[2]

---

[1] **ABC** Ainsi que fait Cerés ses chevelures blondes.
[2] **ABC** *vers 1733-1735:*

Je jure par le ciel qui ce monde environne,
Par cet honoré sceptre, et par cette couronne,
Que si aucun Thebain j'y voy contrevenir,
Sans espoir de pardon je le feray punir,   [f°237 r°]
1740 » Fust-il mon enfant propre. Une ordonnance* est vaine,
» Si l'infracteur* d'icelle est exempt de la peine.
J'ay des gardes assis sur les coustaux* d'autour,
Qui les corps ennemis veilleront nuict et jour:
Car quant aux citoyens qui ont vomy leur vie,
1745 Combattant valeureux¹ pour leur chere patrie,
Je veux qu'on les regrette, et qu'en publiques pleurs
Les ensepulturant* lon chante leurs valeurs*.

CHŒUR DE VIEILLARDS

Vous voulez qu'un chacun ait son juste sallaire:
Les uns de faire bien, les autres de malfaire.²

CREON

1750 » Toute principauté en repos se maintient,
» Quand on rend à chacun ce qui luy appartient.
» Il faut le vicieux punir de son offense*,
» Et que l'homme de bien le Prince recompense.
» La peine et le loyer* sont les deux fondemens,
1755 Et les fermes piliers³ de tous gouvernemens.⁴

CHŒUR DE VIEILLARDS

Vous plaist-il commander encores quelque chose?

CREON

Qu'à garder* mon edict un chacun se dispose.

D'inhumer ce mechant: qu'aucun ne s'y avance,
Que nul ne contrevienne à ma severe loy,
S'il ne veut esprouver le colere d'un Roy.

¹ **ABC** Combattant aujourdhuy
² **AB** mal faire.
³ **ABC** Les deux fermes piliers
⁴ **AB** *Le vers 1755 est guillemetté.*

CHŒUR DE VIEILLARDS
Qui sera si hardy, que[1] pour un homme mort
Il se mette[2] en danger de recevoir la mort?

CREON
1760   Il se trouve tousjours des citoyens rebelles.

CHŒUR DE VIEILLARDS
Je n'en cognois aucuns qui ne vous soyent fidelles.

GARDE
Vous viendrez, vous viendrez.

ANTIGONE
                        Je n'y recule* pas.

CHŒUR DE VIEILLARDS
Quelle Dame est-ce-la qu'ils tiennent par les bras?
C'est la pauvre Antigone: hà fille miserable!
1765   Vous avez volontiers esté trop pitoyable*.

CREON
Amenez, attrainez*: vous estes gens de bien.
Où l'avez-vous surprise?

GARDE
                        Autour du frere sien.[3]

CREON
Autour de Polynice?[4]

GARDE
                        En le couvrant de terre.

---

[1]   *ABC* qui
[2]   *ABC* S'aille mettre
[3]   *ABC* Avec le frere sien.
[4]   *ABC* Avecques Polynice?

CHŒUR DE VIEILLARDS
Qu'un obstiné* malheur cette maison atterre*!

CREON

[f°237 v°]

1770 Par les Dieux vous mourrez: mais dites moy comment
L'avez-vous peu surprendre¹ en cet enterrement?

GARDE

Nous estions à l'escart derriere ces collines,
De peur que l'air des corps ne vint à nos narines,
Dessous l'abri du vent, regardant² soucieux*
1775 Qu'aucun ne vint ravir ce corps tant odieux:
Quand nous appercevons cette fille esploree*
Portant en une main une paelle ferree*,
Un riche vase en l'autre, approcher du corps mort:
Et sur luy se ruant avec grand deconfort*,
1780 Faire mille regrets, mille piteuses* plaintes,
Qui les Tigres des bois eussent au dueil*³ contraintes.
Sa lamentable* vois resonnoit tout ainsi
Que celle d'un oiseau de tristesse transi,
Qui dans son nid portant l'ordinaire bechee*
1785 Ne trouve plus dedans sa petite nichee.
          Quand elle eut quelque temps ses desastres* ploré*,
Et les playes du mort de baisers honoré,
Fist ses effusions, propitiant* les Manes,
Et les noms invoquant des vierges Stygianes.
1790 Puis le vase laissant, la paelle print* en main,
Et du sable plus sec luy empoudra* le sein*.
Adonc nous accourons sans davantage attendre,
A fin de la pouvoir en ce delict surprendre,
Et la mettre en vos mains: Mais sans s'espouvanter
1795 Elle se vint à nous franchement presenter,
Confessant* librement le sepulchral* office*
Qu'elle desiroit faire au corps de Polynice.

---

¹ **ABC** Me l'avez vous surprise
² **A** regardans
³ **ABC** aux pleurs

Elle m'en fait pitié: mais le devoir m'enjoint
De vous conter le faict, et ne le taire point.

CREON

1800   Est-il vray? avez-vous cette faute commise?
Y avez-vous esté par ces Gardes surprise?   [f°238 r°]
Levez les yeux de terre, et ne desguisez rien.

ANTIGONE

Il est vray, je l'ai fait.[1]

CREON

Ne sçaviez-vous pas bien
Qu'il estoit defendu par publique ordonnance*?

ANTIGONE

1805   Ouy je le sçavois bien, j'en avois cognoissance.

CREON

Qui vous a doncques fait enfreindre cette loy?[2]

ANTIGONE

L'ordonnance* de Dieu, qui est nostre grand Roy.

CREON

» Dieu ne commande pas qu'aux loix on n'obeïsse.

ANTIGONE

» Si fait, quand elles sont si pleines d'injustice.
1810 » Le grand Dieu, qui le Ciel et la Terre a formé,
» Des hommes a les loix aux siennes conformé,
» Qu'il nous enjoint garder* comme loix salutaires,
» Et celles rejetter qui leur seront contraires.
» Nulles loix de Tyrans ne doivent avoir lieu,
1815 » Que lon voit repugner*[3] aux preceptes de Dieu.

---

[1] **ABC** Ce qu'ils ont dit est vray.

[2] **ABC** Qui vous a donc esmeu d'enfreindre cette loy?

[3] **ABC** contredire

Or le Dieu des Enfers qui aux Ombres commande,
Et celuy qui preside à[1] la celeste bande*,
Recommandent sur tout l'humaine pieté:
Et vous nous commandez toute inhumanité.
1820   Non non je ne fay pas de vos loix tant d'estime
Que pour les observer j'aille commettre un crime,
Et viole des Dieux les preceptes sacrez,
Qui naturellement sont en nos cœurs encrez:[2]
Ils durent eternels en l'essence des hommes,
1825   Et nez à les garder* dés le berceau nous sommes.
Ay-je deu les corrompre*? ay-je deu ay-je deu
Pour vostre authorité les estimer si peu?
Vous me ferés mourir, j'en estois bien certaine,
Mais la crainte de mort en mon endroit est vaine,
1830   Je ne souhaitte qu'elle en mon extreme dueil*.
    » Quiconque ha grands ennuis* desire le cercueil.
        Quoy? eussé-je, Creon, violentant nature,   [f°238 v°]
Souffert mon propre frere estre des Loups pasture
Faute de l'inhumer, comme il est ordonné?
1835   Mon frere, mon germain*,[3] de mesme ventre né?
J'eusse offensé* les Dieux aux morts propitiables*,
Et les eusse vers moy rendus impitoyables.

CHŒUR DE VIEILLARDS

Cette pauvre Antigone en sa misere faut*:
Pour sa condition elle a cœur* trop haut.

CREON

1840   » La puissance du Roy les cœurs rebelles donte,
    » Et les soumet aux loix, dont ils ne tiennent conte.[4]
        Cette cy seulement ma defense n'enfreint,
Mais comme si l'enfreindre estoit un œuvre saint,

---

[1]   *ABC* en
[2]   *AB* ancrez:
[3]   *ABC* Mon frere, frere uniq,
[4]   *ABC vers 1840-1841:*
    « La puissance du Prince asservist les rebelles,
    « Et les contraint ployer dessous ses loix nouvelles.

Elle s'en glorifie, et d'impudente audace
1845 Maintient avoir bien fait, mesme devant ma face.
Se rit de ma puissance, et pense volontiers
Que pour le vain respect des Rois ses devanciers,
Elle n'y soit sugette, et que la felonnie*
Dont elle use envers moy, luy doive estre impunie.
1850 Mais ores* qu'elle soit sœur et fille de Rois,
De ma sœur engendree en maritales lois,[1]
Je la feray mourir, et sa sœur avec elle,
Si je trouve sa sœur estre de sa cordelle*.
Qu'on la face venir: car n'aguiere*[2] à la voir,
1855 J'ay creu qu'elle devoit en son esprit avoir
Quelque grand pensement*, tant elle estoit esmeuë.
» Souvent nostre secret[3] se decouvre à la veuë.

                          ANTIGONE
Vous ne pouvez au plus que me faire tuer.

                          CREON
Et aussi je ne veux rien plus effectuer.

                          ANTIGONE
1860 Qu'attendez-vous donc tant? qu'est-ce qui vous retarde?

                          CREON
Sera quand je voudray: car rien ne m'en engarde*.

                          ANTIGONE
Il m'est à tard d'avoir mon destiné* trespas*.

                          CREON   [f°239 r°]
Il ne tardera guere, il avance ses pas.

---

[1] *ABC vers 1848-1851:*
      Elle n'y soit sugette, et que sa felonnie,
      Que sa protervité* luy doive estre impunie.
      Mais ores qu'elle soit sœur et fille de Roy,
      De ma sœur engendree, et soit niepce de moy,
[2] *AB* naguiere
[3] *A* segret

ANTIGONE

Je mourray contre droict pour chose glorieuse.

CREON

1865   Vous mourrez justement comme une audacieuse.

ANTIGONE

Il n'est celuy qui n'eust commis semblable faict*.¹

CREON

Il n'est celuy pourtant* d'entre tous qui l'ait faict.²

ANTIGONE

S'ils parloyent librement, ils loüroyent mon emprise*.

CREON

Qui les empescheroit d'en parler sans feintise*?

ANTIGONE

1870   La crainte d'offenser* un Roy trop animeux*.³

CREON

Pourquoy ne craignez-vous de l'offenser* comme eux?

ANTIGONE

Pour ne craindre la mort remede à ma misere.

CREON

Le mespris de la mort vous incite à mal-faire.⁴

ANTIGONE

» Ce n'est mal d'inhumer son frere trespassé*.

---

¹ **ABC** Il n'est personne icy qui n'en eust faict autant.

² **ABC** Il n'est personne icy qui l'ait voulu pourtant.

³ **ABC** un tyran animeux.

⁴ *Cette réplique est, par une double erreur que nous rectifions, attribuée dans **D** à Antigone et guillemettée.*

CREON

1875   Vous avez l'inhumant mes edicts transgressé.[1]

ANTIGONE

Mais la loy de nature et des Dieux est plus forte.

CREON

Vous n'avez honoré l'autre de mesme sorte.

ANTIGONE

De mon autre germain* vous avez eu souci*.

CREON

Et si je ne l'eusse eu?

ANTIGONE

J'en eusse faict ainsi.

CREON

1880   Cettui-cy sa patrie a saccagé par guerre.

ANTIGONE

Le tort est provenu de sa native* terre.

CREON

D'y avoir amené nos mortels ennemis?

ANTIGONE

De poursuivre* ses droits à chacun est permis.

CREON

Je poursuivray* les miens encontre vous rebelle.

ANTIGONE

1885   Je n'ay rien entrepris que d'amour naturelle.

---

[1]   **ABC** Ouy bien si vous n'eussiez mes edicts transgressé.

CREON
Un ennemy public aimer il n'appartient.[1]

CHŒUR DE VIEILLARDS
Voici venir Ismene.

CREON
Où est-elle?

CHŒUR DE VIEILLARDS
Elle vient:
En ondoyantes pleurs le visage luy nouë*,
Qui luy vont effaçant le vermeil de sa jouë.
1890   Hà fille que j'ay peur!

CREON
Les voici les serpens,
Les pestes, que j'aimois[2] plus cher que mes enfans.
Avez-vous consenti à cette sepulture?

ISMENE
Ce fut moy qui en eut la principale cure*.[3]
S'il y a du peché, s'il y a du mesfaict*,   [f°239 v°]
1895   Seule punissez moy, car seule je l'ay faict.[4]

ANTIGONE
Non non elle vous trompe, elle en est innocente,
Et ne doit à ma peine estre participante:
Elle n'en a rien sceu, non ne la croyez pas.

ISMENE
J'y allois apres elle, et la suivois au pas.

---

[1] **ABC** D'aimer nos ennemis à nul il n'appartient.
[2] **ABC** j'avois
[3] **ABC** Ouy certes, Creon, c'est moy qui la procure.
[4] **ABC** car c'est moy qui l'ay faict.

ANTIGONE

1900   Si je luy eusse dict elle m'eust decelee*.

ISMENE

Au contraire sans moy elle n'y fust allee.

ANTIGONE

Elle n'a pas, Creon, le courage assez fort.

ISMENE

Je vous ay incitee à ne craindre la mort.

ANTIGONE

Elle veut avoir part à ma gloire acquestee*.

ISMENE

1905   Vous me voulez tollir* ma gloire meritee.

ANTIGONE

C'est à fin de mourir qu'elle dit tout ceci.

ISMENE

Mais c'est pour me sauver que vous parlez ainsi.

ANTIGONE

Et pourquoy voulez-vous sans merite me suivre?

ISMENE

Et pourquoy voulez-vous me contraindre de vivre?

ANTIGONE

1910   Vueillez plustost, ma sœur, vos beaux jours allonger.[1]

ISMENE

Pourquoy donc voulez-vous les vostres abreger?

---

[1] **ABC** prolonger.

ANTIGONE
Je ne me jette pas comme vous au supplice.

ISMENE
Vous y estes jettee enterrant Polynice.

ANTIGONE
J'ay mieux aimé mourir que faillir* au devoir
1915 Que vivants il nous faut des trespassez* avoir:
Mais vous faute de cœur* ne m'avez osé suivre.[1]

ISMENE
Ah que j'auray de mal s'il me faut vous survivre.

CREON
Je croy que cette fille a son esprit troublé.

ISMENE
» Un esprit, ô Creon, d'amertumes comblé*
1920 » N'en est pas si rassis*: c'est chose bien certaine.[2]

CREON
Vous l'avez bien perdu de courir à la peine.

ISMENE
Sans elle je ne puis vivre qu'en desplaisir.

CREON
Quant à elle bien tost la mort l'ira saisir.

ISMENE
Celle qu'à vostre fils vous avez accordee?

---

[1] **ABC** Je seray par la mort de tous ennuis delivre.
[2] **A** *Les vers 1919-1920 ne sont pas guillemettés.*
ABC *vers 1920:*
   N'est rassis comme lors que le bon-heur le meine.

CREON   [f°240 r°]
1925   Sa peine pour cela ne sera retardee.

ISMENE
Au bien de vostre fils n'aurez-vous autre esgard?

CREON
Je prendray pour mon fils une femme autre part.

ANTIGONE
Voyez mon cher Hemon combien on vous estime!

CREON
Il n'aura point de femme, où se trouve aucun crime.

ISMENE
1930   Le crime qu'elle a fait n'est que de pieté.

CREON
Elle n'a qu'entrepris sur mon authorité.

ISMENE
Le voulez-vous priver d'une si chere amie?

CREON
Ouy, fust-elle son cœur et son ame demie.

ISMENE
Elle est fille, elle est sœur, elle est niepce de Rois.

CREON
1935   Le fust-elle des Dieux, elle est sugette aux loix.

ISMENE
Avecque vostre fils elle est en fiançailles.

CREON
Elle ira chez Pluton faire ses espousailles.

ISMENE

O cruauté felonne*! ô fiere* immanité*!![^1]

CREON

Gardez-vous d'encourir mesme infelicité.

ISMENE

1940   Je ne crains d'un Tyran les injustes coleres.

CREON

Prenez-les toutes deux, prenez ces deux viperes
Et me les enfermez, je leur feray sentir
Combien de me fascher on a de repentir.

CHŒUR DE VIEILLARDS

Voici le pauvre Hemon vostre enfant debonnaire*,
1945   Ternissant de chagrin l'air de sa face claire:
Il monstre estre bien triste, et avoir dans le cueur,
A le voir souspirer, une extreme langueur*.
C'est volontiers l'effect d'une amour desbordee*,
De voir arriver mal à sa douce acccordee*,[^2]
1950   Il la plaint. Or l'oyant ainsi deconforter*
Je pense qu'il ne peut son malheur supporter.

HEMON

Que tu meures, ma vie, et qu'on t'oste, mon ame,
A mon cœur qui ne vit que de ta douce flame?
Que tu meures sans moy, que sans moy le trespas*
1955   Te meine chez Pluton et je n'y voise* pas?
Que je vive sans toy, que mon ame esploree*   [f°240 v°]
Soit absente de toy, soit de toy separee?
Non non je ne sçaurois: quiconque t'occira*,
Ma mort avec la tienne ensemble apparira*.[^3]

---

[^1]: *Le vers se termine par erreur par un point d'interrogation dans D, mais ABC présentent un point d'exclamation, que nous avons rétabli.*

[^2]: **ABC** De se voir defraudé de sa douce accordee,

[^3]: **ABC** De ta cruelle mort la mienne apparira.

CREON

1960   Mon fils, avez-vous sceu la sentence donnee
       Contre vostre Antigone à la mort condamnee?

HEMON

On me l'a dit, mon pere, et en porte* un grand dueil*.

CREON

Ne vous voulez-vous pas conformer à mon vueil*?

HEMON

Mon pere je vous veux complaire en toute chose:
1965   Vostre commandement de mon vouloir dispose.[1]

CREON

» C'est parler comme il faut: un debonnaire* enfant
» Ne s'affecte* à cela que son pere defend.
C'est pourquoy des enfans tout le monde desire,
Qui n'aillent, arrogans, leurs peres contredire:
1970   Comme on en voit aucuns qui ne prennent plaisir,
Que d'avoir à leur pere un contraire desir.
      Gardez-vous, mon enfant, que l'amour d'une femme,
Mortifere* poison, par trop ne vous enflamme.
» C'est un mal où vostre âge est volontiers enclin,
1975   Mais avec la raison destrempez* ce venin:
Dontez cette fureur*, de peur qu'elle maistrise*
D'un reprochable* joug vostre jeune franchise*.
» Une femme mechante apporte bien du mal
» A celuy qu'elle estreint d'un lien conjugal:
1980   Telle qu'est cette-cy, qu'aux tenebres j'envoye
Du nuiteux* Acheron, privé de toute joye.
N'y mettez vostre cœur, souffrez qu'au lieu de vous

---

[1] **AB vers 1964-1965:**
      Mon pere je vous veux complaire en toute chose.
      Je n'ay aucun vouloir qui sur vous ne repose.

   BC *texte identique, mais avec ponctuation différente à la fin du premier vers:*
      Mon pere je vous veux complaire en toute chose:
      Je n'ay aucun vouloir qui sur vous ne repose.

Elle voise* là bas chercher un autre espoux.
C'est une audacieuse, une fille arrogante,
1985   A qui nostre grandeur est au cœur desplaisante.
» Si est-ce qu'il n'est rien qui soit tant perilleux
» A l'estat d'un grand Roy, qu'un sujet orgueilleux,   [f°241 r°]
» Qu'un sujet contumax*, qui sans fin s'evertue
» D'estre contrariant à tout ce qu'il statue.¹

HEMON

1990   Il est vray: mais souvent autre est l'intention
» D'un sujet, qu'il ne semble à nostre opinion:
» Tel forfait* griefvement* qui forfaire* ne pense.
» La plus part des delicts se fait par imprudence*.
Ceste Vierge exerçant un pitoyable* faict*
1995   A contre son vouloir à vos edits forfaict*.
Chacun en a pitié, toute la cité pleure,
Qu'une Royale fille innocentement meure
Pour un acte si beau, que lon deust premïer*,
Comme un faict de vertu*, qu'on ne peut denïer*.²
2000   Quel mal (ce disent-ils) a fait cette pauvrette,
De vouloir inhumer la charongne*³ muette
De son frere defunct, après l'avoir ploré*,
Pour n'estre des Corbeaux ny des Loups devoré?
Voila qu'on dit de vous sans vous le faire entendre:
2005   Car craignant vous desplaire on ne l'ose entreprendre.
» Communément un Roy ne sçait que ce qui plaist,
» Que chose⁴ de son goust, car le reste on luy taist.
Mais moy, qui vostre enfant, sur tous autres desire
Que long temps en honneur prospere vostre empire*:
2010   Qui sans feinte vous aime, ouvertement je vien
Vous conter la rumeur* du peuple Ogygien.
Conformez vostre esprit à la raison maistresse,
Et qu'à la passion surmonter ne se laisse:

---

¹ *ABC* D'enfreindre et d'avilir tout ce que lon statue.
² *ABC* Comme un faict de vertu, d'honorable loyer.
³ *A* charoigne
⁴ *A* choses

Ne ressemblez à ceux, qui pensant tout sçavoir,
2015   Ne veulent le conseil d'un autre recevoir.
» Ce n'est point deshonneur à un Prince bien sage,
» D'apprendre quelquefois d'un moindre personnage,
» Et suivre son advis, s'il le conseille bien,   [f°241 v°]
» Sans par trop s'obstiner et arrester au sien.

CREON

2020   Penses-tu que de toy je vueille conseil prendre?
Et en l'âge où je suis tes preceptes apprendre?

HEMON

» Il ne faut la personne, ains* la chose peser,
» Et selon qu'est l'advis le prendre ou refuser.

CREON

C'est un brave* conseil, qu'un mechant je guerdonne*.[1]

HEMON

2025   De bien faire aux mechans conseil je ne vous donne.[2]

CREON

Tu veux que je pardonne à ceste peste* ici.

HEMON

Sa faute est bien legere, et digne de merci*.

CREON

D'enterrer un mechant est-ce chose legere?
Un ennemy publiq'?

HEMON

Voire* mais c'est son frere.

---

[1] **ABC** que les mechants j'accueille.
[2] **ABC** D'accueillir les mechants aucun ne vous conseille.

CREON

2030   Corrompre* mes Edits? m'avoir en tel mespris?

HEMON

De corrompre* vos loix ell' n'avoit entrepris.

CREON

Je luy feray porter* de son orgueil la peine.

HEMON

Ce ne sera l'advis de la cité Thebaine.

CREON

Qu'ay-je affaire d'advis? telle est ma volonté.

HEMON

2035   N'estes-vous pas suget aux loix de la cité?

CREON

Un Prince n'est sujet aux loix de sa province*.

HEMON

Vous parlez d'un tyran, et non pas d'un bon Prince.

CREON

Tu veux que mes sujets me prescrivent des loix.

HEMON

» Ils doivent au contraire obeir à leurs Rois,
2040   » A leurs Rois leurs seigneurs, les aimer et les craindre:
        » Aussi la loy publique un Roy ne doit enfreindre.[1]

CREON

Il a soing d'une femme, et la sert au besoing.

---

[1]   ***ABC vers 2039-2041:***
        « Ils doivent obeir à celles de leurs Rois,
        « De leurs Rois leurs seigneurs, qu'il faut aimer et craindre,
        « Mais qui ne doivent pas leurs propres loix enfreindre.

HEMON

Femme vous seriez[1] donc: car de vous seul j'ay soing.

CREON

Oses-tu, malheureux, à ton pere debatre*?

HEMON

2045 J'ose pour l'équité l'injustice combatre.

CREON

Injuste te semblé-je en defendant mes droits?

HEMON

Injuste en ordonnant des tyranniques loix.

CREON

Que tu es abesti*[2] des fraudes* d'une femme.

HEMON   [f°242 r°]

Cautelle* ny malice*[3] Antigone ne trame.

CREON

2050 Tu ne la verras plus, son jour fatal est pres.

HEMON

Elle ne mourra pas qu'un autre n'aille apres.

CREON

Il me menace encor, ô l'impudente audace!

HEMON

Vers mon pere et mon Roy je n'use de menace.[4]

---

[1] **ABC** estes
[2] **ABC** Tu es bien abesti
[3] **ABC** Ny fraude ny cautele
[4] **ABC** Je ne suis pas si fol que d'user de menace.

CREON

Esclave effeminé, si tu contestes plus[1]
2055   Je t'envoiray gronder aux infernaux palus*.

HEMON

Vous voulez donc parler et n'entendre* personne.

CREON

J'atteste* Jupiter, qui de foudres estonne*
Les rochers Capharez, que la punition
Tallonnera de pres ceste presomption.
2060   Sus, qu'on m'ameine tost ceste beste enragee,
Qu'aux yeux de ce galand elle soit esgorgee.

HEMON

Il n'en sera rien fait: je mourray mille morts
Plustost qu'en ma presence on outrage* son corps.
Vous ne me verrez plus, exercez vostre rage
2065   Sur ceux qui patiens endurent tout outrage*.

CHŒUR DE VIEILLARDS

Il sort d'un pas leger piqué d'ire* et d'amour:
J'ay grand' peur qu'il projette à faire un mauvais tour.

CREON

Face ce qu'il voudra, qu'il tonne, qu'il tempeste*,
Qu'il face l'orgueilleux, qu'il eleve la teste
2070   Encontre* moy son pere, il n'exemptera pas
Cette vipere icy du destiné* trespas*.

CHŒUR DE VIEILLARDS

C'est un honneste* amour qui son ame bourrelle*.

CREON

Il luy doit preferer la crainte paternelle.

---

[1]   ***ABC*** si tu me fasches plus

CHŒUR DE VIEILLARDS
Il n'est rien qui ne cede à cette passion.

CREON
2075   Si* ne m'en doit-il moins porter d'affection.

CHŒUR DE VIEILLARDS
A quel genre de mort l'avez-vous condamnee?

CREON
En un obscur desert elle sera menee,
Sauvage, inhabité, puis sous un antre creux
On l'enfermera vive* en un roc tenebreux.
2080   Je luy feray bailler* quelque peu de viande*,   [f°242 v°]
Laquelle defaillant*¹ que la mort elle attende,
Et requiere* à Pluton, qu'elle adore sur tous,
Qu'il luy vueille donner un trespassement* doux.
Elle apprendra combien c'est une chose vaine
2085   De faire honneur aux Dieux de l'infernale plaine.

CHOEUR
» Les Dieux qui de là haut
» Sçavent ce qu'il nous faut,
» Nous donnent la Justice,
» Pour le propre loyer*
2090   » Aux vertus octroyer*,²
» Et reprimer le vice.

» Mortels, nous n'avons rien
» Sur ce rond* terrien,
» Qui tant nous soit utile,
2095   » Que d'observer les loix,

---

¹ **ABC** Dequoy ayant repeu,
² **ABC** vers 2089-2090:
   « Pour d'un propre loyer,
   « Le bien salarier,

        » Sous qui les justes Rois[1]
        » Gouvernent une ville.

        » La Justice nous fait
        » Vivre un âge parfait
2100   » En une paix heureuse:
        » Les bons elle maintient,
        » Et des mechants retient
        » La main injurieuse*.

        » Par elle l'estranger
2105   » Voyage sans danger:
        » Par elle l'homme chiche
        » Conserve son argent:
        » Par elle l'indigent
        » N'est opprimé du riche.

2110   » Elle rend vers les Dieux
        » L'homme religieux:
        » C'est elle que la veufve
        » Et le foible orphelin
        » Destiné pour butin,
2115   » A sa defense treuve.

        » La mere en seureté
        » Garde* la chasteté
        » De sa fille par elle:
        » Monstrant au ravisseur
2120   » Le tourment* punisseur
        » D'un forceur* de pucelle.

        » Mais le Vice tortu*
        » Imite la Vertu
        » De telle ressemblance,
2125   » Que, ne l'appercevant,

---

[1] ***ABC*** « Dont nos paisibles Rois

» Nous ne voyons souvent
» Des deux la difference.

» Le bon chemin est droict,
» Mais tellement estroict
2130   » Que souvent on devoye*:
» Entrant dans les chemins
» Des deux vices, voisins
» De cette droicte voye.

» Car celuy mainte fois
2135   » Qui de cruelles* loix
» Une cité police*,
» Par sa rigueur mesfait*
» Plus que celuy ne fait
» Dont il punist le vice.   [f°243 v°]

2140   » Pource que d'Equité
» Prenant l'extremité,
» De sa route destourne
» Aussi bien que celuy,
» Qui dissemblable à luy
2145   » Surpasse l'autre bourne*.

Creon a vraiment tort,
De livrer à la mort
Cette vierge royale.
Il pense tesmoigner
2150   Pour les siens n'espargner
Qu'il fait justice egale.

Mais le crime n'est tel
Qu'il doive estre mortel
A sa bru et sa niepce:
2155   Les amours dedaignant
De son fils se plaignant
D'une telle rudesse.

ANTIGONE. CHŒUR DE FILLES.

ANTIGONE

Voyez, ô Citoyens[1] qui Thebes habitez,
Le supreme combat de mes adversitez!
2160 Voyez mon dernier mal, ma torture derniere!
Voyez comme on me meine en une orde* taniere
Pour y finir mes jours! voyez helas voyez
Pour mes derniers repas les vivres octroyez*!
Voyez les durs liens qui les deux bras me serrent!
2165 Voyez que ces bourreaux toute vive* m'enterrent!
Voyez qu'ils vont mon corps en un roc emmurer,   [f°244 r°]
Pour avoir mon germain* voulu sepulturer*!
Une fille royale on livre à la mort dure,
On me condamne à mort sans autre forfaiture*.

CHŒUR DE FILLES

2170 Consolez-vous, ô vierge, et ne vous affligez,
D'un magnanime* cœur vos tourmens soulagez.[2]
Vous n'irez sans louange en cet antre* funebre:
Vostre innocente mort vivra tousjours celebre,
Et celebre le los* de vostre pieté.[3]
2175 Chaque an lon vous fera quelque solennité
Comme à une Deesse, et de mille cantiques
Le peuple honorera vos ombres[4] Plutoniques.

ANTIGONE

O Fontaine Dircee! ô fleuve Ismene! ô prez!
O forests! ô coustaux*! ô bords de sang pourprez!
2180 O Soleil jaunissant, lumiere de ce monde!
O Thebes, mon pays, d'hommes guerriers feconde,
Et maintenant fertile en dure cruauté,

---

[1] *AB* Voyez mes Citoyens - *C* Voyez, mes Citoyens
[2] *ABC* allegez:
[3] *ABC* L'on parlera tousjours de vostre pieté.
[4] *ABC* Ombres

Contrainte je vous laisse et vostre royauté!
Adieu Thebes, adieu: l'austere maladie
2185   De ses palles maigreurs n'a ma face enlaidie,
Les cousteaux on ne vient en ma gorge plonger,
Et toutesfois la mort me contraint desloger*.

CHŒUR DE FILLES

Heureuse est vostre mort terminant les miseres,
Qui ont accompagné vos Labdacides peres
2190   Jusqu'à vous miserable, et depuis le berceau
Vous ont jointe* tousjours jusqu'au pied du tombeau.

ANTIGONE

Que fera desormais la vieillesse esploree*
De mon pere aveuglé, d'avec moy separee?
Que ferez-vous? helas! qui vous consolera?
2195   Qui conduira vos pas, et qui vous nourrira?
Hà je sçay que bien tost sortant de ma caverne,
Je vous verray mon pere au profond de l'Averne!   [f°244 v°]
Vous ne vivrez long temps apres mon triste sort,
Cette nouvelle icy vous hastera la mort.
2200   Je vous verray ma mere esclandreuse* Iocaste,
Je verray Eteocle, et le gendre d'Adraste,
N'agueres[1] devalez* sur le noir Acheron,
Et non passez* encor par le nocher* Charon.
Adieu brigade aimee, adieu cheres compagnes,
2205   Je m'en vay lamenter* sous[2] les sombres campagnes:
J'entre vive en ma tombe, où languira mon corps
Mort et vif, esloigné des vivants et des morts.

CHŒUR DE FILLES

O desastre* cruel*! ô fiere* destinee!
O du vieillard Creon ire* trop obstinee*!
2210   Vienne la mort soudaine et de son heureux dard*
Nous traverse en ce lieu toutes de part en part.

---

[1]   **ABC** Nagueres
[2]   **AB** sur

ANTIGONE

Voicy donc ma prison, voicy donc ma demeure,
Voicy donc le sepulchre où il faut que je meure!
Je ne veux plus tarder, il faut entrer dedans.
2215   Adieu luisant Soleil, adieu rayons ardans*
Adieu pour tout jamais! car dans ce pleureux* antre*,
Mon supreme manoir*, jamais ta clairté* n'entre.
Adieu mon cher Hemon vous ne me verrez plus,
Je m'en vay confiner* en cet antre* reclus*:
2220   Souvenez-vous de moy, que la mort on me donne,
Qu'on me livre à la mort pour avoir esté bonne.
     Vous degoutez de pleurs, vos yeux en sont noyez,
Ne larmoyez* pour moy, mes sœurs, ne larmoyez*.
Pourquoy sanglotez-vous? pourquoy vos seins d'albâtre
2225   Allez-vous meurtrissant* de force de vous battre?
Adieu, mes cheres Sœurs, je vous fay malaiser*,
Je ne veux plus de vous que ce dernier baiser.
Adieu mes Sœurs, adieu, trop long temps je retarde   [f°245 r°]
De mes piteux* regrets la mort qui me regarde.

CHŒUR DE FILLES

2230   Hà que nos jours sont pleins
D'esclandres* inhumains!
Hé Dieux que de traverses!
Que d'angoisses* diverses!

Que nos cheveux retors*
2235   Sortent flotans dehors:
Que nos faces soyent teintes
De sanglantes atteintes.

Que nostre sein ouvert
Soit d'ulceres couvert,
2240   Que le sang en degoutte,
Et tombe goutte à goutte.

Que sans cesse les pleurs
Humectent nos douleurs,

Que jamais ils ne cessent,
2245   Et l'un sur l'autre naissent.

Que ces coustaux* segrets*
Resonnent de regrets,
Et ces roches cornues
De plaintes continues.

2250   Que nostre triste cœur
N'enferme que langueur*,
Soit la tristesse amere
Son hostesse ordinaire.

Jamais le beau Soleil
2255   Ne nous luise vermeil,
Ains* que tousjours sa lampe
En tenebres il trempe.

L'obscurité des nuits
Est propre à nos ennuis*,   [f°245 v°]
2260   Nos importuns encombres*
Se plaisent aux nuicts sombres.

Or* te vueillent les Dieux
Conduire aux sacrez lieux,
Où les ames piteuses*
2265   Reposent bien-heureuses.

Et là t'aillent payer
Le merité loyer*
De ton cœur debonnaire*
Vers le corps de ton frere.

HEMON
2270   Vous avez donc, cruel, mes amours violé,
Vous m'avez, outrageux*, de mon ame volé,
Vous m'avez arraché le cœur, le sang, la vie,
M'ayant par vos rigueurs ravy ma chere amie!

      Un Tigre Hyrcanien si felon* n'eust esté,
2275   Un Sarmate, un Tartare eust plus d'humanité.
      Emmurer une vierge en une roche dure,
      Une fille de Roy, mon espouse future!
      Vostre niepce, cruel, que vous deussiez cherir
      Ainsi que vostre fille, et la faites mourir!
2280   Vous la faites mourir sans estre crimineuse*!
      Son crime et son offense* est d'estre vertueuse!
         O bourrelle* nature! ô trop barbare cœur,
      Des Ours et des Lions surpassant la rigueur!
      Aumoins si vous l'eussiez sur le champ esgorgee,
2285   Sans la faire mourir d'une faim enragee:
      Vous n'estiez pas saoulé d'un supplice commun,
      Il vous falloit monstrer plus cruel qu'un chacun.
         Les rayons de ses yeux, la douceur de sa face,   [f°246 r°]
      N'ont peu de vostre cœur rompre la dure glace.
2290   Vrayment il est remply d'extreme cruauté,
      Puis qu'il a peu blesser ceste extreme beauté:
      Beauté qui à l'amour eust une roche esmeuë,
      Si une roche fust de sentiment pourveuë.
         Las que j'aye sa peine! et si ce n'est assez
2295   Qu'on prenne des tyrans les tourments* amassez*,
      Et qu'on me les applique: en toute patience
      On me verra souffrir leur dure violence.
      Aussi bien si je vis elle ne mourra pas,
      Ou commun à nous deux nous sera son trespas*.
2300   Je rompray la caverne, et si aucun s'oppose
      Et s'efforce empescher qu'elle ne soit declose*,
      Je luy feray sentir que c'est temerité
      De vouloir contredire un amant irrité.
         Mon ame est elle moins de son amour esprise
2305   Que d'Andromede fut le preux* nepveu* d'Acrise,
      Qui le monstre marin mort à terre rua*,
      Et detacha la vierge apres qu'il le tua?
      Mon ame est plus d'amour que la sienne eschauffee,
      Et Antigone vainc la fille de Cephee
2310   En pudique beauté: j'ay donc le cœur moins fort,
      Si je ne la delivre et garantis de mort.

Mais trop long temps je tarde, et ce* pendant, peut estre,
Que d'inutiles pleurs je me viens icy paistre,
La pauvrette pourra s'estre ouverte le sein
2315   De quelque fer plutost que d'attendre la faim:
Ou bien par faute d'air trespasser* suffoquee,
Ou se briser la teste encontre un roc choquee.
Il ne faut dilayer* de crainte d'accident*:
Car mon secret destin est du sien dependant.   [f°246 v°]
2320   Je m'estimois heureux qu'elle me fust donnee,
Pour devoir celebrer un heureux hymenee:
Mais si le ciel n'aspire à mes loüables vœux,
Nous irons espouser en l'Acheron larveux*.
Ce que n'advienne, ô Dieux! ains* permettez de grace
2325   Que je l'oste aujourd'huy de sa caverne basse.

CHOEUR

» O Rigoureux Amour,
» Dont la fleche poignante*
» Sans repos nuict et jour
» Toutes ames tourmente*:
2330   » Tu dontes glorieux
» Les hommes et les Dieux.

» Nul ne se peut garder*
» Que ta main enfantine
» Ne le vienne darder*
2335   » A travers la poitrine:
» Car contre ton effort
» Il n'est rien qui soit fort.[1]

» Les Monarques si craints,
» Les Rois porte-couronnes,
2340   » Sont aussi tost atteints
» Que les simples personnes:
» Voire que tu te prens
» Plus volontiers aux grands.

---

[1] *A Les vers 2336-2337 ne sont pas guillemettés.*

	» Jupiter, qui des Dieux
2345	» Est le maistre et le pere,
	» Qui la terre et les cieux
	» Et les ondes tempere*,
	» Sent ce douillet enfant,
	» De son cœur triomphant.

[f°247 r°]

2350	» Le foudre petillant*
	» Dans sa main rougissante,
	» Ny son œil sourcillant
	» Qui le ciel espouvante,
	» Ne le defend du tret
2355	» De cet Archer segret*.

	» Aux Enfers il descend,
	» Et dans l'ame cruelle
	» De Pluton se glissant,
	» Y laisse une estincelle,
2360	» Qui n'a tourment* egal
	» Dans le creux infernal.

	» Il donte sous les eaux
	» Les troupes escaillees,
	» Il navre* les oiseaux
2365	» Aux plumes esmaillees,
	» Les plaines et les bois
	» Sont sujets à ses loix.

	» Les peuples des forests,
	» Les privez*, les sauvages,
2370	» Des tertres, des marez,
	» Des valons, des bocages,
	» Des champs et des maisons,
	» Sont ards* de ses tisons.

	» Mais nous sommes sur tous,
2375	» Humaines creatures,

» La butte de ses coups
» Et de ses fleches dures:
» Nous allons plus souvent
» Ses flammes esprouvant.   [f°247 v°]

2380 » Il niche dans les yeux
» D'une tendre pucelle*,
» Sur son front gracieux,
» Sur sa gorgette belle,
» Ou ses cheveux retors*,
2385 » D'où se font mille morts.

» Mais las! c'est grand' pitié,
» Que celuy, qu'il outrage*
» D'une forte amitié*,
» Sent une telle rage,
2390 » Qu'il ne repose point
» Tant que ce mal le poind*.

» Il ne songe transi
» Qu'à la beauté qu'il aime,
» Il n'a plus de souci*
2395 » De sa personne mesme:
» Le paternel devoir
» Luy vient à nonchaloir*.

» Il change tout d'humeurs*,
» De naturel il change,
2400 » Il prend d'estranges* mœurs
» Sous ce tyran estrange*:
» L'ancienne douceur
» Desempare* son cœur.

Hemon voyons-nous pas
2405 Jadis si debonnaire*,
Devenu contumax*
Au vouloir de son pere,

Depuis que cet amour
A faict en luy sejour*?

2410   Il ne peut consentir   [f°248 r°]
Qu'on outrage* sa Dame,
Il aime mieux sentir
La mort dedans son ame:
Je crains que sa douleur
2415   Nous cause du malheur.

ACTE V.

LE MESSAGER. LE CHŒUR. EURYDICE.
CREON. DOROTHEE.

MESSAGER

Comme Fortune* escroule*, esbranle et bouleverse
Les affaires humains poussez à la renverse!¹
» Comme elle brouille tout, et de nous se jouant
» Va sans dessus dessous toute chose² rouant*!
2420 » Sur les fresles grandeurs superbe* elle se roule,
» Puis soudain les releve en retournant sa boule,
» Et si* nul des mortels ne prevoit son destin.³
    Voila le vieil Creon si heureux ce matin,
Malheureux à cette heure. Il estoit sans attente,
2425 Sans espoir eleu Roy d'une ville puissante.
Il a nos ennemis presentement chassez,
Que Polynice avoit contre nous amassez*:
Ores le malencontre* en sa maison devale*,
Qui ce nouveau bonheur de tristesses esgale.
2430 » Car qui a du martyre* en son entendement*
» Bien qu'il soit un grand Roy, ne vit heureusement.
    » Vous avez beau couvrir de haras* les montagnes,
» Et de troupeaux laineux les herbeuses campagnes,
» Avoir l'or qui jaunist sur le rivage mol   [f°248 v°]
2435 » Du Lydien Pactole, ou du Tage Espagnol,
» Estre de cent citez et de cent peuples maistre,
» Voire* entre tous les Rois un monarque apparoistre:
» Que si dans vostre esprit n'avez contentement,
» Vostre felicité ne sera qu'un tourment*.

---

¹ *A Les vers 2416-2417 sont guillemettés.*
² *AB toutes choses*
³ *A Ce vers n'est pas guillemetté.*

CHŒUR

2440   Quel sanglant infortune* encores nous tourmente*?

MESSAGER

La Fortune* nous bat* plus que jamais sanglante.

CHŒUR

Nous est-il survenu de nouveaux accidens*?

MESSAGER

Tout est plein de soupirs et de pleurs là dedans.

CHŒUR

Est-ce dans le chasteau que tombe cet esclandre*?

MESSAGER

2445   Sur le chef* de Creon vient ce malheur descendre.

CHŒUR

De Creon? quel malheur en son âge chenu?

MESSAGER

C'est par luy, le chetif*, que tout est advenu.

CHŒUR

Et qu'est-ce? dy nous tost, sans nous tenir en trance.

MESSAGER

Ils sont tous[1] roides morts par son outrecuidance*.

CHŒUR

2450   Jupiter! qui sont-ils? qui a ce meurtre fait?

MESSAGER

Hemon le pauvre Hemon s'est luy mesme desfait*.

---

[1] **AB** tout

CHŒUR
Et pourquoy? qui l'a meu*? le courroux de son pere?

MESSAGER
Il est mort forcené* d'amour et de colere.

CHŒUR
De l'amour d'Antigone il estoit esperdu.

MESSAGER
2455   D'Antigone l'amour et la mort l'ont perdu.

CHŒUR
De cette pauvre vierge esteinte est donc la vie.

MESSAGER
Sa mort est de la mort de son Hemon suivie.

CHŒUR
Mais j'entrevoy, ce semble, Eurydice qui sort:
Auroit-elle entendu nouvelle¹ de sa mort,
2460   Ou bien si par Fortune* elle seroit sortie?

EURYDICE
O Thebains mes amis, je me suis divertie*
Du service des Dieux, pour un bruit effroyant,
Qui sortant du chasteau m'a troublee* en l'oyant*.
J'allois au sacré temple où Pallas on adore,
2465   Et à peine en la rue estoy-je entree encore,   [f°249 r°]
Quand j'entens la rumeur* du peuple espouvanté,
Qui bruyoit tristement de quelque adversité
De la maison Royale: à cette voix ouye*,
Espointe* de frayeur, je tombe esvanouye.
2470   Mes femmes m'embrassant* me levent comme un faix,
Et me couvrant le front me portent au palais:
Où peu apres estant d'ecstase revenue,

---

¹ *AB* nouvelles

Et de ce fascheux bruit m'estant resouvenue,
Je sors pleine d'ennuis*, ardente* de sçavoir
2475 Quel infortune* c'est, ce qu'il y peut avoir.
La poitrine me bat, le sang au cœur me glace,
Une froide sueur me destrempe* la face,
La force me defaut*, mon bras n'a plus de poux,
Et sous mon foible corps tremblotent mes genoux.
2480   Je presage un grand mal: car cette matinee
L'Orfraye* a sur nos tours sa foible voix trainee
En longs gemissemens: j'ay veu dessur* nos lits
Mille taches de sang, et dessur mes habits.
J'ay depuis estimé, que ce fussent presages
2485 Du meurtre des deux Rois, et des autres carnages
De nos bons citoyens, qui sont aujourd'huy morts,
Repoussant vaillamment les Argives efforts:
Mais ore je voy bien que ce signe demonstre*,
Que sur nos propres chefs adviendra malencontre*,
2490 Par le visage morne et les pleurs que je voy
Du peuple, qui me suit et lamente* sur moy.
Je l'entens murmurer de quelque horrible* chose,
De quelque grand mechef* dont m'advertir on n'ose.
Si le faut-il sçavoir. Dites moy je vous pry,
2495 De quel malheur provient ce lamentable* cry?
Dites-le hardiment: je ne suis apprentive*   [f°249 v°]
A porter* des ennuis*, sans fin il m'en arrive.

MESSAGER

Je vous conteray tout, Madame: car dequoy
Peut servir qu'on vous taise un si lugubre* esmoy*?
2500 L'on ne le peut celer* encores qu'on y tasche,
Vous le sçaurez tousjours combien qu'on vous le cache:
Et le sçachant demain vous n'aurez moins d'ennuy*,
Que vous en recevrez le sçachant aujourdhuy.

EURYDICE

Tu me tiens trop long temps, despesche je te prie.

MESSAGER

2505 La fureur* de Creon luy estoit deasprie*¹
     Par le conseil des siens, qui donnerent advis
     Que fussent des grands Dieux les oracles suivis
     Qu'annonçoit Tiresie, et qu'un funebre office*
     Lon fist soudainement au corps de Polynice.
2510   Nous allions attristez par des chemins tortus*,
     De caverneux rochers doublement revestus:
     Pource que la campagne est encore encombree*
     De grands monceaux de corps, et de sang empourpree.
     Puis descendus au lieu funeste aux deux Germains*,
2515 Trouvons ce pauvre Prince estendu sur les reins,
     Tout saigneux, tout poudreux*, que nous levons de terre,
     Et le portons laver sur une large pierre.
     Apres qu'il fut par nous de pure eau nettoyé,
     Et de linge odorant souefvement* essuyé,
2520 Nous invoquons Hecate en trois noms reclamee*,
     Le tenebreux Pluton, et sa cohorte aimee,
     En les propitiant*, de peur que leur courroux
     Pour se voir mespriser ne s'eclatast* sur nous.
     Nous entamons* le sein de nostre antique mere,
2525 Luy creusons un tombeau sa maison solitaire,
     Et couvert d'un linceul² le descendons dedans,
     Espandans maints soupirs, maintes pleurs espandans.   [f°250 r°]
     Quand tout fut achevé, nous retournons arriere,
     Marchant d'un pas legier* vers la sombre taniere
2530 De la bonne Antigone, à fin de l'en tirer,
     Ne la voulant Creon plus long temps martyrer*.
     Nous n'allons gueres loin qu'une voix lamentable*
     Nous entendons sortir de la roche execrable*:
     Le Roy s'en trouble* tout, devient palle, et ne peut
2535 Proferer un seul mot, tant son ame s'esmeut.
     Il avance le pas, il begaye, et demonstre*
     Par ses gestes divers qu'il craint du malencontre*.
     Nous haste d'approcher de cet antre* pierreux,

---

¹ *A* desaprie - *BC* desasprie
² *AB* linceuil

Luy mesme y court soudain, s'appelle malheureux,

2540 Gemist, souspire, pleure, et ses gourdes* mains rue*

Sur ses cheveux grisons et sa barbe chenue.

Ah (dit-il) miserable! ah c'est d'Hemon le cry!

Allez, courez, volez, secourez, je vous pry,

Vous n'y serez à temps, brossez* dans ce bocage,

2545 Et à course* donnez dedans l'antre* sauvage:

Sauvez moy mon enfant, mon enfant sauvez moy,

Mon Hemon, las! c'est luy, c'est luy-mesme que j'oy,

C'est sa voix, je l'entens. Lors chacun s'evertue*,

Chacun court, chacun poste* à la roche moussue:

2550 L'un veut devancer l'autre, et l'honneur acquerir

D'estre entré le premier pour Hemon secourir.

De cet antre approchez, nous trouvons la closture

Avoir esté brisee en capable* ouverture:

Nous descendons dedans, et descouvrant* par tout,

2555 Nous voyons Antigone en un recoin au bout

Couchee à la renverse, ayant la gorge ceinte

De ses liens de teste, en mille nœuds estreinte:

Et son Hemon aupres, qui pleurant l'embrassoit*,   [f°250 v°]

Et sa mort lamentant* sur elle gemissoit.

2560 Nommoit les Dieux cruels et la Parque cruelle,

Maudissoit, detestoit* la rigueur paternelle,

Se destordoit* les bras, la pucelle* appelloit:

Et bien qu'elle fust morte avec elle parloit,

La nommoit sa maistresse, et sa vie, et son ame,

2565 Se disoit malheureux en une chaste flame.

Aussi tost vient Creon, qui l'ayant apperceu

Tire de grands sanglots, jusque aux poumons esmeu:

Et comme fanatique*, avec une voix morte,

Tremblant et haletant luy dist en cette sorte.

2570 Que faites vous, mon fils? pourquoy vous perdez-vous?

Revenez, mon amy, laschez* vostre courroux:

Pardonnez moy ma faute, humble je vous en prie,

Pardonnez moy, mon cœur, pardonnez moy, ma vie:

Vueillez moy, pour ce coup,[1] mon erreur pardonner,

---

[1] **ABC** Vueillez moy, je vous pry,

2575 J'en porteray* tel mal que voudrez m'ordonner.
  Mais luy le regardant d'une œillade farouche,
  Le guignant* de travers à ces propos rebouche*,
  Devient plus furieux*, et sans respondre mot
  De ses entrailles pousse un soupireux* sanglot:
2580 Et au mesme moment il saque* au cimeterre,
  Dont Creon effroyé se retire grand'erre*
  Sortant de la caverne, et luy tout coleré*
  Se donne dans les flancs du coutelas tiré.

EURYDICE
  Hà qu'est-ce que j'entens! qu'est-ce j'oy* dolente*!

CHŒUR
2585 Elle s'en va troublee* ainsi qu'une Bacchante
  Au haut de Cithéron, qui pleine de fureur*,
  Va celebrant le Dieu des Indes conquereur*.
  Acheve Messager ce discours lamentable*.

MESSAGER [f°251 r°]
  Si tost qu'il eut l'espee en son flanc miserable,
2590 Il tomba sur la Vierge et de sang l'arrosa,
  Dist le dernier adieu, puis ses lévres baisa:
  La face luy blesmist, les jambes luy roidirent,
  Sa vie et son amour dedans l'air se perdirent.

CHŒUR
  O couple infortuné de fidelles Amans,
2595 Indignes[1] de souffrir si funebres tourmens*!
  Les Dires vont esteindre aux ondes Stygiales
  De leur mortel Hymen les torches nuptiales.[2]
  Or* reposez, enfans, en eternelle paix,
  Et vos douces amours conservez à jamais.
2600   Mais d'où vient que la Royne est si tost retournee

---

[1] *AB* indigne
[2] *ABC Les vers 2596 et 2597 sont intervertis.*

Quand elle a sceu d'Hemon la dure destinee,
Sans faire aucuns regrets, sans avoir lamenté*,
Sentant d'un si grand dueil* son cœur accravanté*?

MESSAGER

Je m'en estonne bien, mais toutefois j'estime
2605   Qu'elle a voulu presser* la douleur qui la lime*,
Et ne la declarer en public devant tous:
Mais qu'elle vomira son dueil* et son courroux
Libre dans le chasteau sans que ses pleurs on voye.
» Celuy larmoye* seul qui de bon cœur larmoye*.
2610   Autrement, je ne croy qu'il puisse avoir danger,
Que par trop de douleur elle s'aille outrager*:
Elle est trop retenue et a trop de prudence*.

CHŒUR

Certes je n'en sçay rien, mais ce triste silence
Me semble presagir* incurables malheurs:
2615   » Combien qu'en un vray dueil* vaines sont les clameurs.[1]

MESSAGER

Entrons dedans la ville, on pourra nous apprendre
Si le dueil* luy a fait[2] sur sa vie entreprendre*.

CHŒUR

Allons: mais voila pas Creon l'infortuné?

MESSAGER

C'est luy mesme c'est luy, le vieillard obstiné.

CHŒUR   [f°251 v°]

2620   Il fait porter un mort sur lequel il lamente*.

MESSAGER

C'est Hémon retiré de la cave relante*.

---

[1] *ABC Ce vers n'est pas guillemetté.*
[2] *ABC* Si le courroux la fait

CHŒUR

Il est cause tout seul d'un si cruel* mechef*,
Mais je crains qu'il ne tombe à d'autres¹ sur le chef*.

CREON

O trois et quatre fois malheureuse ma vie!
2625   O vieillesse chagrine* au desastre* asservie!
O crime detestable*! ô monstrueux forfait*!
J'ay par ma cruauté mon cher enfant desfait*!
Hà bourreau de mon sang! une Tigre sauvage
Ne traitte ainsi les siens, que moy mon parentage*.
2630   Je me nourris de meurtre, et encores ma faim
Ne se peut amortir* d'un carnage inhumain:
Je guerroye les morts, ma fureur* insensee
S'est apres le trespas* sur les miens elancee.
J'ay voulu Polynice aux corbeaux livrer mort
2635   Et aux loups charoigniers*, non contant de sa mort.
J'ay enclose* Antigone en une cave noire,
Pour un piteux* office*, et qui merite gloire.²
    J'ay vive* ensevely la fille de ma sœur,
Et de mon propre fils je suis le meutrisseur*.³

CHŒUR

2640   Trop tard vous cognoissez* vostre incurable offense*,
Vaines y sont les pleurs, vaine la repentance*,
Pour neant* vous jettez ces lamentables* cris.
» De ce qui ja* faict le conseil* en est pris.
» Dieu mesme ne sçauroit, bien que tout il modere*,
2645 » Faire qu'un œuvre faict soit encores à faire.

CREON

Helas je le sçay bien à mon grand deconfort*.
Incurable est ma peine, incurable mon tort.

---

¹ *A* d'autre
² *ABC Les vers 2636 et 2637 sont intervertis:*
   Pour un piteux office et qui merite gloire,
   J'ay enclose Antigone en une cave noire.
³ *ABC* meurtrisseur.

Helas! que ma vieillesse est de malheurs chargee!
Que mon ame a d'angoisse*, et qu'elle est affligee!

DOROTHEE

2650 O Creon esploré*, les meurtres à foison
Viennent de plus en plus combler* vostre maison.   [f°252 r°]

CREON

Que me peut-il rester de chose miserable,
Que ne m'ait fait sentir la fortune* muable?

DOROTHEE

La Royne s'est tuee, et de son rouge sang
2655 Sa chambre est ondoyante et semble d'un estang.

CREON

O cruel Acheron aux implacables gouffres,
Qui dans tes flancs ouverts toutes choses engoufres,
Pourquoy me viens-tu perdre estant ja* si perdu?
Que ne suis-je plustost dans l'Orque descendu,
2660 Ains* qu'emplir ma maison de sang et de carnage,
Que pousser devant moy mon malheureux mesnage*?
    Hà pauvre infortuné, pauvre Roy, Roy chetif*,
Que ce bandeau royal est un heur* deceptif*!
Si tost je ne l'ay pris, qu'une horrible* tempeste
2665 D'esclandres* desastreux* m'a bourrelé* la teste.
    Mon Eurydice est morte! hà mechant c'est par moy!
D'autre que de moy seul me plaindre je ne doy.
Par moy ma niepce est morte en un louable office*:
Par elle mon Hemon, par Hemon Eurydice.
2670 Ainsi de tant de morts je suis cause tout seul,
Et seul aussi j'en porte* et la coulpe* et le deul*.
Mon Eurydice est morte, Eurydice mon ame!
O sanguinaire espous, ô desastreuse* Dame!
Allons, courons la voir.

DOROTHEE

Ne vous hastez ja* tant,

2675   Vous ne ranimerez sa vie en vous hastant.
        Trop tost à vostre dam* vous verrez la pauvrette
        Preste* à faire descente en la tombe muette.

CREON

        Hé bons dieux que feray-je? est-il calamité
        Qu'apparier* je puisse à mon adversité?
2680   Que me peut-il rester? que reste à ma vieillesse
        Qu'elle ne soit confite* en extreme destresse?
        J'ay meurtry* mon enfant que je tiens en mes bras,   [f°252 v°]
        Et ma loyale espouse ay conduit au trespas*.
            Hà mere trop piteuse*! hà fils trop debonnaire*!
2685   O moy source du mal, ostinément*¹ severe!
        O trop cruel Destin! cruel sort estouffant
        Par mon austerité*, niepce, femme, et enfant!

DOROTHEE

        Elle est morte soudain, sur l'autel renversee,
        D'un poignard outrageux* l'estomach* traversee.
2690   Mais devant que vomir sa triste ame dehors,
        Les deux yeux entre-ouverts ternissans² par les bors,
        Le visage desteint de sa rose premiere,
        A son antique espoux a fait dure priere,
        Ses Manes contre vous par trois fois implorant
2695   Et toutes les Fureurs* des Enfers adjurant,
        Pour venger dessur vous au creux Acherontide
        De cent et cent tourmens ce double parricide.

CREON

        O pauvre, ô miserable, helas je tremble au cœur!
        Je sens mon sang glacer d'une mortelle peur.
2700   Que quelqu'un ne me vient d'une trenchante espee
        Traverser la poitrine,³ ou la gorge frapee?
        Arrachez-moy d'ici, jettez moy quelque part,

---

¹ **ABC** obstinément
² **AB** ternissant
³ **ABC** Pour fendre la poitrine,

Où je puisse plorer dans un roc à l'escart.
Je suis semblable à ceux que le sepulchre enserre,
2705   Tant l'ennuy*, tant le mal mortellement m'atterre*.
Vienne vienne la Mort¹ au severe sourcy,
Vienne la Mort terrible et m'arrache d'icy.
Que ce jour le dernier de mes jours apparoisse,
Ce jour face noyer mon crime et mon angoisse*
2710   Au fond de l'Acheron, non pas mon crime, helas!
Car il faut qu'avec moy je le porte là bas,
Et le monstre à Minos, pour recevoir la peine
Que merite l'aigreur* de mon ame inhumaine.   [f°253 r°]

CHŒUR

Laissez-là ces regrets, cet inutile dueil*,
2715   Et faites que leurs corps on enferme au cercueil.

CREON

Je ne te puis lascher ma tendre geniture*,
Pour inhumé te mettre en digne sepulture,
Bien que je t'aye occis* par ma severité,
Contre ton saint amour follement irrité:
2720   Ny vous ma chere espouse: helas ce mesme esclandre*
Et ce mesme forfait* vient vostre sang espandre*!
Mere, vous n'avez peu, trop outragee* au cœur,
Survivre à vostre enfant meurtry* par ma rigueur:
Et moy meurtrier je vy, Clothon mes jours devide,
2725   Qui suis espoux, et oncle, et pere parricide.
Où mes yeux tourneray-je? en quel lieu, malheureux,
Me doy-je retirer pour n'estre langoureux*?
Tu vois, pauvre Creon, quelque part que tu ailles,
Des meurtres impiteux*, tu vois des funerailles.
2730   De son glaive abbatu ton enfant gist* icy,
Occise* en ta maison ta femme gist* aussi:
Tout regorge de pleurs, de regrets et de plaintes,
Par la fortune*² sont tes liesses* esteintes.

---

¹   *C* mort
²   *AB* Fortune

O rigoureux Destin, qu'on ne peut eviter!
2735   O grands Dieux immortels! ô pere Jupiter!
Terminez je vous pri' ma douleur et ma vie,
D'Eurydice la mort soit de ma mort suivie.

CHŒUR

Vos pertes, vos malheurs, que vous avez soufferts
» Procedent du mespris du grand Dieu des Enfers:
2740   » Il le faut honorer, et tousjours avoir cure*
» De ne priver aucun du droict de sepulture.[1]

FIN.

---

[1] *Ce vers n'est pas guillemetté dans C.*

NOTES SUR LE TEXTE.

(Les citations et les traductions des auteurs anciens, ainsi que les extraits des œuvres du seizième siècle sont tirées des éditions figurant dans notre bibliographie, située en fin de volume. Nous ne les modifions qu'exceptionnellement, notamment lorsqu'une autre leçon nous semble préférable ou qu'une autre traduction nous paraît plus exacte.)

DÉDICACE

Barnabé Brisson (1530-1591) était magistrat. Il rédigea des ouvrages et des textes juridiques. D'abord avocat au parlement de Paris, il fut nommé président à mortier en 1580. Il devait, onze ans plus tard, connaître un sort tragique: premier président du Parlement en 1588, après la journée de barricades, il s'entendra secrètement avec les adversaires de la Ligue, à laquelle il deviendra bientôt suspect; les Seize le condamneront à mort le 15 novembre 1591 et le feront pendre quelques heures après le verdict.

Guy du Faur de Pibrac était un magistrat, devenu président au parlement de Paris en 1577, et auquel Garnier avait dédié son *Hymne de la Monarchie.*

En plaçant son espoir dans la justice et la bonté du prince, l'auteur définit la portée politique et morale de sa tragédie: on pourra établir un rapprochement avec le chœur intercalaire du IV° acte (vers 2086-2157) et les diverses sentences sur la justice dans les deux derniers actes.

ARGUMENT

Le dernier paragraphe indique les principales sources, sans toutefois établir de hiérarchie entre les plus importantes et celles qui le sont moins. En fait, Garnier doit plus à Sénèque, à Stace et à Sophocle qu'à Eschyle et à Euripide. Ce que l'auteur appelle la *Thebaide* de Sénèque est la tragédie, inachevée et sans parties lyriques, des *Phœnissae*.

Le lieu de l'action est signalé d'une manière assez vague; d'autres indications, plus précises, viendront en complément, dans les discours tenus par les personnages. On remarquera que Garnier opte pour l'unité de lieu.

ACTE I

vers 1: la pièce commence au milieu d'un dialogue, et non, comme dans les autres tragédies de Garnier, par un long monologue protatique: on mesure le progrès accompli dans la conception que l'auteur se fait du théâtre. Le modèle fourni par les *Phœnissae* de Sénèque n'est évidemment pas étranger au procédé:

> Caeci parentis regimen et fessi unicum
> lateris leuamen, gnata, quam tanti est mihi
> genuisse uel sic, desere infaustum patrem.

> (Guide d'un père aveugle, unique appui de mes flancs épuisés de fatigue, ô ma fille, toi qu'il m'est si précieux d'avoir engendrée même à ce prix, quitte ce père infortuné.)

vers 4-6: la figure de dérivation *malheur-malheurer-malheureux* accentue le pathétique de la tirade et contribue à créer un climat lyrique et mélodieux.

vers 11: ces mots indiquent qu'Œdipe se déplace sur la scène: Garnier est toujours attentif aux mouvements des personnages et révèle par des détails de ce genre un authentique tempérament de dramaturge.

vers 13-14: Œdipe développera tout au long de cette scène l'idée qu'il est de trop en ce monde, parce qu'il le souille de sa présence. On retrouvera la même sentiment chez la Phèdre de Racine.

vers 15-16: la condamnation des dieux poursuit la conscience d'Œdipe: on ne peut fuir leur regard; on sait quel usage a fait Victor Hugo d'une idée semblable dans son poème *La Conscience*. L'antithèse développée par Garnier se double ici d'une disposition en chiasme: *Pour ne voir plus le ciel/du ciel je suis veu.*

vers 19: *Me souffre...avaler*: le verbe *souffrir* est accompagné d'une proposition infinitive de type latin qui équivaut à une conjonctive complétive (= *que j'avale*). Quant à l'adjectif *abominable*, il appartient à la langue religieuse: il signifie: «qui doit être repoussé comme un mauvais présage»; Sénèque utilisait l'adjectif *nefas*.

vers 21-23: on notera l'indication des gestes et l'évocation des lieux: les paroles d'Œdipe ont ici valeur de didascalies (cf. Sénèque, *Phœnissae*, vers 12-13: *Ibo, ibo qua praerupta protendit iuga/meus Cithaeron*: «j'irai, j'irai là où mon Cithéron élève ses abruptes cimes»).

vers 23: le mont Cithéron, où Œdipe fut abandonné à sa naissance, est personnifié dans tout le passage qui suit: il devient comme l'incarnation géographique du destin du personnage. La répétition obsessionnelle du tour présentatif *c'est* rend plus sensible encore la toute-puissance de la fatalité. Le Cithéron, évoqué deux fois dans le texte correspondant de Sénèque, l'est ici trois fois.

vers 32: le diminutif *enfançon* est assez courant dans la poésie de la Pléiade: il traduit la tendresse et l'émotion. Garnier développe sur deux vers (31-32) un parallélisme de Sénèque (*ut exspirem senex/ubi debui infans*: «afin que j'expire, vieillard, là où je l'aurais dû, nouveau-né»).

vers 33-36: le sens du mot *cruel* n'est pas sans rapport avec celui du latin *cruentus*; c'est d'ailleurs le terme employé par Sénèque au début d'une énumération rhétorique, au sein de laquelle se trouve également *crudelis*:

> (...) Recipe supplicium uetus,
> semper cruente, saeue, crudelis, ferox,
> cum occidis et cum parcis (...)
>
> *(Phœnissae, 33-35)*

> (Reprends ton supplice de jadis, ô toi qui es toujours sanguinaire, sauvage, cruel, féroce, soit que tu assassines, soit que tu fasses grâce.)

On observera que Garnier, en exprimant le pronom personnel de la première personne du singulier (*tu m'es cruel tousjours*), a introduit une légère nuance qui ne figurait pas dans le texte du tragique latin, mais qui n'est pas sans intérêt sur le plan dramatique.

vers 38: *ancienne*: diérèse.

vers 39: *vois-tu pas*: l'absence de la négation *ne* dans la forme interro-négative est courante au XVI° siècle: elle oriente ainsi à l'avance la réponse vers le positif, ce qui est le propre, sur le plan rhétorique, de l'interrogation oratoire. On comparera cette construction avec celle des vers 121 et122.

vers 40: *mon pere m'appelle*: cf. Sénèque: *Genitor uocat.* A partir de ce vers et jusqu'au vers 44, Œdipe est en proie à une sorte de vision: le spectacle réside autant dans les évocations que sur la scène.

vers 44: *alla meurtrissant*: la périphrase verbale formée du semi-auxiliaire *aller* et du gérondif sans *en* exprime l'aspect progressif et sécant; le verbe *aller* perd son sens de mouvement pour acquérir une valeur grammaticale: cette déperdition de sens est appelée par les linguistes guillaumiens *subduction*.

vers 45: *geniteur*: latinisme, emprunté à Sénèque (*Phœnissae*, 51, 204, 288).

vers 48-49: l'image de l'âme emprisonnée dans son *manoir*, c'est-à-dire le corps, est traditionnelle dans la poésie du XVI° siècle, et notamment dans les tragédies de Garnier.

vers 52-84: Garnier suit Sénèque de très près.

vers 52: *le crime maternel*: l'inceste qu'Œdipe a commis avec Jocaste, sa mère, qui se trouve être aussi celle d'Antigone.

vers 53-56: Antigone affirme dès le début sa détermination; en fait, elle sera contrainte, par sa fidélité à la loi divine, de ne pas tenir sa promesse: ces vers se révéleront donc contradictoires avec les événements postérieurs.

vers 57-72: l'exposition s'achève ici par l'évocation de l'entreprise menée par Polynice contre Etéocle, infidèle à sa parole. Le passage permet de saisir le contraste entre l'attitude d'Antigone et celle de ses frères: la princesse incarne la *piété* filiale et le renoncement à l'ambition dévastatrice. Cet attachement à son père, exprimé par des tours restrictifs et exclusifs, ainsi que par des antithèses et des hyperboles, constitue une des sources du pathétique de la scène.

vers 63-66: *non celuy*: «pas même celui»; *non pas si*: «pas même si».

vers 69: *pourtant*: «pour autant».

vers 71: *me voulez-vous priver*: au XVI° siècle, lorsqu'un pronom personnel est complément d'un infinitif, il est très fréquent de le placer non devant l'infinitif, mais devant le verbe conjugué dont dépend cet infinitif: d'autres exemples apparaissent plus loin, par exemple au vers 130.

vers 80: *nous passera*: le verbe *passer* a ici la valeur factitive de «faire passer».

vers 81-84: l'injonction et l'interrogation donnent une vivacité particulière au récit; la scène est, du reste, plus animée que dans le modèle sénéquien; il en sera de même dans les échanges stichomythiques des vers 121-136. En faisant appel à la *generosité* de son père, Antigone touche une corde sensible, l'orgueil.

vers 85-102: tout ce passage est écrit en style soutenu, volontiers emphatique; le vocabulaire y est poétique: *lasche-cœur* est un composé conforme aux principes néologiques de la Pléiade; *la nuict tenebreuse* contient une épithète de nature; *virgeale* est un adjectif formé également d'après les principes de l'école de Ronsard; *dextre* et *abominable* sont des latinismes. L'adynaton des vers 89-94 est imité des vers 84-89 des *Phœnissae*.

vers 94: Ronsard a, lui aussi, dans les *Odes* (IV, 20, vers 1) dédié un poème à *la brune Vesper*.

vers 105: *D'un*: «de quelqu'un» (*un* est ici pronom indéfini).

vers 111: antithèse paradoxale, chère aux poètes du XVI° siècle, selon Raymond Lebègue (éd. d'*Antigone*, p.275).

vers 113-114: ces vers sentencieux sont tirés de Sénèque (*Phœnissae*, 98-99: *Qui cogit mori/nolentem in aequo est quique properantem impedit*: «forcer à mourir qui ne le veut pas et empêcher de mourir qui en a hâte sont des crimes égaux»).

vers 117: *laissant* peut être ici interprété comme un gérondif sans *en*, phénomène habituel à l'époque de Garnier.

vers 121-136: cet échange très vif d'arguments, absent de la scène correspondante de Sénèque, repose en partie sur le procédé de la réplique sur le mot; la reprise de termes comme *pitié, malheur, erreur* renforce également la couleur tragique.

vers 125-138: en insistant sur la volonté comme condition de la responsabilité, Antigone rejette toute idée de prédestination. Il n'est pas interdit de voir là le refus d'un concept essentiel de la théologie calviniste. L'idée sera reprise au vers 188. Lebègue remarque (éd. d'*Antigone*, p.275) que la distinction entre l'erreur et le crime se trouve déjà dans *Herculens furens,* au vers 1237, et dans *Hercules in Œta*, aux vers 885-886. Dans l'*Œdipe à Colone* de Sophocle (547-548), c'est Œdipe lui-même qui refusait de se considérer comme souillé par des actes dont il ne se sentait pas responsable:

καὶ γὰρ ἄνους ἐφόνευσα καὶ ὤλεσα
ὅμως δὲ καθαρός, ἄϊδρις εἰς τόδ᾽ ἦλθον.

(meurtrier, soit; mais sans l'avoir prémédité, et cependant pur, puisque j'ignorais tout!)

vers 134: *erreur*: il arrive souvent, dans la langue du XVI° siècle, que l'article ne soit pas exprimé devant les noms abstraits.

vers 138: *opiniastre*: diérèse.

vers 140: *en*: la préposition *en* devant le substantif déterminé est plus fréquemment employée, dans la seconde moitié du seizième siècle, que la préposition *dans*. La concurrence entre ces deux tours a été remplacée, en français moderne, par une distribution complémentaire: *en* devant les substantifs non déterminés, *dans* devant les substantifs déterminés.

vers 142: paradoxe hyperbolique, destiné à accentuer le caractère inouï et indépassable de la faute d'Œdipe.

vers 143-146: *pour* a, dans ces vers, le sens causal («parce que, sous prétexte de»).

vers 149-155: la répétition fréquente du mot *mort* forme un écho lyrique- Les vers 153-154 ont peut-être été imités par Racine (*Phèdre*, 230-231):

Mon âme chez les morts descendra la première.
Mille chemins ouverts y conduisent toujours (...)

vers 151-152: Garnier (ou son imprimeur?) différencie la plupart du temps orthographiquement la négation *point* du substantif *poinct*: on se rend compte du parti que l'on pouvait tirer, pour la distinction des homonymes, de l'existence d'une graphie savante comme le *c* de *poinct* (cf. latin *punctum*).

vers 154: *quand leur plaist*: on notera l'absence du pronom neutre *il* dans le tour impersonnel.

vers 156: *me perce*: «perce-moi».

vers 162: en 1585, Garnier remplace le cliché *les trois bourrelles Sœurs* par la mention, plus individualisée, de *la bourrelle Alecton*. Alecton, ou Alecto, est une des trois Furies (ou Erinyes), déesses de la vengeance divine.

vers 175: *que...j'aye*: subjonctif de souhait. Le *e* de *aye* doit être ici prononcé devant consonne.

vers 178: Œdipe se présente comme prédestiné au crime, alors qu'Antigone, nous l'avons vu, n'accepte pas l'idée d'une culpabilité décidée d'avance.

vers 178: *devant que naistre*: on rencontre, au seizième siècle, indifféremment *devant, devant de, devant que* et *devant que de* (ou encore, ce qui revient au même, *avant, avant de, avant que, avant que de*) précédant l'infinitif. Cela provient du fait que l'infinitif, forme nominale du verbe, oscille entre son statut nominal (en ce cas, il est naturel qu'il soit accompagné de l'indice *de*, par ailleurs employé comme préposition) et son statut verbal (ce qui explique qu'on puisse l'introduire par une locution conjonctive de subordination); s'il est le lieu d'une coexistence des deux statuts, on trouve le tour mixte (*devant que de, avant que de*).

vers 179: *sus donc*: «allons donc!»

vers 179-186: l'évocation précise des gestes a un rôle didascalique évident; elle souligne les éléments visuels de la mise en scène.

vers 184: les éditions précédentes portaient *bourrelle*; en remplaçant cet adjectif par *sanglante*, Garnier évite la banalité et privilégie le visuel au détriment du psychologique.

vers 189: l'emploi du diminutif *pauvrette* n'est pas seulement conforme au principe de création par *provignement*, il correspond à une intention pathétique.

vers 189-190: *vostre oreille douce...ne repousse*: «que votre oreille, faisant preuve de douceur, ne repousse pas» (le subjonctif de souhait est ici employé sans la présence de l'indice *que*).

vers 194-198: *vueillez* est, dans ce passage, un subjonctif présent.

vers 192: *le sceptre d'Agenor*: Agénor était le père de Cadmos, fondateur légendaire de Thèbes.

vers 199: *combien que*: «bien que», plus fréquent, dans la pièce, que *bien que*.

vers 197-212: le plaidoyer d'Antigone comporte des arguments empruntés à la philosophie stoïcienne, qui se trouvent déjà dans la pièce de Sénèque: l'homme doit, pour être grand, ne pas se laisser abattre par la Fortune, ne pas lui céder; désirer la mort, c'est capituler devant le destin, ne pas avoir suffisamment de force pour supporter la douleur.

vers 206: *Sinon que*: «si ce n'est que».

vers 210: *Sçauroit-elle estre plus qu'elle vous est contraire?* = «saurait-elle vous être plus hostile qu'elle ne l'est?»

vers 219: *escarté*: «invisible, qui n'existe plus pour vous, que vous ne voyez pas, puisque vous êtes aveugle».

vers 222: *Vous en privez vous mesme*: «c'est votre personne que vous en privez, vous vous en privez vous-même».

vers 227: *vie*: deux syllabes (prononcer le *e* devant un mot commençant par une consonne).

vers 231-324: ce passage est inspiré par les vers 216-288 des *Phœnissae*.

vers 233-234: Œdipe désigne ses mains et sa poitrine du geste: Garnier a tenu à conserver l'indication scénique que lui fournissait le vers 217 des *Phœnissae: pectus manumque hanc fugio*.

vers 235: *horribles*: «monstrueuses, qui font reculer d'*horreur*»: l'horreur consiste en une réaction physique (les cheveux se dressent sur la tête) en présence d'un crime défiant les lois religieuses et morales (cf. latin *horror*).

vers 239: *refuit*: le préfixe *re-* a ici valeur intensive.

vers 241: *polu*: Œdipe emploie constamment dans cette scène le lexique de la souillure religieuse.- *Iocaste*: prononcer «I-o-caste», en respectant la diérèse.

vers 243: me *refend*: «me fend sans cesse»; on notera la valeur itérative et fréquentative du préfixe; de cette valeur en découle une autre, secondaire, l'intensité, d'où l'effet pathétique obtenu.

vers 246: *ma lumiere jumelle*: «mes deux yeux»: l'expression est un calque du latin *lumina gemina* que l'on trouve chez des poètes comme Catulle.- *j'aye*: prononcer le *e* final.

vers 253-300: cette longue évocation du passé d'Œdipe est inspirée des vers 243-274 des *Phœnissae* de Sénèque, mais on y trouve aussi quelques souvenirs des *Phéniciennes* d'Euripide (vers 1595-1614).

vers 261: *ja desja*: *ja* renforce *desja*. La répétition de *desja*, dans ce passage, souligne que le destin d'Œdipe était scellé d'avance.

vers 262: *Lors trop prompte à m'occire et ores trop musarde*: «trop rapide à me tuer à cette époque et maintenant trop lente à le faire».

vers 266: *premier que de*: «avant que de».

vers 267: *commande tuer*: «commande de tuer».

vers 273: *vie*: prononcer le *e* final, nécessaire à l'alexandrin.

vers 279-280: le *r* final de *rocher* est prononcé à la fin du vers, ce qui explique la possibilité de la rime *rocher/chair*. Les grammairiens recommandaient de prononcer les consonnes finales à la pause: c'était un trait de langue orale soutenue.

vers 281: *nuisiblement propice*: oxymore qui souligne le paradoxe de la vie d'Œdipe: aucun effort humain n'a pu abolir son destin, qui le mène là où il veut, lors même qu'il semble l'épargner.

vers 283: Garnier écrit presque constamment *afin* en deux mots (*à fin*), soulignant ainsi l'origine et la formation du mot; il en est très souvent de même pour *puisque, enfin* et *lorsque*, respectivement graphiés *puis que, en fin* et *lors que*.

vers 285: *meurtrir*: «tuer»; *par*: «selon».

vers 289: *la mesme dextre*: «la main même».

vers 290: *tolut*: «enleva» (cf. le latin *tollere* et l'ancien français *toldre* ou *toudre*).

vers 291: *encor ne fust-ce tout*: la présence d'un adverbe en tête de proposition entraîne souvent, au seizième siècle, comme en ancien et moyen français, l'inversion du sujet par rapport au verbe; on trouve un phénomène semblable plus haut, au vers 287; l'adverbe en tête d'énoncé sature la première place: le verbe reste en deuxième position, mais le sujet se trouve relégué après le verbe, en troisième position. Cela n'a d'ailleurs rien d'une règle absolue: au vers 301, l'ordre est en effet: adverbe-sujet-verbe.-*fust* est le passé simple de l'indicatif: la graphie ne doit pas induire en erreur.

vers 293: *feit* est le passé simple de l'indicatif du verbe *faire*.

vers 298: *polu*: voir note du vers 241.

vers 304: ce vers poursuit l'exposition de la situation initiale et annonce ce qui constituera l'une des péripéties essentielles du drame.

vers 309: *le sceptre Agenoride*: le sceptre des successeurs d'Agénor, fils de Cadmos, le fondateur et le premier roi de Thèbes.

vers 312: cette comparaison ne se trouve pas chez Sénèque.

vers 315-316: le droit de Polynice repose sur la loi religieuse, qui reconnaît un fondement moral aux serments; c'est un des aspects de la *piété*, qui constitue le thème central de la tragédie.

vers 319: *germain* (frère) est un latinisme (*germanus*), fréquent sous la plume de Garnier.

vers 321-324: l'énumération, associée à des phénomènes d'enjambement, contribue à l'expressivité de l'évocation. On entend peut-être ici en coulisse les bruits que font les soldats marchant au combat.

vers 324: *de tumulte et de bruit*: l'emploi du mot *tumulte* en binôme semi-synonymique est ici d'un grand intérêt: il ne s'agit pas seulement d'indiquer la qualité et la force du bruit, d'introduire une nuance par rapport au mot *bruit*; le terme a aussi le sens latin de «soulèvement armé» et signifie dans ce contexte «fracas des armes» ou «guerre civile».

vers 325-338: l'appel d'Antigone à la paix entre factions, à la sauvegarde de la patrie menacée par l'entrée de bataillons étrangers s'adresse autant aux Français qu'à son interlocuteur.

vers 326: *combats fraternels*: «combats entre frères».

vers 329: *amortir*: «étouffer, éteindre, faire cesser».

vers 332-333: *s'entredehacher*: Garnier emploie très souvent dans *Antigone* des verbes pronominaux, où le préfixe *entre-* vient renforcer la valeur réciproque, ce qui lui permet de mettre en évidence les déchirements internes de la famille d'Œdipe.- *Le fer desja tiré...la fureur qui chemine*: s'agit-t-il seulement d'un tableau rhétorique et poétique? ou bien Garnier songeait-il à une mise en scène où l'on verrait des hommes armés traverser le fond de la scène, ce qui assurerait d'ailleurs la transition avec l'acte suivant? -*fureur*: «folie furieuse», ici personnifiée; l'on songe à une évocation *in absentia* de la Furie qui allume les discordes civiles; cf., au vers 356, l'expression *leur glaive furieux*.

vers 334: *ardant*: «brûlant»; il s'agit de l'adjectif verbal tiré du participe présent du verbe *ardre* (brûler).

vers 336: *soudars* signifie «soldats» et n'a pas encore, à cette époque, de sens péjoratif.

vers 338: *sainte concorde*: l'unité de la patrie n'est pas seulement considérée comme une nécessité politique, elle est envisagée aussi comme un impératif religieux.

vers 341-342: *qui l'auroit ravie*: relative substantive, sujet de *auroit ravi*.

vers 343-360: *maudits enfants*: la malédiction qui a frappé le père rejaillit sur ses fils: c'est avec une tragique ironie qu'Œdipe évoque ce terrifiant destin.

vers 343: prononcer le *e* de *ayent*.

vers 350: *ourdir*: ce verbe remplace *bastir*, qu'on lisait dans les trois premières éditions et qui était moins évocateur.-*execrable*: littéralement «maudit, qui s'écarte du sacré, qu'il faut détester en raison de son caractère impie».

vers 353: *la honte paternelle*: «le respect qu'ils doivent à leur père».

vers 354: l'accord en nombre du verbe se fait ici avec le sujet le plus proche.

vers 357: *me convient*: encore un exemple d'impersonnel employé sans *il*.

vers 360: *De pires passions que je ne souffre pas* signifie «de souffrances pires que celles que je subis» et complète l'infinitif *souffrir*, qui figure dans le vers précédent; *ne...pas* est ici explétif.

vers 361-370: cette réplique est de l'invention de Garnier; chez Sénèque, Antigone se jetait aussi aux pieds de son père, mais se contentait de le supplier par des gestes et des larmes.

vers 369-370: lieu commun de la poésie tragique.

vers 371-388: imitation des vers 306-319 des *Phœnissae*.

vers 385: Garnier a supprimé en 1585 la cheville qui se présentait sous forme de répétition oratoire dans les premières éditions.

vers 391-402: l'évocation du décor introduit (malgré la présence des *horribles monts* et l'écho lointain des armes dans la campagne thébaine) quelques instants d'un lyrisme apaisant, avant le déchaînement des grandes tempêtes; le dialogue s'achève sur une note d'espoir. L'Œdipe de Sénèque, au contraire, s'engageait dans un discours desespéré et violent, d'une ironie mordante à l'égard du destin, et refusait toute perspective d'apaisement. Garnier a supprimé cette scène, où intervenait un messager, et adouci le caractère du vieillard.

vers 403-467: le chœur des Thébains marque un répit et laisse entrevoir une espérance; Dionysos et les Bacchantes sont des divinités de la *fureur*, mais de la fureur bacchique, qui libère des instincts pacifiques et joyeux: le dieu protecteur de la cité, qui a pour vocation de rassembler les citoyens, est invoqué pour lutter contre l'autre fureur, celle de la discorde. Le passage est inspiré d'un chœur de l'*Œdipus* de Sénèque (403-508), ainsi que d'un autre, de Sophocle (vers 1115-1152 d'*Antigone*); parmi les sources, il faut ajouter une ode d'Horace (II, 19), les *Métamorphoses* d'Ovide (livre III et *passim*), les *Dithyrambes* et l'*Hymne de Bacchus* de Ronsard, et, peut-être, pour l'ensemble de la geste de Dionysos-Bacchus, les *Dionysiaques* de Nonnos de Panopolis, ainsi que les *Bacchantes* d'Euripide. Il est écrit en octosyllabes, répartis en treize strophes de cinq vers chacune, dont le schéma métrique est le suivant: AABBA, toutes les rimes étant masculines.

vers 405-406: les épithètes de Bacchus se trouvaient déjà dans les *Dithyrambes* de Ronsard: elles signifient respectivement: «pastoral» (*Nomien* -cf.*Dithyrambes*, vers 275), «poussant des cris de joie» (*Evaste*), «pur» (*Agnien*), «revêtu d'une peau de renard» (*Bassarean*), «Thessalien» (*Emonien*) -voir *Index nominum*-.

vers 409: l'adverbe *dedans* est ici employé comme préposition.

vers 411: *jusques à tant*: «jusqu'à ce que».

vers 412: Dionysos fut élevé à Nyse par Silène et par des nymphes.

vers 419: Ronsard avait déjà évoqué les *Satyres cornus* (*Dithyrambes*, 29).

vers 423-427: les géants, fils de la Terre, se révoltèrent contre les dieux olympiens et furent défaits; Gygès, l'un des géants aux cent bras, naquit de la Terre et du Ciel; il participa à la guerre contre Zeus, qui le fit enfermer dans le Tartare; Mimas, coupable du même crime, fut tué par les traits métalliques rougis au feu que lui lança Héphaïstos, maître des forges de l'Etna, événement auquel fait allusion le vers 426. Dionysos remplit un rôle de premier plan dans cette lutte, en se mettant au service de Zeus. Garnier suit dans ces quatre vers une ode d'Horace (II, 19). Il peut aussi, nous l'avons signalé plus haut, avoir utilisé, pour certaines allusions, les œuvres d'Ovide, de Ronsard et même les *Dionysiaques* de Nonnos de Panopolis.

vers 424: *les champs Phlegreans* sont situés près de Cumes.

vers 428-429: le roi de Thrace, Lycurgue, avait expulsé Dionysos et fut châtié pour cet acte; les légendes divergent sur ce dernier point: selon certaines versions, il devint aveugle, selon d'autres, il sombra dans une criminelle folie: c'est cette dernière tradition que Garnier semble avoir retenue (cf. *enragé*, 428).

vers 430-432: le roi de Thèbes, Penthée, refusa d'installer le culte de Dionysos, malgré les avertissements du devin Tirésias; il fit même enchaîner le dieu, qui réussit à briser ses liens et se vengea: Penthée fut déchiré par le chœur des Bacchantes et par Agavé, sa propre mère, que Dionysos avait frappée de folie. Cet épisode a fourni à Euripide le thème d'une de ses plus belles tragédies, *les Bacchantes.*

vers 440: *exercite*: «armée» (latinisme, d'après *exercitus*).

vers 442: *loing*: g est ici soit une graphie latinisante (latin *longe*), soit l'ancienne marque d'un [n] mouillé.

vers 442: les *peuples gemmeux*: les Indiens. (allusion à la conquête des Indes par Bacchus).

vers 443: *pere*: l'épithète est reprise de l'*Hymne de Bacchus* de Ronsard.- *Denys* est la francisation du grec Διόνυσος.

vers 444-445: Dionysos est traditionnellement conçu comme un dieu qui rassemble; cette idée permet en outre au poète de mieux intégrer ce chœur à l'action de la pièce.

vers 450-452: Sémélè, fille de Cadmos, aimée de Zeus, conçut de lui Dionysos et elle demanda à son amant de lui apparaître dans toute sa splendeur, mais elle fut foudroyée par les éclairs dont le dieu était environné; Zeus arracha l'enfant qu'elle portait (Ovide, *Metamorphoses*, III, 260-315), le cousit dans sa cuisse et l'en fit sortir, parfaitement formé, trois mois après. La première naissance évoquée ici peut donc correspondre au moment où Zeus recueillit le bébé en l'enlevant à sa mère. Une autre interprétation consisterait à voir dans cette *premiere nativité* celle de Dionysos-Zagreus (rappelée dans l'ensemble de ces trois vers), par opposition à une seconde naissance: Dionysos périra déchiqueté par les Titans, mais renaîtra sous le nom de Bacchus.

vers 453-457: cf. l'*Antigone* de Sophocle (1131-1136):

καί σε Νυσαίων ὀρέων
κισσήρεις ὄχθαι χλωρά τ᾽ ἀκτὰ
πολυστάφυλος πέμπει,
ἀμβρότων ἐπέων
εὐαζόντων θηβαῖας
ἐπισκοποῦντ᾽ ἀγυιάς·

(Ayant quitté Nysa, ses rocs vêtus de lierre
et les vignobles de ses côtes,
aux cris de l'évohé mystique,
tu viens nous voir, et tu parcours nos rues.)

vers 453: les *Thyades* sont les Bacchantes (d'après Θυάδες ou Θυιάδες «celles qui bondissent»).

vers 455: les *thyrses* étaient des bâtons entourés de pampre et de lierre et surmontés d'une pomme de pin, et qui appartenaient à Dionysos et aux Bacchantes. Le dieu s'en servait pour terrasser ses adversaires.

vers 457: le diminutif-fréquentatif *sautelant* contribue à créer une atmosphère légère et joyeuse: on voit quel parti poétique et théâtral Garnier a su tirer de l'application des conseils donnés par l'école de Ronsard.

vers 458: *Evach* semble être une contraction d'*Evoé* et de *ïach*, termes utilisés par Ronsard: c'est le cri de joie des Bacchantes: εὐοί accompagné de l'épithète mystique de Bacchus, Ἴακχος. Avant Ronsard, Sophocle, ainsi que les poètes élégiaques latins, Catulle et Ovide, avaient employé ces termes. Quant à *Agyeu*, emprunté également au grec ἀγυιεύς, il signifie: «protecteur des rues».

ACTE II

vers 468-471: Garnier imite ici les cinq premiers vers des *Phéniciennes* d'Euripide, mais n'attribue pas comme son devancier les malheurs de Thèbes au soleil:

> Ὦ τὴν ἐν ἄστροις οὐρανοῦ τέμνων ὁδὸν
> καὶ χρυσοκολλήτοισιν ἐμβεβὼς δίφροις
> Ἥλιε, θοαῖς ἵπποισιν εἰλίσσων φλόγα,
> ὡς δυστυχῆ Θήβαισι τῇ τόθ' ἡμέρᾳ.
> ἀκτῖν' ἐφῆκας, Κάδμος ἡνίκ' ἦλθε γῆν
> τήνδ', ἐκλίπων Φοίνισσαν ἐναλίαν χθόνα.

(O toi qui parmi les étoiles traces ta route au ciel, et, monté sur un char d'or, Soleil, fais à tes rapides cavales rouler la flamme autour du monde, quel rayon de malheur tu lanças sur Thèbes le jour où Cadmos entra dans cette terre, après avoir quitté le sol marin de Phénicie!)

vers 470: *regarde* et, plus loin, *voy:* en attirant ainsi le regard du soleil, Jocaste oriente en fait indirectement celui du spectateur sur les malheurs de la cité. Garnier a créé un contraste très net entre ce début d'acte, où le jour rayonne, et la fin de la pièce, où Créon évoque l'obscurité du royaume d'Hadès: on passe insensiblement de l'éclat du soleil matinal à la nuit tombante, comme on navigue de l'espoir à la détresse, de la vie à la mort; cela fait partie intégrante du tragique et des effets de théâtre.

vers 471: *esmoy* ne doit pas être rattaché, du point de vue étymologique, à *émotion* ou à *émouvoir:* il provient en effet du verbe *esmaier*, issu du bas latin **exmagare*, lui-même d'origine germanique; il signifie «douleur, chagrin, effroi, trouble, inquiétude»; *desastreux:* «malheureux», littéralement «né sous un mauvais astre».

vers 473: *mechef:* «malheur», littéralement «ce qui s'achève mal, dont l'issue est mauvaise, qui ne présente aucune issue possible».

vers 474: on notera l'emploi du mot latin *cohortes* pour désigner les phalanges grecques. Garnier utilise des termes tantôt d'origine latine (cf. ailleurs *legions*), tantôt d'origine grecque (*phalanges* par exemple), tantôt d'origine italienne (*escadrons, scadrons*).

vers 475: *sept portes*: on sait que Thèbes était nommée *la ville aux sept portes*. Le vers provient d'Euripide (*Phéniciennes*, 79): ἐπ' αὐτὰ δ' ἐλθὼν ἐπτάπυλα τείχη τάδε («arrivé jusqu'à nos murs aux sept portes»).

vers 480-487: ces huit vers, qui évoquent le meurtre de Bacchus par sa propre mère et établissent une comparaison entre celle-ci et Jocaste, suivent d'assez près les vers 363-370 de la pièce de Sénèque:

> Felix Agaue: facinus horrendum manu,
> qua fecerat, gestavit et spolium tulit
> cruenta nati maenas in partes dati;
> fecit scelus, sed misera non utero suo
> scelus occultauit. Hoc leue est quod sum nocens:
> feci nocentes. Hoc quoque etiamnunc leue est:
> peperi nocentes. Derat aerumnis meis,
> ut et hostem amarem.

> (Heureuse Agavé! Elle brandit triomphalement <l'objet de> son horrible crime de la main même qui l'avait commis et, sanglante Ménade, porta les morceaux de ce fils qu'elle avait mis en pièces; elle fut coupable d'un forfait; mais du moins la malheureuse ne l'a point caché dans ses propres entrailles! Pour moi, c'était encore trop peu que d'être criminelle; j'ai fait des criminels. Que dis-je, c'était encore trop peu: j'en ai engendrés! Il manquait à mes infortunes d'aimer l'ennemi <de ma patrie>.)

Le rappel de l'épisode thébain de Penthée puni de son impiété n'est pas gratuit, puisqu'il symbolise le châtiment qui menace les frères ennemis, eux aussi *irrévérents* envers les dieux de la famille et de la patrie.

vers 486-487: la répétition du mot *meschante* transpose celle de *nocens*, qui figure dans le texte de Sénèque.

vers 490-501: la requête du messager est inspirée de celle que le *nuntius* de Sénèque adressait à Œdipe à la suite de l'entretien entre celui-ci et Antigone (*Phœnissae*, 320-327 et 347-349): Garnier insiste sur l'idée de secours: il répète trois fois le verbe *secourir* et ajoute *acourez*, formé sur le même radical (vers 492).- Les vers 492-493 suggèrent que la scène est illuminée, au loin, par des flambeaux: le texte privilégie les éléments visuels de la représentation.

vers 493: *Ja ja*: de même que l'emploi de *ja desja*, la répétition de l'adverbe augmente l'intensité dramatique: le temps presse et l'accélération tragique est plus sensible. *Ja* est d'ailleurs souvent repris au long de cette scène (cf. vers 511, 540, 541).

vers 499: il s'agit des sept armées dont chacune attaque Thèbes par une porte différente (cf. Eschyle, *les Sept contre Thèbes* et Sophocle, *Œdipe à Colone*, 1311-1325). Chacune d'entre elles est commandée par un chef différent: Amphiaraos, Tydée, Etéocle l'Argien (à ne pas confondre avec Etéocle, frère de Polynice), Hippomédon, Capanée, Parthénopée et Polynice lui-même. Toute la représentation de ce début d'acte se déroule sur un fond sonore de manœuvres militaires que le spectateur perçoit comme provenant des coulisses.

vers 501: *de vos enfans*: complément de *defendre*; *contrairement bandez*: «dressés, avec leurs armées, l'un contre l'autre»

vers 502: *vos maternelles larmes*: «vos larmes de mère».

vers 505: *par tour*: «chacun leur tour».

vers 506-531: l'hésitation de Jocaste, partagée entre ses deux fils, s'exprimait déjà dans la pièce de Sénèque sous forme de débat intérieur (*Phœnissae,* 377-382):

> Quid optem quidue decernam haut scio.
> Regnum reposcit: causa repetentis bona est,
> mala sic petentis. Vota quae faciam parens?
> Vtrimque natum uideo: nil possum pie
> pietate salua facere: quodcumque alteri
> optabo nato fiet alterius malo.

> (Que souhaiter? Quel parti prendre? Je l'ignore. Il revendique le trône et le motif de sa revendication est juste, mais sa manière de le faire ne l'est pas. Quels vœux, moi, mère, puis-je former? Des deux côtés c'est un fils que je vois; je ne puis faire aucun acte d'amour maternel sans blesser ce même amour; tout ce que je souhaiterai en faveur d'un de mes fils ne s'accomplira qu'au préjudice de l'autre.)

Finalement, chez Garnier comme chez Sénèque, Jocaste prend parti pour la justice et la miséricorde:

> Sed utrumque quamuis diligam affectu pari,
> quo causa melior sorsque deterior trahit

inclinat animus semper infirmo fauens:
miseros magis fortuna conciliat suis.

(Pourtant, bien que je les chérisse tous deux d'une égale
affection, c'est vers la cause la plus juste et le sort le moins
heureux que penche mon cœur toujours plus favorable à l'opprimé:
la fortune rend un malheureux plus cher aux siens.)

vers 508: *ancien*: diérèse.

vers 509: *aussi bien comme luy*. *aussi...comme* est fréquent, à cette
époque, pour *aussi...que*, dans les comparaisons d'égalité.

vers 515: *les campagnes Cadmees*: le sol de la patrie de Cadmos,
fondateur légendaire de Thèbes (= le territoire de Thèbes).

vers 518-519: cf. Sénèque: *causa repetentis bona est/mala sic petentis.*

vers 520: *Pourquoy me banderay-je?*: «lequel des deux partis
embrasserai-je?»

vers 532-549: passage imité des *Phœnissae*, 387-402. Le récit de
Garnier privilégie les détails visuels: le messager oriente le regard
de Jocaste (vers 544), ce qui a pour effet de théâtraliser davantage
la tirade; d'autre part, en insistant, à la fin de son discours (vers
548-549), sur l'urgence d'une intervention, il accélère le rythme
dramatique.

vers 532 sq.: cf. Sénèque:

Regina, dum tu flebiles questus cies
terisque tempus, saeua nudatis adest
acies in armis (...)

(Reine, tandis que tu passes ton temps à exhaler tes
lamentations et tes plaintes, toute l'armée est là, redoutable, rangée
en bataille, le glaive nu.)

vers 550-561: l'Antigone de Sénèque presse de la même manière sa
mère d'intervenir; mais, chez Garnier, elle se propose
d'accompagner Jocaste sur le champ de bataille.

vers 551: *premier que*: «avant que».

vers 556-557: *Que* introduit deux propositions subordonnées
consécutives, coordonnées par *et*, annoncées par *si* au vers 555 et
contenant un verbe au subjonctif, qui marque ici le potentiel ou
l'éventuel.

vers 562-565: cf. Sénèque:

> Ibo, ibo et armis obuium opponam caput,
> stabo inter arma; petere qui fratrem uolet
> petat ante matrem.

> (J'irai, j'irai: je présenterai ma tête à leurs armes; je me
> dresserai entre elles; ainsi celui qui voudra atteindre son frère
> devra atteindre sa mère.)

vers 570: cf. Sénèque:

> (...) signa collatis micant
> uicina signis, clamor hostilis fremit;

> (Les enseignes se rapprochent et brillent, voisines les unes des
> autres; le cri de guerre retentit.)

Antigone, en suppliant ainsi sa mère de s'interposer, se montre fidèle à
la demande d'Œdipe, formulée au premier acte, et fait preuve de
piété familiale.

vers 577: *entre-affrontez*, introduit dans la dernière édition, donne au
vers une puissance évocatrice accrue, qui provient
essentiellement de l'emploi du préfixe.

vers 580 sq.: mouvement oratoire identique chez Sénèque, avec des
images et des évocations mythologiques très proches:

> Quis me procellae turbine insano uehens
> uolucer per auras uentus aetherias aget?
> Quae Sphinx uel atra nube subtexens diem
> Stymphalis auidis praepetem pennis feret?
> Aut quae per altas aeris rapiet uias
> Harpyia Saeui regis obseruans famem
> et inter acies proiciet raptam duas?

> (Quel vent ailé m'emportera à travers les souffles aériens dans
> le tourbillon impétueux de sa rafale? Quel Sphinx, ou quel oiseau
> du Stymphale, dont la race obscurcit sous son épais nuage la
> lumière du jour, m'emporteront en un vol rapide sur leurs ailes
> rapaces? Ou à travers les hautes régions de l'air, quelle Harpye,
> guettant la faim d'un roi cruel, m'entraînera, me jettera, proie ravie
> par elle, entre les deux armées?)

vers 581: *Quel Stymphalide oiseau*: les oiseaux du lac Stymphale ont
été tués par Héraclès.

vers 586-591: ces comparaisons sont imitées de celles de Sénèque (*Phœnissae*, 427-442).

vers 591: la correction apportée par le poète (*Se glissant parmy l'air* au lieu de *Se glissant dans le ciel*) évite une fâcheuse cacophonie.

vers 592-595: *Permettent*: subjonctif de souhait sans *que*.- La prière finale du messager fait renaître momentanément l'espoir: c'est ainsi que l'auteur ménage l'intérêt.

vers 596-655: dans ce passage, Garnier s'inspire essentiellement d'un chœur de l'*Œdipe* de Sénèque (715-743). Il déploie son chœur sur dix strophes de six vers chacune. Le mètre utilisé est l'heptasyllabe. Dans chaque sixain, les rimes sont ainsi disposées: AABCCB, c'est-à-dire qu'à un distique à rimes plates succède un quatrain à rimes embrassées; le troisième et le sixième vers se terminent par une rime féminine. Le thème général de ce chœur est celui des calamités de Thèbes depuis les origines: tous les épisodes mythologiques ici rappelés tendent à prouver que l'ambition et l'avidité sont responsables de ces malheurs.

vers 598: *esclandre*: «malheur» (latin *scandalum*); le terme forme un doublet avec le mot savant *scandale*.

vers 602-604: cf. Sophocle (*Antigone*, 594-595):

Ἀρχαῖα τὰ Λαβδακιδᾶν οἴκων ὁρῶμαι
πήματ᾽ ἄλλ᾽ ἄλλοις ἐπὶ πήμασι πίποντ᾽

(Depuis l'ancien temps je vois, sous le toit des Labdacides, malheur sur malheur frapper les vivants après les morts.)

vers 605-607: Cadmos, qui recherchait Europe (voir la troisième strophe), s'arrêta dans le bois où se trouvait la fontaine de Castalie (cf. Sénèque: *Castalium nemus/umbram Sidonio praebuit hospiti...*).- *anciens* et *Tyriens* comportent une diérèse.

vers 610: *crope* alterne avec *croupe* au XVI° siècle. Il s'agit d'un phénomène de non-ouïsme. On songera en outre à la recommandation de Ronsard: «Tu pourras aussi, à la mode des Grecs, qui disent *ounoma* pour *onoma*, ajouter un *u* après un *o*, pour faire ta rime plus riche et plus sonnante, comme *troupe* pour *trope*, *Callioupe* pour *Calliope*» (*Abrégé de l'Art poétique français*, 1565). Garnier a ici procédé en sens inverse, employant *o* pour *ou*.

vers 615: *Dircé*: fontaine de Béotie.

vers 626-649: rappel d'un épisode mythologique du passé de Thèbes: Cadmos avait tué le dragon, puis semé les dents du monstre; de là sortirent des armées qui s'affrontèrent; tous les combattants furent tués. De toute évidence, cette tradition offre des similitudes avec la bataille qui s'annonce à ce moment de l'action.

vers 628: *Cephise*: fleuve de Béotie.

vers 635: proposition participiale, qui signifie: «alors que la plus grande partie de son corps restait...».

vers 648-649: la rime *noirceur/meur* suppose une prononciation [mœr], due à une influence et à une mauvaise lecture de la graphie conservatrice *meur*, en retard sur l'évolution phonétique, puisque la prononciation courante était [mür] depuis le XIV° siècle.

vers 650: *Acteon* était un prince thébain; au cours d'une chasse, il surprit Diane au bain: elle le changea en cerf et il fut déchiré par ses propres chiens de chasse.

vers 655: *enorme*: «qui sort de la norme, inconcevable» (latin *enormis*).

vers 656-935: le modèle de ce passage se trouve dans les vers 443-664 des *Phœnissae*. Dans la pièce française, Etéocle assiste à l'entretien, mais reste muet, alors que chez Sénèque, il prononce quelques mots lors d'un bref échange de répliques avec son frère. Cette différence provient du fait que Garnier lisait le théâtre de Sénèque dans une édition où les paroles d'Etéocle étaient attribuées à Polynice (cf. M.-M. Mouflard, *Robert Garnier*, tome III, p.67). La scène de Garnier se présente comme une vaste paraphrase du texte de Sénèque, avec des amplifications. On y retrouve les mêmes gestes, les mêmes attitudes, qui produisent des effets plastiques particulièrement appréciés au théâtre. Garnier a atténué l'idée de l'inceste; il a au contraire développé le thème des luttes fratricides, ce qui lui permettait des allusions aux guerres civiles de France. Il a supprimé quelques passages de la pièce latine (450-454; 461-463). Il n'a pas, comme il l'a fait au premier acte, entrecoupé le dialogue pour le rendre plus alerte, avec une exception toutefois pour la séquence des vers 902-935, où les vers 910-918 sont originaux.

vers 656: cf. Sénèque: *In me arma et ignes vertite;* prononcer *-ier* en synérèse dans *meurtrier.*

vers 670- 679: Garnier amplifie la formule lapidaire de Sénèque: *Si placuit scelus,/maius paratum est: media se opponit parens.* Le texte français, encombré d'interrogations oratoires et de notations concrètes, vise au pathétique.

vers 670: en employant le mot savant *geniture,* ainsi qu'Œdipe le faisait au premier acte, lorsqu'il s'adressait à sa fille, Jocaste évoque implicitement l'inceste commis, thème qui revient comme une obsession chez les personnages.

vers 678: nouveau subjonctif de souhait employé sans *que.*

vers 680-683: cf. Sénèque, 459-460:

> Sollicita cui nunc mater alterna prece
> uerba admouebo? Misera quem amplectar prius?
>
> (Mais à qui des deux, mère tremblante, adresser d'abord mes supplications alternées? Malheureuse, lequel embrasser le premier?)

vers 686: cf. Sénèque, 466: *accede propius.*

vers 686-695: tout ce passage contient évidemment de très précieuses indications scéniques sur les gestes, les regards, les costumes des personnages; il en sera de même dans les vers 704-707.

vers 693: *eslancez:* «élancez-vous»: le pronom sujet inversé n'est pas répété.

vers 698: *lequel:* relatif composé de formation romane employé comme sujet (trait de langue courant dans la prose narrative élégante de l'époque et dans les genres poétiques nobles).

vers 702-703: la brève réplique de Polynice est empruntée aux vers 478-479 de Sénèque:

> Post ista fratrum exempla ne matri quidem
> fides habenda est.

(Après <la perfidie> dont mon frère a donné l'exemple, il ne faut même pas se fier à sa mère.)

Toutefois, Garnier a supprimé la réflexion générale, abstraite, qui précédait: *Timeo; nihil iam jura naturae ualent.*

vers 704-841: Tout en paraphrasant Sénèque (480-585), Garnier s'écarte assez volontiers de son modèle en accentuant le pittoresque des descriptions et en insistant davantage sur l'appel au patriotisme.

vers 708-709: cf. Sénèque, 483:

Tu pone ferrum, causa qui ferri es prior.

(Mais toi, dépose le fer, puisque tu es le premier à l'avoir fait tirer.)

vers 710-713: ce baiser pathétique se trouve également dans les *Phœnissae.*

vers 720-723: sentence empruntée à Sénèque. Garnier emploie même *fallacieux*, tiré directement du *fallere* présent dans le texte latin:

Quotiens necesse est *fallere* aut *falli* a suis
patiare potius ipse quam facias scelus.

(Quand il faut ou tromper les siens ou en être trompé, il vaut encore mieux être victime du crime que le commettre.)

vers 746-751: cette idée est capitale pour Garnier: Polynice, au lieu de s'allier à Etéocle, lui a déclaré la guerre et a fait, pour cela, alliance avec l'étranger. L'allusion aux troubles civils de la France est plus que transparente. Garnier donne à ce thème un relief particulier, beaucoup plus que Sénèque: on saisit là l'originalité de sa perspective.

vers 746: *vous estes allé rendre*: «vous êtes allé vous rendre».

vers 756 et 760: *et faut-il...et falloit-il...*: *et* est ici mis soit pour *hé!* soit pour *eh!* On confondait parfois ces mots dans l'orthographe.

vers 752-767: dans la pièce de Sénèque, Jocaste évoque également sa hâte de revoir Polynice et sa déconvenue quand elle constate que le retour de son fils apporte la guerre; mais Garnier a supprimé les prières adressées à la divinité et l'oracle reçu: *ipsum timebis*; d'autre part, alors que la Jocaste de Sénèque insiste surtout sur l'horreur que lui inspirent les luttes entre membres de la même famille, Garnier, en patriote et en moraliste, élargit le propos en déplorant la destruction de la cité par deux clans opposés: le pathétique se met au service d'un message politique. On notera l'importance de certains thèmes affectifs: *en larmes je me noye, bannir la douce paix, nos peuples saccager et nostre belle ville*.

vers 768: *combien que* suivi du subjonctif est encore très employé, à la fin du seizième siècle, au sens de «bien que».

vers 768-773: nouvelle effusion de la part de Jocaste, pleine de tendresse et d'espoir: Garnier accentue la sensibilité du personnage par rapport à son modèle.

vers 775: *un carnager esclandre*: l'expression est plus concrète que le *magnum nefas* de Sénèque (526).

vers 776: cf. Sénèque (528): *Stupeo et exsanguis tremo*.

vers 779: *ains que*: «avant que».

vers 782-783: ces deux vers établissent un lien avec le premier acte, où l'on voyait Antigone guider et consoler son père. Chez Sénèque, Jocaste parle de la piété filiale de sa fille (*pietatem sororis*), tandis que chez Garnier, elle joint à la notion de *piété* celle d'un *cœur debonnaire*, c'est-à-dire «bon et généreux» et elle ajoute une pensée émue pour sa fille (*la pauvre Antigone*); en somme, le poète français met en relief les qualités de cœur de l'héroïne et accentue de nouveau le pathétique du discours. *Debonnaire* ne possède pas le sens volontiers péjoratif du français moderne; il signifie, nous venons de le voir, «bon, généreux» (littéralement: «de bonne aire, de bonne région, de bonne famille, de bonne race, de bonne naissance, noble du point de vue des sentiments»).

vers 790-841: ici commence le tableau de l'affliction de Thèbes et l'appel à la pitié et au sentiment patriotique. Ce discours pittoresque et émouvant résonne comme un appel indirect aux partisans des deux camps, catholiques et protestants, dont les armées dévastent le sol français.

vers 791: personnification de la patrie, semblable à celle qui apparaissait dès 1562 dans les *Discours* de Ronsard; on retrouvera le procédé dans les *Tragiques* de D'Aubigné.

vers 796-809: la figure essentielle est ici celle de l'hypotypose, ainsi qu'en témoigne la répétition du verbe *voir* (cf. vers 796, 800, 806): l'événement évoqué se trouve présenté de manière actuelle et spectaculaire; c'est là un exemple de théâtre dans le théâtre.

vers 803: *leurs gens reconnoistre*: «avoir de la reconnaissance pour leurs partisans, les récompenser».

vers 808: *comme Ours furieux*: à plusieurs reprises, dans la pièce, Garnier compare les guerriers avec des animaux sauvages (cf. vers 1065, 1124).

vers 817: *ces grands monceaux pierreux*: Du Bellay avait employé l'expression dans le sonnet XVIII des *Antiquitez*, à propos des ruines de Rome.

vers 831: nous avons signalé plus haut qu'il fallait donner à *tumultes* son sens latin: ici, le terme évoque non seulement le bruit, mais aussi le bruit des armes, les rassemblements armés, tout ce qui peut évoquer une fureur guerrière, notamment celle de la guerre civile.

vers 834: *spectacle miserable*: on songe aux exclamations parenthétiques des épopées latines, telles que *miserabile dictu* ou *horribile visu*.

vers 840: la répétition est plus qu'une figure ornementale ou une cheville poétique, elle traduit l'émotion et le désespoir de la reine.- L'apostrophe après *pri'* indique que la voyelle *e* est supprimée dans la graphie: cf., ailleurs, *grand'*.

vers 842: *errant*: «voyageant» (*iterare*).

vers 842-850: le Polynice de Sénèque posait déjà des questions semblables (586-598):

Vt profusus errem? Semper ut patria arcear
opemque gentis hospes externae sequar?
Quid paterer aliud si fefellissem fidem?
Si peierassem? Fraudis alienae dabo
poenas, at ille praemium scelerum feret? (...)

(Pour errer en fugitif? Pour être à jamais privé de ma patrie, pour chercher à obtenir le secours d'un peuple étranger? Que souffrirais-je donc d'autre si j'avais trahi la parole donnée, si je m'étais parjuré? Je vais donc expier la perfidie d'un autre tandis qu'il jouira du fruit de ses crimes?)

vers 844: en 1585, Garnier allège la phrase en renonçant à une répétition oratoire.

vers 847: l'utilisation du plus-que-parfait du subjonctif dans les deux termes du système hypothétique, courant au seizième siècle, ne revêt pas de signification stylistique particulière.

vers 852: *ha*: graphie latinisante (*habet*).

vers 862-901: la tirade de Jocaste suit le même mouvement que celle qui lui correspond dans les *Phœnissae,* 599-643: exhortation à chercher des conquêtes ailleurs que sur le sol natal; vicissitudes de la Fortune à la guerre. Elle commence de la même façon, par une hypothétique: *Si regna quaeris, nec potest sceptro manus uacare saeuo...*

vers 864: comme en français moderne, *que* reprenant *si* après coordination doit être suivi du subjonctif, au même temps que le verbe à l'indicatif employé après la conjonction *si* qui précède (donc, ici, au présent).

vers 866: *ceste masse terrestre*: cf. Sénèque: *in orbe toto.*

vers 868-881: les vers de cette séquence oratoire sont groupés par ensembles de quatre, à l'exception du distique formé par les vers 876-877: Garnier obtient ainsi la symétrie, tout en évitant la monotonie.

vers 873: le Méandre est évoqué par Sénèque, mais l'épithète *sommeilleux* est ajoutée par Garnier.

vers 884-885: ces deux vers résument la pensée patriotique de l'auteur.

vers 896: *si est-ce que*: «néanmoins».

vers 902-905: Garnier adapte ici les vers 643-644 des *Phœnissae.*

vers 906-909: chez Sénèque, Jocaste déclare (645-649):

> Ne metue. Poenas et quidem soluet graues:
> regnabit. Est haec poena. Si dubitas, auo
> patrique crede; Cadmus hoc dicet tibi,
> Cadmique proles. Sceptra Thebano fuit
> impune nulli gerere (...)

(Ne crains rien: il n'en sera même que trop durement châtié: il régnera. C'est là un châtiment. Si tu en doutes, crois en <l'exemple de> ton aïeul et de ton père: Cadmus et sa postérité te l'apprendront. Porter impunément le sceptre ne fut permis à nul Thébain.)

Jocaste rappelle la malédiction qui pèse sur les souverains de Thèbes depuis les origines; le thème en revient constamment dans la pièce de Garnier de manière obsédante et tragique.- *Nul n'y a maistrisé*: «nul n'y a régné en maître».- *Depuis Cadme nombrez*: «si on énumérait tous ceux qui ont gouverné Thèbes depuis Cadmos».

vers 909: *batu* («abattu») remplace, en 1585, *piqué* et modifie la perspective tragique: à l'image de la douleur se substitue celle de la fortune qui renverse les princes ou, si l'on prend *battre* dans une acception moderne, celle des flots de la mer qui menacent le navire.

vers 910-918: ce bref et vif échange entre Jocaste et Polynice, qui accélère le rythme de la scène et contraste avec les longs discours qui précèdent, ne figure pas chez Sénèque; en revanche, dans la pièce du dramaturge latin, Etéocle intervient et les deux frères s'affrontent âprement en de courtes répliques (651-662); d'autre part, Etéocle attribue au dieu créateur du monde le désir d'associer la royauté à la haine, idée que Garnier ne peut évidemment retenir. Nous avons signalé plus haut que ce dernier lisait Sénèque dans une édition où le dialogue entre les frères ennemis était remplacé par une tirade prononcée par le seul Polynice, d'où l'écart entre la source latine et l'œuvre française (cf. M.-M. Mouflard, *R. Garnier*, tome III, p. 67).

vers 916: *voudriez*: prononcer ce mot avec synérèse.

vers 918: en refusant la haine, Jocaste préfigure l'attitude d'Antigone face à Créon.

vers 919: chez Sénèque, c'est Etéocle qui exprimait cette idée: *Regnare non uult, esse qui inuisus timet*: «celui qui craint d'être haï ne veut pas régner.»

vers 927-935: dans la tragédie de Sénèque, Etéocle disait: *Pro regno uelim...*; Jocaste l'interrompait avec une brutale ironie: *Patriam, penates, coniugem flammis dare?* et Etéocle répondait: *Imperia pretio quolibet constant bene*: «on achèterait le pouvoir de bon cœur, à quelque prix que ce soit.»- Ici cesse l'imitation des *Phœnissae,* puisque cette pièce est inachevée.

vers 936-983: on ne sait par qui est chanté -ou psalmodié- ce chœur qui sépare le deuxième acte du troisième; ce sont vraisemblablement des habitants de Thèbes qui s'expriment ici. Ce chœur comporte huit strophes de six vers chacune. Le schéma des rimes de chaque sixain est identique à celui que l'on trouvait dans le chœur précédent (vers 596-655): AABCCB, les rimes A et C étant masculines et les rimes B féminines. Le thème général est un lieu commun de la poésie tragique: les vicissitudes de la Fortune, la précarité de tout pouvoir royal, l'ambition qui éteint chez les puissants toute trace d'amour envers leurs sujets. Garnier a souvent abordé cette question (cf. *Porcie,* vers 151-190, *Cornélie,* vers 1285-1296, *Marc-Antoine,* vers 181-188). Il a ici librement imité un chœur de l'*Agamemnon* de Sénèque (vers 57-107). Il reprend quelques images du poète latin: les grandeurs placées sur un rocher environné de précipices, où le vent les projette à son gré; la peur, qui tourmente les rois tout comme la mer remue les vagues. Il y ajoute l'idée que le peuple subit le poids des luttes entre les ambitieux (les allusions politiques sont ici évidentes, ainsi que l'intention pathétique); les productions de la terre sont détruites et les paysans sont contraints d'abandonner leur activité. Garnier souligne ainsi la ruine économique qui découle des guerres civiles. Ce chœur remplit donc une double fonction, didactique et dramatique; il apparaît comme un prolongement des avertissements et des plaintes de Jocaste.

vers 967: *pour*: «parce que, sous prétexte que».

vers 974: *ce pendant*: «pendant ce temps»; cet adverbe de temps est une ancienne proposition participiale, issue du langage juridique («ceci étant en suspension; le procès se trouvant suspendu»).

vers 978: ce vers descriptif contient peut-être une didascalie (les bruits du combat qui se déroule sont entendus derrière le décor).

ACTE III

vers 984-1007: ce dialogue mouvementé est de l'invention de Garnier. Le démantèlement des alexandrins provoque un sentiment d'accélération du temps dramatique; il traduit l'émotion des personnages et permet d'introduire le récit avec naturel et vraisemblance.

vers 987: *ains* («mais») marque une rectification du propos précédent, notammnent après une négation (cf. allemand *sondern*).

vers 1001: *aumoins que je les veisse*: «si au moins je pouvais les voir!»

vers 1005: le préfixe *entre-*, dont nous avons déjà indiqué la valeur, est ici particule séparable.

vers 1006: un *soudart* est un «soldat»: le mot ne possède aucune connotation péjorative.

vers 1014-1193: les trois parties de ce récit sont imitées du livre XI de la *Thébaïde,* épopée de Stace.

vers 1014-1019: dans la *Thébaïde,* Stace attribue cette énumération à Polynice lui-même. Par souci de vraisemblance théâtrale, Garnier déplace la description en la prêtant au messager.

vers 1023-1039: le messager fait parler Polynice au style direct: il insère donc un élément théâtral dans le déroulement du récit. Les regrets exprimés ici par Polynice sont imités des vers 154-192 de la *Thébaïde.*

vers 1023: *cest esclandre ici*: «ce malheur-ci».

vers 1030: *je le connois trop tard:* «je m'en aperçois trop tard»: *le* est un pronom neutre.

vers 1031 *entrepris ce hasard*: «couru ce risque».

vers 1032-1035: *premier que*: «avant que»; au vers 1034, après *et,* cette locution n'est pas reprise, pas même par un simple *que,* devant la seconde subordonnée.

vers 1041-1043: chez Stace, deux guerriers fondent en larmes; la comparaison est imitée des vers 193-195 du livre XI de la *Thébaïde:*

Ibant in lacrimas, ueluti cum uere reuerso
Bistoniae tepuere niues, summititur ingens
Haemus et angustos Rhodope descendit in amnes.

(Ils se mirent à pleurer comme au temps où les neiges bistoniennes tiédissent sous le printemps nouveau, quand l'immense Hémus perd sa hauteur et que le Rhodope se déverse dans les torrents étroits.)

vers 1046: *le piquant alaigre*: «en le piquant allègrement» (emploi adverbial de l'adjectif).

vers 1047-1048: Garnier peint les sentiments en soulignant avec précision les expressions du visage.

vers 1058-1063: une fois de plus, le récit est rendu plus vivant et plus dramatique par l'insertion du discours direct; le jeu théâtral n'est pas non plus oublié: le messager s'intègre au récit en rappelant qu'il a été témoin direct des paroles d'Ephite: *ainsi l'ay-je entendu*.

vers 1064-1073: Garnier a transformé la métaphore du taureau qu'il a trouvée chez Stace (228-230) en une comparaison homérique; ce type de comparaison, très fréquent et très développé dans les premières tragédies de Garnier, l'est moins vers 1580: le dramaturge était sans doute conscient que ces longues périodes constituaient des digressions ornementales retardant la marche de l'action.

vers 1068: *l'espais d'un fort buisson*: la substantivation de l'adjectif a été recommandé aux poètes par Du Bellay dans sa *Deffence et Illustration* (II, 9, p.160).

vers 1070-1079: l'armement et la physionomie d'Etéocle sont décrits avec précision, ainsi que l'effroi répandu par le guerrier: ce tableau relève encore du récit dramatique enchâssé dans la scène, ce qui est une forme de théâtre dans le théâtre.

vers 1082-1085: cf. Stace, *Thébaïde*, XI, 416-417:

Prominet excelsis uulgus miserabile tectis,
cuncta madent lacrimis et ab omni plangitur arce.

(La foule misérable se penche pour voir du haut des toits; tout ruisselle de larmes; des gémissements s'élèvent de chaque mur).

vers 1086-1087: Garnier introduit ici cette courte plainte qui permet de couper le long récit du messager: il la place avec pertinence à un moment particulièrement pathétique, après l'évocation des lamentations de la foule.

vers 1088-1091: cet émouvant tableau correspond aux vers 418-419 du livre XI de la *Thébaïde*:

> Hinc questi uixisse senes, hinc pectore nudo
> stant matres paruosque uetant attendere natos.

> (Ici les vieillards se plaignent d'avoir vécu; là, les mères, debout et le sein découvert, défendent à leurs enfants de regarder.)

vers 1101: le subjonctif est possible au XVI° siècle après le verbe *penser* employé à la forme affirmative; il souligne soit le caractère subjectif de l'opinion émise, soit la distance que prend le locuteur par rapport à son propre énoncé (voir un autre exemple de cette construction au vers 1176).

vers 1113: *en se voyant*: l'agent du gérondif (les deux frères) est différent du sujet du verbe de la proposition (*la force et la vigueur*): la langue moderne correcte évite ce genre d'anacoluthe.

vers 1124-1141: les thèmes de cette longue suite de comparaisons homériques sont empruntés à Stace (*Thébaïde*, XI, 530-540); Garnier donne une description plus précise des mouvements des sangliers ou des guerriers.

vers 1124: *Sangliers*: deux syllabes (synérèse).

vers 1128: *grand'fureur*: l'adjectif *grand*, est encore assez souvent épicène au XVI° siècle.

vers 1142-1145: cette autre comparaison homérique ne figure pas dans le récit de Stace.

vers 1150: *grince les dents de rage*: attitude à rapprocher de celle des sangliers (vers 1127: *escumassent des dens*). On peut songer à Ronsard (*Hymne de Pollux et de Castor*, 460: *Font claquer la maschoyre et claqueter les dens*). Sur la dette de Garnier envers Ronsard, voir J. Bailbé «Ronsard et Robert Garnier», dans *Ronsard et la Grèce, Actes du colloque d'Athènes et de Delphes*, Paris, Nizet, 1988.

vers 1168-1169: une nouvelle fois, à un moment pathétique, Garnier interrompt le récit par les plaintes des auditrices.

vers 1174: prononcer le *e* de *gaye*, placé ici devant consonne.

vers 1176: *deust*: le subjonctif après *penser*, employé à la forme affirmative (pour la nuance, voir la note du vers 1101).

vers 1189-1191: nouvelle intervention au style direct (cf. Stace, *Thébaïde*, XI, 568-572): Garnier abrège le texte et le rend plus lapidaire:

> (...) Viuisne an adhuc manet ira superstes,
> perfide, nec sedes unquam meriture quietas?
> Huc mecum ad manes! Illic quoque pacta reposcam
> si modo Agenorei stat Gnosia iudicis urna
> qua reges punire datur.

> (Es-tu vivant ou bien ta colère te survit-elle encore, perfide, qui jamais ne dois mériter le séjour de la paix? Viens avec moi là-bas chez les morts! Là aussi j'exigerai le respect du pacte s'il s'y trouve seulement l'urne crétoise du juge issu d'Agénor avec laquelle on peut châtier les rois.)

vers 1186: *du coup...affoibly*: «affaibli par le coup reçu».

vers 1192-1193: ils correspondent aux vers 572-573 du livre XI de la *Thébaïde,* mais Garnier mentionne le sang versé de part et d'autre.

> (...) Nec plura locutus
> concidit et totis fratrem grauis obruit armis.

> (Sans en dire plus, il s'effondre, écrasant son frère sous le poids de toutes ses armes.)

vers 1194: *Dires*: Furies (latin *Dirae*).

vers 1197: *execrable*: appartient au vocabulaire religieux. Un *execrable inceste* est un inceste qui transgresse les lois établies par les dieux, qui foule aux pieds ce qu'il y a de plus sacré, qui donc est maudit (*ex + sacer*). Le mot est répété au vers 1203.

vers 1204: *furie*: «folie furieuse». Dans le contexte religieux, ici manifeste, ce terme est à rapprocher de l'évocation des Dires (=des Furies) au début de la tirade. La violence des Furies semble s'être transmise aux fils de Jocaste. L'épithète *horrible*, qui, on le sait, possède une connotation religieuse, confirme cette interprétation.

vers 1211: *sinon que nous mourons*: «à moins que nous ne mourions»: *mourons* est ici un subjonctif à désinence *-ons* (survivance de l'ancien français).

vers 1215-1217: on retrouve ici la même idée de souillure qu'au premier acte: Jocaste en parle dans les mêmes termes qu'Œdipe.

vers 1219: *jusqu'au dernier trespas*: «jusqu'aux derniers instants de son agonie»: le sens originel de *trespas* («passage») est encore sensible. D'autre part, l'emploi de l'adjectif *dernier* fait songer au tour latin *altissima arbor* («la plus haute partie de l'arbre, le sommet de l'arbre»).

vers 1222: *pieté*: il s'agit de l'amour filial qu'Antigone manifeste envers son père. Cette notion est d'ordre religieux: la piété d'Antigone est seule susceptible d'effacer la souillure sacrilège de l'inceste.

vers 1227: idée stoïcienne.

vers 1228-1323: durant presque cent vers, Antigone essaie de détourner sa mère du suicide: celle-ci parvient malgré tout à accomplir l'acte qu'elle projette. Il s'agit là d'un des épisodes les plus dramatiques du théâtre de Garnier (et aussi des plus spectaculaires, puisque le personnage se tue sur scène).

vers 1231-1235: *que vous ferez mourir*: «que vous vous ferez mourir, que vous vous tuerez»; *que vous faciez mourir*: «que vous vous fassiez mourir».

vers 1238: *Erebe*: désigne les ténèbres infernales.

vers 1240: *nettie*: «purifiée». Le suicide de Jocaste effacera la souillure impie de l'inceste. On trouvait la même idée dans la bouche d'Œdipe au premier acte.

vers 1242: *ne me vueillez laisser*: «veuillez ne pas me laisser, ne consentez pas à m'abandonner»: la négation porte sur *laisser*.

vers 1244-1245: on notera les jeux de sonorités et les parallélismes morphologiques et syntaxiques d'un vers à l'autre.

vers 1245: *mais*: «plutôt»: on retrouve ici le sens étymologique (le mot provient en effet de *magis*).

vers 1246-1255: l'argumentation de Jocaste est en tous points parallèle à celle d'Antigone: l'une et l'autre utilisent la même construction hypothétique et le même tour emphatique, efficace dans l'expression du pathétique: *Si ... jamais.../Si onc ...*

vers 1255: *ne vueillez...forcer*: «veuillez ne pas contraindre» (voir note du vers 1242).

vers 1256-1257: nouveau parallélisme rhétorique (interrogation oratoire).

vers 1263: *Descendriez-vous*: *-iez* forme une seule syllabe (synérèse).

vers 1270-1271: à bout d'arguments, Antigone menace d'imiter Jocaste si celle-ci met fin à ses jours.

vers 1276-1300: ce débat intérieur a une fonction essentiellement pathétique.

vers 1280: Garnier a effacé la répétition des premières éditions.

vers 1301-1312: les effets pathétiques se mêlent ici à la plus haute poésie lyrique: Garnier atteint un équilibre qui témoigne de ses progrès dans l'art dramatique.

vers 1312: *Je tarde trop craintive*: «je tarde trop, à cause de la crainte que j'éprouve».

vers 1317: la vision du royaume infernal est à rapprocher de l'évocation qu'Œdipe fait des Enfers (vers 169 sq.).

vers 1319: *chien Tartarean*: Cerbère, le chien à trois têtes qui garde le Tartare.

vers 1320-1323: les gestes sont très précisément évoqués: une fois de plus, le texte fournit les indications scéniques. Il en sera de même dans la tirade qui suit (vers 1329-1333).

vers 1323-1335: double évocation: d'un côté la description du cadavre, de l'autre la vision du voyage de l'âme vers les Enfers. La forme progressive *est ore devalant* (=«est en train, à l'instant, de descendre») convient particulièrement au genre descriptif.

vers 1334: *aumoins que j'eusse part*: «si seulement j'avais participé, si seulement j'avais reçu ma part»: le subjonctif imparfait exprime le regret. Antigone déplore de n'avoir pu, elle aussi, se servir du poignard pour se tuer.

vers 1336-1340: Antigone compare son deuil et sa douleur à ceux d'Erigone; le père de cette dernière fut assassiné par des paysans; elle est évoquée par Stace dans les vers 644-647 du livre XI de la *Thébaïde*; *larmoyable:* «digne de pitié, d'être pleurée».

vers 1342-1343: le paradoxe *en vivant/Je porte plus de mal que la mort esprouvant* est à rapprocher de celui qu'énonçait Œdipe aux vers 111-112:

> Car la vie est ma mort, et mon mal devorant
> Ne peut estre guari, si ce n'est en mourant.

vers 1343: *esprouvant:* «en éprouvant»: le gérondif, contrairement à l'exemple du vers précédent, n'est pas ici précédé de *en*.

vers 1344-1351: Antigone dresse le tragique bilan des événements qui précèdent. L'accumulation des catastrophes crée un effet pathétique et explique le dégoût de la vie ressenti par le personnage.

vers 1345: *meurtriere:* -ie- est ici prononcé en synérèse.

vers 1346: *segrets:* on trouve à plusieurs reprises cette forme où le *c* (=occlusive vélaire sourde [k]) a été sonorisé entre voyelles.

vers 1350: *ains ce moment:* Antigone rectifie, précise l'expression précédente: «je veux dire: cet instant même».

vers 1352: *Et je vy miserable!:* Racine se souviendra de cet hémistiche: *Misérable! et je vis!* (*Phèdre,* vers 1273).- *helas voire:* «hélas, vraiment» (c'est-à-dire: «il est bien légitime de se plaindre»).

vers 1353: *Cocyte:* fleuve des Enfers.

vers 1354-1361: Antigone explique ses raisons de renoncer au suicide: en proclamant sa volonté d'ensevelir les corps de ses deux frères, elle annonce la drame des deux actes suivants.

vers 1362-1455: ce dialogue entre Hémon et Antigone est de l'invention de Garnier.

vers 1364-1365: ainsi que le note très justement R. Lebègue (éd. d' *Antigone,* Les Belles Lettres, p.280), «cette antithèse entre les pleurs réels et une flamme métaphorique appartient au style des pétrarquistes français du temps».

vers 1370: *qui* est neutre et signifie «qu'est-ce qui?».

vers 1383: *pour nos dolentes pleurs*: «sous prétexte que (parce que) nous versons des larmes de douleur»: (*pour* a le sens causal).

vers 1395: c'est bien dans *un antre reclus* qu'Antigone terminera ses jours, mais sans son père, et dans un *antre* qui sera une prison, et non, comme elle l'espère ici, un lieu de retraite: parole tragique, dont le double sens lui échappe: elle annonce ici, à son insu, son sort futur. De même, la *tombe obscure* qu'elle appelle de ses vœux au vers 1405 va bientôt lui être imposée par Créon: ce sera en réalité la caverne dans laquelle elle sera condamnée à mourir d'inanition. Ses propres souhaits se réaliseront, mais en se retournant contre elle: nouvelle méprise tragique et nouvelle phrase à double sens, mais pour le spectateur seulement, qui, lui, connaît la légende d'Antigone et qui, de ce fait, participe aux secrets du destin.

vers 1413: *doux outrage*: oxymore pétrarquisant.

vers 1416: ce vers forme une antithèse avec le vers 1412 et le vers 1417.

vers 1420-1423: très brève comparaison homérique.

vers 1426: *prins*: participe passé de *prendre*: il concurrence au seizième siècle, *pris*. Il a été créé à partir du passé simple *print*, lui-même concurrent de *prit/prist*. (voir note du vers 1661).

vers 1438-1440: système hypothétique où la protase est représentée par le complément nominal prépositionnel *sans mon geniteur*; le plus-que-parfait du subjonctif du vers 1439 exprime l'irréel du passé; l'imparfait du même mode, au vers suivant, traduit l'irréel du présent.

vers 1452: indication scénique indirecte.

vers 1456-1485: ce passage est adapté d'un chœur de l'*Œdipus* de Sénèque (110-201): le tragique latin décrivait les ravages causés par la peste; Garnier déplore les morts tués au combat. Cet intermède est composé de six strophes de dix octosyllabes (=six dizains); les rimes présentent le schéma ABBACCDEDE, c'est-à-dire un quatrain à rimes embrassées, suivi d'un distique à rimes plates, puis d'un quatrain à rimes croisées, ou, si l'on préfère, de deux tercets assez semblables à ceux de nombreux sonnets français de l'époque: CCD/EDE. Les rimes A et D sont féminines, les autres masculines.

vers 1458: *Tu ne vois que mortalité*: nous avons déjà souligné combien l'art de Garnier est visuel: les tableaux pathétiques ne paraissent pas seulement sur scène, ils ressortent des paroles mêmes des personnages. Il est du reste possible qu'en rédigeant cette évocation des morts et cet éloge des chefs et des guerriers, le dramaturge ait songé à une mise en scène très spectaculaire: on peut en effet imaginer que se déroule sur le théâtre même une procession où les Thébains accompagnent les cercueils vers leur sépulture; le corps de Polynice pourrait rester isolé dans un angle de la scène, entouré de gardes, ce qui assurerait la transition avec l'acte suivant. On notera enfin l'opposition tragique entre la situation funeste présente (*Tu ne vois que mortalité*) et l'ancienne prospérité (*les majeurs veirent* -vers 1462- *Ils veirent* -vers 1466 et 1472).

vers 1462-1465: allusion à la conquête des Indes par Bacchus.- au vers 1462, *dont* a probablement pour antécédent *Thebaine cité* (= en français moderne, on reprendrait ce groupe par un pronom personnel, qui serait l'antécédent du relatif: *toi, dont...*).

vers 1470-1505: *les Sabéans et les Nabathéans* sont des peuples arabes, *l'onde Erythree* désigne le golfe Persique, *les Gedrosiques monts* des montagnes situées entre la Perse et l'Inde, *les Argiens* les Grecs, *le sang Argolique* le sang grec et *les Danois* les Danaens, c'est-à-dire «les Grecs». Homère donnait aux Grecs trois noms différents: les *Achéens*, les *Argiens* et les *Danaens*. Garnier reprend ici les deux dernières de ces appellations traditionnelles: il crée ainsi une atmosphère hellénisante et épique et il donne l'impression de restituer la couleur locale.- *une victoire Cadmee,/Où les vainqueurs pleurent le plus*: Cadmos avait tué un dragon, mais il dut expier ce meurtre en combattant sept géants issus des dents du monstre et en servant Arès pendant huit ans. Plus tard, ayant abandonné son trône de Thèbes, il se rendit en compagnie de sa femme Harmonie chez les Illyriens: le couple royal les conduisit à la victoire dans leur combat contre les Enchéléens. Mais ce triomphe ne profita guère à l'ancien roi de Thèbes et à sa femme, puisqu'ils furent par la suite changés en serpents. Jacques Grévin avait déjà employé l'expression *une victoire Cadmee* en 1561 dans sa tragédie intitulée *Cesar* (vers 969).

vers 1512: prononcer le *e* de *playe.*

vers 1513-1514: *si grand que*: «aussi grand que».

ACTE IV

vers 1516: à partir de ce vers, Garnier imite l'*Antigone* de Sophocle.

vers 1516-1621: ce dialogue correspond aux vers 1 à 99 de la tragédie de Sophocle.

vers 1516-1525: cf. Sophocle, vers 1 à 6.

vers 1519: proposition relative dont l'antécédent est *malheur*; le subjonctif s'explique par la modalité interrogative.

vers 1522: *Iocaste*: prononcer I-o-caste (trois syllabes).

vers 1526-1535: chez Sophocle, c'est Antigone elle-même qui apprend à Ismène l'édit de Créon: Garnier privilégie le dialogue théâtral.

vers 1534: *les Corbeaux becus*: chez Sophocle, Antigone parlait simplement des «oiseaux carnassiers».

vers 1539: *sans passer l'Acheron*: «sans qu'il (= Œdipe) passe l'Achéron»; l'agent de l'infinitif est différent du sujet du verbe principal.

vers 1541: accord du verbe avec le sujet le plus proche.

vers 1544: *nostre bon cœur*: «notre courage».

vers 1550: *Advisez s'il vous plaist de venir avec moy*: «Examinez si vous avez envie de venir avec moi»: la proposition introduite par l'adverbe *si* est une subordonnée interrogative indirecte; une autre interprétation est également possible: «Prenez, s'il vous plaît, la décision de venir avec moi»: dans ce cas, *si* serait une conjonction de subordination introduisant une conditionnelle et *s'il vous plaist* serait l'expression lexicalisée que nous connaissons encore: c'est ainsi que Raymond Lebègue comprenait ce vers, puisque, dans son édition d'*Antigone* (Les Belles Lettres), il plaçait *s'il vous plaist* entre deux virgules qui ne figurent pas dans le texte de Garnier. Nous avons, ici comme ailleurs, scrupuleusement respecté la ponctuation de l'original (c'est-à-dire, en l'occurrence, l'absence de virgules), ce qui permet de maintenir la possibilité des deux interprétations. Deux raisons nous incitent à préférer pourtant la première. D'une part, Antigone a recours une seconde fois, un peu plus loin, dans le même dialogue, au vers 1558, à une subordonnée interrogative après un impératif et l'exhortation qu'elle lance alors à sa sœur est du même type: elle l'invite à réfléchir et à revenir sur sa décision:

> Regardez de rechef si me voulez aider.

D'autre part, Ismène vient de proclamer son désir d'obéir à la décision du prince; Antigone lui demande de ne pas régler sa conduite sur un tel critère, mais d'écouter la voix de son cœur, de sa véritable inclination: «Regardez plutôt s'il ne vous *plairait* pas davantage de venir avec moi.»

vers 1566: *pour*: «à cause de».

vers 1568: Ismène disait, de la même façon, dans la pièce de Sophocle: «N'oublie pas que nous sommes femmes et que nous n'aurons jamais raison contre des hommes» (61-62).

vers 1569: *aux perilleux desseins de ce monde inhabile*: «inhabile aux desseins périlleux de ce monde»

vers 1574-1575: on notera que c'est Ismène, et non sa sœur, qui traite Créon à la fois de tyran et d'usurpateur; la raison qui pousse Antigone à agir n'a rien de politique: elle obéit à des mobiles d'ordre religieux, comme en témoigne le vers 1585. S'y ajoute le désir d'une gloire posthume, ainsi que celui de rejoindre chez les morts les âmes des trépassés qu'elle chérissait (cf.vers 1586).

vers 1577: cf. Sophocle: τὸ γὰρ/περισσὰ πράσσειν οὐκ ἔχει νοῦν οὐδένα. (67-68): «c'est folie d'entreprendre plus qu'on ne peut.»

vers 1582-1583: *deussé-je les efforts/En mes membres souffrir de cent cruelles morts*: «même si je devais souffrir en mes membres la puissance et le poids de cent cruelles morts»

vers 1585: *Si souffrir le convient*: «S'il faut le souffrir»: l'impersonnel est employé sans le pronom sujet neutre *il*.

vers 1586: *faict*: «agi».

vers 1590: *bon cœur*: «courage».

vers 1598-1601: de même, chez Sophocle, Ismène demande à Antigone de cacher son acte, mais Antigone accepte d'agir ouvertement (84-87).

vers 1593: *loix*: *x* n'est pas seulement une marque de pluriel, variante de *s* ou de *z*: sa présence peut s'expliquer aussi par l'influence du latin *lex*.

vers 1594: *et bien*: «Hé! bien» ou «Eh! bien». La graphie est encore incertaine (cf. note du vers 756).

vers 1598-1599: cf. Sophocle (84-85) et Baïf (101-102):

> Au moins, garde-toi bien de t'aller déceler.
> Quant à moi, je mourrai plutôt que d'en parler.

vers 1600: *je veux bien qu'on le sçache*: «je veux absolument qu'on le sache; je veux qu'on le sache bien». Ce vers est inspiré de la réplique d'Antigone dans la pièce de Sophocle (86-87): «Hélas! parle, au contraire, annonce-le à tout le monde: je t'en voudrais bien plus de ton silence». La sentence du vers 1601 est ajoutée par Garnier.

vers 1607: Garnier semble suivre ici Baïf (109):

> « Jamais il ne faudrait l'impossible entreprendre.

vers 1616: *ne m'en peut ensuivre*: le sujet est *autre mal*.

vers 1618-1619: Garnier insiste sur la gloire d'Antigone auprès de la postérité et sur la mort libératrice des maux. Sophocle se contentait d'évoquer sa mort glorieuse, ainsi que Baïf:

> Car tu ne pourrais pas faire entrer en ma tête
> Qu'il ne faille mourir d'une mort si honnête.

Ce thème de la gloire posthume revient à plusieurs reprises dans la pièce: cf. vers 2172-2177.

vers 1620: *de par Dieu*: exclamation qui, bien que lexicalisée, témoigne des convictions monothéistes de l'auteur.- *le bon-heur vous conduise*: «que la chance vous conduise»; le mot *bon-heur* est pris dans son sens étymologique de «bonne chance»; *heur* est issu de l'ancien français *eür*, plus anciennement *aür*, provenant du bas latin **aguru* (latin classique *augurium*, «présage, chance - bonne ou mauvaise-»); le *h* n'est pas conforme à l'étymologie; il a été ajouté par suite d'une confusion avec le mot *heure*, surtout à partir des expressions *à la bonne heure, à la male heure*, qui

n'étaient pas sans ressembler phonétiquement et sémantiquement
à *bon eür* et *mal eür*.

vers 1620-1621: chez Sophocle, Ismène disait à sa sœur: «Pars,
puisque tu l'as résolu. C'est une folie, sache-le bien; mais tu sais
aimer ceux que tu aimes.»; l'Ismène de Garnier se montre plus
encourageante envers Antigone et souligne le caractère religieux
de sa démarche: l'orientation philosophique de la pièce s'en
trouve quelque peu infléchie.

vers 1622-1705: Garnier s'inspire très librement de Sophocle (100-
161); c'est, comme dans la pièce antique, un hymne de joie et de
remerciements: le chœur de Sophocle l'adressait au soleil et à
Zeus, celui de Garnier le destine au Ciel; Garnier substitue à la
comparaison des vers 110-116 de l'*Antigone* de Sophocle (l'aigle
qui fond sur la cité à grands cris déployant son aile enneigée)
celles du sanglier qui renverse tout sur son passage et du faucheur
qui coupe l'herbe des champs; il développe davantage l'idée de la
providence (vers 1670-1687). Ce chant exprime un espoir de
paix; il offre une accalmie provisoire dans le climat tragique de la
pièce; il fournit un exemple d'imitation originale: l'auteur
conserve les idées principales, mais leur traitement diffère.
L'ensemble est constitué de quatorze strophes de six vers
chacune, dont les rimes sont ainsi disposées: AABCCB, avec une
seule rime féminine: B.

vers 1629: *au besoing*: «dans cette situation critique»

vers 1631-1639: dans le système hypothétique des vers 1631-1633,
fust, imparfait du subjonctif, exprime l'irréel du présent, et
eussent defendue, plus-que-parfait du subjonctif, traduit l'irréel du
passé; la phrase signifie: «Notre cité ne serait pas dans cette
situation, s'ils ne l'avaient défendue». De même, plus loin (vers
1634-1637), *eust...bouleversé*, plus-que-parfait du subjonctif, a la
valeur d'un irréel du passé («aurait bouleversé»); *Capanee* est le
complément d'objet direct du verbe *bouleversé*. Capanée, allié de
Polynice, a trouvé la mort devant Thèbes. Le *fils de Rhée* est
Zeus.

vers 1641: le verbe *se mocquoit* a pour sujet sous-entendu le pronom
il, représentant *Capanee*.

vers 1658-1663: chez Sophocle, Zeus écrase Polynice; chez Garnier, c'est la cité de Thèbes tout entière qu'il abat. Le message politique en est d'autant plus clair.

vers 1658-1660: *l'avisant/Destruisant/Thebes de son malheur preste*: «s'apercevant qu'il était en train de détruire Thèbes, qui approchait de son malheur».

vers 1661: *print*: passé simple de *prendre*: très fréquent encore à la fin du siècle, il concurrence *prit* (variante *prist*). Il est issu d'une analogie des parfaits *vint* et *tint*. En effet, les verbes *venir, tenir*, d'une part, et le verbe *prendre*, d'autre part, offraient des points de rencontre dans leur flexion, puisque l'on disait: *tenons, tenez, tenais, tenant, que je tienne*, mais aussi *prenons, prenez, prenais, prenant, que je prenne*; si l'on ajoute à cela que les verbes *tenir* et *prendre* constituent les deux faces et les deux phases de la même action (car pour tenir, il faut avoir pris) et que le verbe *prendre* possède déjà une nasale au présent, on comprend encore mieux la création de cette forme, très vivante en moyen français et au seizième siècle, et qui ne disparaîtra que dans la première moitié du siècle suivant.

vers 1664-1669: Amphiare était un devin, gendre d'Adraste: il avait su prévoir quand et comment il périrait, c'est-à-dire, comme le chœur le rappelle ici, englouti par Zeus dans la terre, avec son char.

vers 1670-1687: cette reconnaissance envers la faveur des dieux se trouvait déjà chez Eschyle, dans un passage des *Sept contre Thèbes*, où le chœur affirmait sa confiance dans le pouvoir des dieux (214-234):

> Souvent, quand l'homme est abattu par le malheur et qu'une douleur amère étend un nuage sur ses yeux, c'est un dieu qui le relève. (...) C'est grâce aux dieux que nous habitons une ville invaincue et que nos remparts nous protègent contre les hordes ennemies.

vers 1701: *tous* est ici employé, devant l'adjectif *espars*, au sens de l'adverbe *tout*: l'accord était encore possible au seizième siècle; il ne peut se faire en français moderne que si l'adjectif qui suit est au féminin et commence par une consonne (*toute blanche*, par exemple).

vers 1706-1747: Comme chez Sophocle, Créon, considérant Polynice comme un rebelle, prend le parti d'Etéocle: l'interdiction d'inhumer le prince révolté est semblable chez les deux poètes. La longue et ferme déclaration du roi a lieu en présence d'un chœur de vieillards: on peut songer à une assemblée de *gérontes*, de sages citoyens expérimentés représentant le peuple.

vers 1714-1729: Garnier a conservé l'idée d'une trahison de Polynice envers sa patrie et s'étend sur les ravages infligés au sol de la cité; c'est un des messages essentiels de la pièce.

vers 1735: *s'asseure*: «qu'il soit sûr».

vers 1744-1747: le Créon de Garnier fait preuve de la même conception du patriotisme que celui de Sophocle:

> Τοιονδ᾽ ἐμὸν φρόνημα, κοὔποτ᾽ ἔκ γ᾽ ἐμοῦ
> τιμὴν προέξ ουσ᾽ οἱ κακοὶ τῶν ἐνδίκων·
> ἀλλ᾽ ὅστις τῆδε τῆ πόλει, θανὼν
> καὶ ζῶν ὁμοίως ἐξ ἐμοῦ τιμήσεται. (207-210)

> (Telle est ma décision. Jamais je ne souffrirai que les scélérats usurpent les honneurs qu'on doit aux gens de bien. En revanche, tout patriote, vivant ou mort, me trouvera prêt à lui rendre hommage.)

vers 1745: la correction apportée dans la dernière édition (*valeureux* au lieu de *aujourhuy*) permet de placer dans la bouche de Créon une justification supplémentaire de son *ordonnance*: en effet, l'adjectif *valeureux* possède une valeur causale implicite («parce qu'ils ont fait preuve de *valeur*, de courage»).

vers 1756: cf. Sophocle, 218:

> τί δῆτ᾽ ἂν ἄλλο τοῦτ᾽ ἐπεντέλλοις ἔτι ;

> (Que pouvons-nous d'autre pour te servir?)

vers 1760-1761: Baïf faisait dire à Créon (353-354):

> Non, ce n'est pas cela; mais ce sont des rebelles
> Qui ne peuvent m'aimer, qui ne me sont fidèles

On remarquera que la rime est semblable et que l'idée exprimée est assez proche; toutefois, chez Garnier, le chœur tente de détromper Créon, en estimant que tous ses sujets lui sont fidèles. En outre, chez Baïf, la réplique se situe après le récit du garde, une fois le délit découvert, sans que la coupable soit d'ailleurs encore connue. Garnier la place au contraire juste avant l'arrivée du garde.

vers 1762-1771: Garnier invente ce bref dialogue et rend ainsi la scène plus alerte.

vers 1762: *je n'y recule pas*: «je ne refuse pas d'avancer».

vers 1767-1768: la substitution de *autour* à *avecques* convient mieux à une évocation concrète des faits.

vers 1772-1799: le récit du garde est moins long, moins familier que chez Sophocle; Garnier supprime également les quelques traits comiques fournis par son modèle: il s'en tient à l'essentiel et conserve l'unité de ton. Le dramaturge français a condensé les deux apparitions du garde de Sophocle en une seule scène et a fait l'économie d'un chœur consacré à la grandeur et à la misère de l'homme, ce qui pourrait paraître surprenant de la part d'un moraliste chrétien: il semble qu'il ait voulu sacrifier aux impératifs de l'accélération et de la condensation dramatiques.

vers 1772-1773: passage imité des vers 489-490 de la traduction de Baïf, avec les mêmes rimes:

> Un petit à l'écart sur les proches collines
> De peur que son odeur n'infectât nos narines.

vers 1787: *playes*: prononcer le *e*.

vers 1790: *print*: forme courante au seizième siècle pour *prit* (voir note du vers 1661).

vers 1802: indication scénique.

vers 1804: *il*: «cela».

vers 1807: la référence à un Dieu unique et à son commandement possède une résonance plus biblique que grecque.

vers 1808: *on n'obeïsse*: faire sentir, dans la prononciation, les deux *n*, celui de *on* et celui de *n'*, de façon à ne pas faire dire à Créon le contraire de ce qu'il pense!

vers 1809-1827: profession de foi dont les connotations sont à la fois chrétiennes (idée d'un dieu créateur et garant de la loi morale) et païennes (mention d'un dieu des Enfers). Antigone, chez Sophocle, proclame aussi la supériorité de la loi divine sur celle de Créon, ainsi que le caractère éternel des prescriptions divines (450 sq.):

KPEΩN
Καὶ δῆτ᾽ ἐτόλμας τούσδ᾽ ὑπερβαίνειν νόμους;

ANTIΓONH
Oὐ γάρ τί μοι Zεὺς ἦν ὁ κηρύξας τάδε,
οὐδ᾽ ἡ ξύνοικος τῶν κάτω θεῶν Δίκη
τοιούσδ᾽ ἐν ανθρώποισιν ὥρισεν νόμους·
οὐδὲ σθένειν τοσοῦτον ᾠόμην τὰ σὰ
κηρύγμαθ᾽, ὥστ᾽ ἄγραπτα κἀσφαλῆ θεῶν
νόμιμα δύνασθαι θνητὸν ὄνθ᾽ ὑπερδραμεῖν.
Oὐ γάρ τι νῦν γε καχθές, ἀλλ᾽ ἀεί ποτε
ζῇ ταῦτα, κοὐδεὶς οἶδεν ἐξ ὅτου ᾽φάνη.
Τούτων ἐγὼ οὐκ ἔμελλον, ανδρὸς οὐδενὸς
φρόνημα δείσασ᾽, ἐν θεοῖσι τὴν δίκην
δώσειν·

(CREON- Et tu as osé passer outre à mes lois?
ANTIGONE- Oui, car ce n'est pas Zeus qui les a proclamées, et la Justice qui siège auprès des dieux de sous terre n'en a point tracé de telles parmi les hommes. Je ne croyais pas, certes, que tes édits eussent tant de pouvoir qu'ils permissent à un mortel de violer les lois divines: lois non écrites, celles-là, mais infaillibles. Ce n'est pas d'aujourd'hui ni d'hier, c'est de toujours qu'elles sont en vigueur, et personne ne les a vues naître. Leur désobéir, n'était-ce point, par un lâche respect pour l'autorité d'un homme, encourir la rigueur divine?)

Marie-Madeleine Mouflard (*R. Garnier*, tome III, p. 118) voit dans l'affirmation d'Antigone un écho des vers 863-871 de l'*Œdipe-Roi*:

Eἴ μοι ξυνείη φέροντι
μοῖρα τὰν εὔσεπτον ἀγνείαν λόγων
ἔργων τε πάντων, ὧν νόμοι πρόκεινται
ὑψίποδες, οὐρανίαν
δι᾽ αἰθέρα τεκνωθέντες, ὧν Ὄλυμπος
πατὴρ μόνος, οὐδέ νιν
θνατὰ φύσις ἀνέρων

ἔτικτεν, οὐδὲ μή ποτε λάϑα κατακοιμάσει·
μέγας ἐν τούτοις ϑεὸς οὐδὲ γηράσκει.

(Puissé-je obtenir en partage
la sainte pureté, et ne dire ou ne faire
rien qu'en vertu des Lois qui siègent
là-haut, dans les profonds espaces enfantées,
filles du seul Olympe et nullement
de la pensée éphémère des hommes.
Elles ne risquent pas de vieillir dans l'oubli,
car un dieu les inspire, éternellement jeune.)

vers 1823: les diverses éditions hésitent entre *ancrez* et *encrez*: il s'agit ou bien d'une simple variation orthographique, ou bien d'un changement de terme: les commandements divins sont-ils fixés comme une *ancre* au cœur des hommes ou écrits d'une *encre* indélébile au plus profond de leurs consciences? Cette seconde interprétation pose un problème: *encrer* signifiait «tacher d'encre»; il faudrait donc admettre un emploi métonymique: ce qui est imprégné d'encre peut avoir été écrit avec de l'encre. Une objection est à signaler si l'on adopte la deuxième hypothèse: Garnier emploie ailleurs, dans l'*Hymne de la Monarchie* (vers 347), *encrer* pour notre moderne *ancrer*.

vers 1826-1827: *ay-je deu*: «aurais-je dû». La rime *deu/peu* suppose une prononciation [dœ], qui existait, au seizième siècle, à côté de la prononciation plus courante [dü]: l'orthographe conservatrice *deu* avait influencé la prononciation.

vers 1833: proposition infinitive de type latin après un verbe de sentiment.

vers 1838: *faut*: «commet une faute, une erreur, manque à son devoir».

vers 1840-1841: la modification apportée dans la dernière édition permet à Créon d'appliquer la sentence à la situation présente et au cas particulier d'Antigone: *dont ils ne tiennent conte* sont évidemment des mots prononcés à l'adresse de la jeune fille, mais aussi à celle des citoyens qui sont rassemblés devant les remparts; la maxime possède une valeur exemplaire et une utilité immédiate. On mesure combien Garnier était attentif jusqu'aux moindres détails à la précision scénique et à l'efficacité dramatique.

vers 1848-1850: Garnier a renoncé au mot *protervité*, qu'il jugeait peut-être trop savant et peu compréhensible.- vers 1850: *ores que*: suivie du subjonctif, cette locution passe de son sens temporel («maintenant que») à une valeur concessive («bien que»).

vers 1853: *Si je trouve sa sœur estre de sa cordelle*: «Si je découvre que sa sœur est de son parti»: voici un nouvel exemple de proposition infinitive latinisante, après un verbe exprimant une opération de l'esprit.- Chez Sophocle aussi, Créon soupçonne Ismène.

vers 1858-1886: la stichomythie est plus développée chez Garnier que chez Sophocle: le poète français accentue le dynamisme dramatique de la scène.

vers 1864: *contre droict*: «contre la justice».

vers 1866-1867: *Il n'est celui qui*: «il n'est personne qui».

vers 1870: dans les éditions précédentes, Antigone disait: *un tyran animeux*, expression que Garnier rectifie en *un Roy trop animeux*: peut-être a-t-il voulu indiquer par là que le combat de l'héroïne n'avait pas de portée politique; le mot *tyran* a également disparu de sa bouche dans la dernière édition au vers 1611, ce qui confirme notre hypothèse: Antigone se garde bien de porter une appréciation sur le mode de gouvernement de Créon ou sur le type de régime qu'il représente, elle se place seulement sur le terrain religieux et moral.

vers 1872: *pour ne craindre la mort*: «parce que je ne crains pas la mort».

vers 1885-1886: Garnier a transformé les célèbres vers de Sophocle (523-524):

KPEΩN
Οὔτοι ποθ᾽ οὐχϑρός, οὐδ᾽ ὅταν ϑάνῃ, φίλος.

ANTIΓONH
Οὔτοι συνέχϑειν, ἀλλὰ συμφιλεῖν ἔφυν.

(CREON: Un ennemi mort est toujours un ennemi.
ANTIGONE: Je suis faite pour partager l'amour et non la haine.)

La saisissante antithèse συνέχθειν/συμφιλεῖν disparaît dans la réplique de Garnier, mais subsiste l'idée d'un sentiment d'amour naturel; en fait, le poète a placé l'opposition sur un autre plan: Créon incarne l'ordre, il ne sort pas du domaine politique; Antigone, de son côté, obéit à une sorte d'instinct qui la pousse à aimer: le problème politique ne l'intéresse pas. Le tragique de la situation provient de ce dialogue de sourds, où les deux positions paraissent irréconciliables. Il faut d'ailleurs noter que cette opposition résulte d'une importante correction apportée par Garnier en 1585: au vers 1886, Créon disait, dans les trois premières éditions:

> D'aimer nos ennemis à nul il n'appartient.

En lui faisant proclamer:

> Un ennemy public aimer il n'appartient,

il fait du roi non plus un être prônant la haine des ennemis, mais simplement un partisan du maintien de l'ordre public. Enfin, dans la pièce française, les répliques sont inversées l'une par rapport à l'autre. Baïf, lui, avait adapté (601-602) très différemment le vers 524 de la pièce grecque: à Créon qui lui lançait:

> Celui que je hais vif, mort, je ne l'aimerai,

Antigone rétorquait:

> Celui que j'aime vif, mort je ne le hairai.

vers 1887-1890: le chœur indique l'entrée du personnage et sa physionomie, donnant ainsi des indications pour la mise en scène; en exprimant sa peur, il crée auprès du spectateur un climat d'angoisse, caractéristique de l'atmosphère tragique. Sophocle usait du même procédé, avec des expressions assez proches (526-530):

> Καὶ μὴν πρὸ πυλῶν ἥδ''Ἰσμήνη,
> φιλάδελφα κάτω δάκρυ'εἰβομένη ·
> νεφέλη δ' ὀφρύων ὕπερ αἱματόεν
> ῥέθος αἰσχύνει,
> τέγγουσ' εὐῶπα παρειάν.

(Ismène paraît devant la porte: elle laisse couler ses larmes pour sa sœur bien-aimée. Un nuage sur son front assombrit son visage meurtri par cette pluie qui mouille ses joues charmantes.)

vers 1891: *j'aimois* est plus expressif que le simple *j'avois* des précédentes éditions.

vers 1893-1917: le revirement radical d'Ismène constitue un coup de théâtre: elle revendique une part de responsabilité dans l'acte accompli par sa sœur. Chez Sophocle, le personnage agissait de la sorte, mais Garnier accentue le courage de la jeune fille, qui prétend avoir participé de plus près au crime et en avoir été l'instigatrice.

vers 1893: *Ce fut moy qui en eut*: à l'époque de Garnier, l'accord en personne du verbe de la relative avec l'antécédent n'est pas obligatoire: cette construction n'est donc pas jugée populaire, comme elle l'est de nos jours.

vers 1900: emploi du subjonctif plus-que-parfait dans la protase et l'apodose du système hypothétique avec valeur d'irréel du passé.

vers 1907: *mais*: «plutôt, au contraire».

vers 1908-1909: Baïf aussi utilisait la rime *suivre/vivre* dans cette scène (634-635):

ISMENE
Moi, misérable, hélas! ta mort, je ne dois suivre?

ANTIGONE
J'ai mieux aimé mourir, tu as mieux aimé vivre.

On remarque que les mots à la rime sont inversés dans le texte de Garnier, si l'on considère les personnages qui les prononcent.

vers 1910: l'ironie d'Antigone à l'égard de sa sœur est toutefois moins cruelle que chez Sophocle: Κρέοντ᾽ ἐρώτα τοῦδε γὰρ σὺ κηδεμών. (Confie-toi à Créon: tu lui es toute dévouée- vers 549).

vers 1918: bien que Créon n'ait nullement l'intention de plaisanter, cette réplique peut faire sourire l'auditoire: le caractère sublime de la démarche d'Ismène lui échappe. Un tel trait d'humour - involontaire de la part du roi- relâche un instant la tension.

vers 1930: le sentiment de piété est de nouveau placé au premier plan.

vers 1934: on ne trouve pas chez Sophocle l'équivalent de ce vers vigoureux. A partir de cette réplique et jusqu'au vers 1943, la gradation est sensible, tant sur le plan rhétorique que sur celui du jeu dramatique: devant les reproches d'Ismène, Créon maîtrise de moins en moins sa colère.

vers 1938: les substantifs sont ici accompagnés d'épithètes de nature qui peuvent sembler redondantes, mais qui traduisent en fait l'indignation d'Ismène.

vers 1940: la condamnation de la tyrannie constitue l'un des thèmes les plus importants de la pièce. Mais, en fait, il faut remarquer une fois de plus que c'est Ismène, et non Antigone, qui se dresse contre le despotisme de Créon. En croyant servir sa sœur, Ismène lui est nuisible, car son oncle est sensible à tout ce qui peut remettre en question son autorité.

vers 1941: Créon use de la même métaphore qu'au vers 1890.

vers 1944-1951: après la tension très vive du dialogue précédent, le chœur laisse épancher sa compassion en voyant la tristesse d'Hémon: les scènes s'enchaînent sans répit, tandis que le pathétique exprimé atteint son paroxysme. Chez Sophocle, l'arrivée du jeune homme était précédée d'un chant choral consacré au tragique de la vie humaine et en particulier au malheur des Labdacides. Garnier ne l'a pas conservé: ayant déjà traité ce sujet dans un passage lyrique précédent, il préfère lier les deux scènes dans un mouvement d'accélération, ce qui témoigne de son sens dramatique.

vers 1947: *A le voir souspirer*: «quand on voit qu'il soupire». L'agent de l'infinitif *voir* n'est pas identique au sujet du verbe principal *monstre*.

vers 1953-1959: ces vers sont prononcés par Hémon en aparté; on peut aussi imaginer que, pendant que les gardes emmènent Antigone prisonnière, il adresse à sa fiancée, au passage, cette brève réplique passionnée, à l'insu de Créon: Garnier garde le souci, lorsqu'il rédige sa pièce, des nécessités dramatiques et du naturel dans la liaison entre les scènes.

vers 1955: *voise*: ancienne forme, encore assez courante à la fin du seizième siècle, du subjonctif présent du verbe *aller*.- *que*, déjà exprimé en tête de la proposition précédente, n'est pas répété après la coordination *et*.

vers 1959: la version de 1585 est plus heureuse que les précédentes, parce qu'elle exprime mieux la fusion des deux destinées.

vers 1964-1965: ils reprennent l'idée exprimée par les vers 635-636 de la pièce de Sophocle.

vers 1966-1989: on retrouve dans cette tirade les mêmes thèmes que dans les vers 639-680 de l'*Antigone* de Sophocle, mais le propos de Créon est plus dense et plus concis. Le personnage de Sophocle se montre plus conservateur et plus misogyne encore. Le caractère excessivement sententieux du discours fait du roi le type même du vieillard et du père autoritaire, que l'on rencontre aussi bien dans la tragédie que dans la comédie. D'ailleurs, il se comporte bien plus en tyran chez Garnier que chez Sophocle: dans la pièce antique, il prenait au moins la précaution de rappeler qu'il était l'élu du peuple et qu'il ne voulait pas trahir la confiance des citoyens.

vers 1983: *voise*: subjonctif présent du verbe *aller* (cf., plus haut, vers 1955).

vers 1986: *si est-ce que*: «toujours est-il que».

vers 1998: *que lon deust premïer*: «que l'on aurait dû récompenser».

vers 1999: la dernière version du texte met davantage en lumière l'iniquité de la condamnation d'Antigone.

vers 2003: *pour n'estre...devoré*: «pour qu'il ne soit pas dévoré»: l'agent de l'infinitif (*son frere*) est différent du sujet du verbe de la proposition.

vers 2004: *voila qu'on dit*: «voilà ce qu'on dit». Le pronom démonstratif neutre est facultatif, au seizième siècle, devant le relatif neutre.

vers 2005: Garnier exprime sous cette forme abstraite ce que Sophocle disait d'une manière plus imagée (690): Τὸ γὰρ σὸν ὄμμα δεινὸν ἀνδρὶ δημότῃ: «ton regard est terrible pour l'homme du peuple.»

vers 2008-2011: chez Garnier comme chez Sophocle, Hémon prend soudain conscience qu'il est peut-être allé trop loin: il se couvre alors de l'affection filiale et du souci de la prospérité royale. C'est ce qui rend la scène si émouvante et nuancée.

vers 2011: *le peuple Ogygien*: le peuple béotien. (Ogygès était un roi légendaire de Béotie.)

vers 2013: le sujet de *laisse* est un pronom personnel sous-entendu *il*, représentant *vostre esprit*.

vers 2014-2019: l'idée était plus développée chez Sophocle; Garnier a en particulier supprimé une comparaison qui risquait de retarder la conduite de la scène.

vers 2020: chez Sophocle, la tirade d'Hémon, comme plus haut celle de Créon, était suivie d'une brève intervention du chœur; Garnier préfère enchaîner immédiatement sur l'âpre débat entre le père et le fils: le rythme dramatique s'en trouve accéléré.

vers 2020-2065: échange en grande partie stichomythique; le débat s'envenime et Créon ne domine plus sa colère, au point de substituer l'injure aux arguments. Cette discussion est empruntée à Sophocle (726-765). Mais Garnier ajoute un mot sur l'obéissance que les sujets doivent à leur roi; il trouve chez son modèle de quoi alimenter sa réflexion sur la distinction entre le pouvoir respectueux des lois et de l'intérêt général et la tyrannie aveugle qui n'agit que pour elle-même et qui ne vise qu'à assouvir les appétits du despote.

vers 2026: *ceste peste ici*: «ce fléau-ci».

vers 2051: Hémon songe à son suicide, mais Créon commet une erreur d'interprétation, s'imaginant que son fils projette de l'assassiner. Le spectateur, lui, reste dans l'expectative: le dramaturge laisse dans l'ombre la teneur exacte de cette déclaration.

vers 2052-2053: Garnier est influencé ici par les vers 848-849 de la pièce de Baïf:

CREON
Comment? De menacer tu prends donque l'audace?

HEMON
Voir le mal advenir est-ce user de menace?

vers 2071: *Cette vipere icy*: «cette vipère-ci».

vers 2073: *la crainte paternelle*: «la crainte qu'un fils doit éprouver envers son père, le respect du père». Œdipe, au premier acte, disait *la honte paternelle*.

vers 2075: *si*: «pourtant». La présence de cet adverbe d'opposition en tête de proposition entraîne l'inversion du sujet par rapport au verbe.

vers 2081-2082: *laquelle*: représente la *viande,* c'est-à-dire «la nourriture»; *defaillant:* «manquant»; *laquelle defaillant* est une proposition participiale et signifie «tandis que celle-ci manquera»; *que la mort elle attende*: subjonctif de souhait; il en est de même pour *requiere.*

vers 2082-2085: paroles ironiques et impies, que Créon devra payer cher au cinquième acte.

vers 2086-2157: ce chœur original n'est imité ni de Sénèque ni de Sophocle; ce dernier avait placé à ce moment de l'action un chant sur l'amour; Garnier le remplace par un hymne à la justice, ce qui s'accorde mieux avec la visée morale de la pièce. On peut songer parfois à d'autres influences, comme celle de l'*Hymne de la Justice* de Ronsard (cf. notamment les vers 477-510 dans l'édition Laumonier). Du point de vue métrique, se succèdent douze strophes de six vers, de six syllabes chacun: le schéma des rimes est le suivant: AABCCB, la rime B étant féminine. Ces strophes peuvent être, sur le plan de la mise en scène, considérées comme des propos qu'échangent entre eux, dans leur langage simple, quotidien et pourtant poétique, les citoyens scandalisés par la décision de Créon. Cette impression de naturel est créée par le rythme léger de ces vers courts; une grande régularité naît de l'utilisation du «nombre» métrique: six syllabes, six vers, deux fois six strophes.

vers 2150: *pour* a un sens causal: («parce que»). Cette valeur est possible, au seizième siècle, même, comme ici, avec l'infinitif présent.

vers 2158-2229: cet épisode ouvre la longue série des catastrophes finales. La scène des adieux d'Antigone à la vie est inspirée par les vers 801-940 de la pièce de Sophocle. Chez le poète grec, la condamnée dialoguait d'abord avec le coryphée, puis Créon survenait pour hâter la marche au supplice, alors la jeune fille se dirigeait vers le tombeau. Tout en conservant le mouvement général et la tonalité fortement pathétique de l'ensemble, Garnier a introduit d'importantes modifications: il a remplacé le chœur de vieillards par un chœur de jeunes filles, il a supprimé la rude intervention du roi, il a placé dans la bouche du chœur des paroles plus consolantes, il a développé le thème de la gloire posthume d'Antigone, il a abrégé la scène, dont il augmente l'émotion au détriment des considérations abstraites ou des regrets sur les infortunes passées d'Œdipe; Antigone n'évoque pas les noces dont elle sera privée, elle se contente d'adresser à Hémon quatre vers d'adieu (2218-2221).

vers 2158-2169: *voyez* est répété huit fois: la figure obsédante de l'hypotypose contribue à intensifier le pathétique.

vers 2158: Antigone s'adresse aux *citoyens* qui viennent de prononcer le chœur précédent: la liaison entre les scènes se trouve ainsi nettement établie.

vers 2169: *sans autre forfaiture*: «sans que j'aie commis aucun forfait».

vers 2174: *los*: «gloire» (ce mot, courant en ancien français, commençait déjà à devenir archaïque et poétique: on sait que Ronsard avait préconisé l'enrichissement du lexique par l'exploitation de l'ancien fonds de la langue).

vers 2178: *fleuve Ismène*: l'Ismènos, fleuve de Béotie.

vers 2187: *desloger*: l'image sous-jacente est celle de l'âme qui quitte le corps, son logis; une métaphore semblable se trouve au premier acte (voir note sur les vers 48-49). Dans *Cornelie*, Garnier utilisait le verbe demaisonner: *demaisonnez mon ame* (vers 246).

vers 2191: *vous ont jointe*: «vous ont accompagnée».

vers 2192-2207: l'Antigone de Garnier semble ici plus attentive à l'avenir de ses proches que celle de Sophocle.

vers 2199: *cette nouvelle icy*: «cette nouvelle-ci».

vers 2200: prononcer ici *Iocaste* avec synérèse, contrairement au vers 1522, où le même nom présentait une diérèse.

vers 2201: l'âme d'Etéocle a passé l'Achéron parce que le mort a reçu une sépulture; mais Antigone ne peut évoquer Polynice, qui n'a pas encore eu l'honneur des funérailles: son âme est condamnée à errer tant qu'on ne lui aura pas rendu l'hommage funèbre.

vers 2203: *Et non passez encor par le nocher Charon*: «et que le batelier Charon n'a pas encore fait passer».

vers 2205: à partir de la troisième édition (1582), Garnier corrige *sur* en *sous*, accentuant ainsi l'idée d'une descente aux Enfers.

vers 2207: Sophocle écrivait (851-852):

ἔτ᾽ οὖσ᾽ ἐν βροτοῖς, οὐκέτ᾽ οὖσα,
μέτοικος᾽ οὐ ζῶσιν, οὐ θανοῦσιν.

(je suis encore et ne suis plus parmi les hommes,
séparée à la fois des vivants et des morts.)

vers 2215: la répétition du mot *adieu* accroît la dimension tragique et pathétique, de même que le paradoxe du vers 2221.

vers 2229: *piteux*: «digne de pitié» (sans valeur péjorative).

vers 2230-2269: ce chœur, composé de dix strophes de quatre vers (hexasyllabes), présente des rimes disposées ainsi: AABB, A étant une rime masculine et B une rime féminine. Garnier a remplacé par une déploration sur l'infortune et la tristesse le saisissant chœur de Sophocle sur la terrifiante puissance de la destinée. Le chant de Garnier paraît plus abstrait et dépouillé des exemples mythologiques que fournissait le poète grec, mais il offre la possibilité d'une mise en scène dont la beauté plastique est suggérée par les vers 2234-2245: les jeunes filles se frappent la poitrine, pleurent, dénouent leurs cheveux, déchirent leurs vêtements: il s'agit d'une belle scène de déploration dans la meilleure tradition des tragédies antiques.

vers 2246: *coustaux segrets*: «coteaux secrets, isolés, dérobés aux regards».- La rime *segrets/regrets* se trouvait déjà aux vers 1346-1347.

vers 2270-2325: ce monologue est inventé par Garnier.

vers 2274-2275: l'Hyrcanie était une région de Perse, où les tigres étaient nombreux; les Sarmates habitaient entre le Pont-Euxin et la mer Baltique; les Tartares étaient aussi appelés *Scythes*.

vers 2278: *vous deussiez*: «vous auriez dû».

vers 2280: *sans estre crimineuse*: «sans qu'elle soit criminelle»: encore un exemple où l'agent de l'infinitif est différent du sujet du verbe de la proposition.- vers 2281: Hémon exprime la même idée qu'Antigone (cf. vers 2169): la symétrie entre les deux scènes est évidente et souligne la solidarité d'Hémon à l'égard de sa fiancée.

vers 2284-2287: En condamnant la cruauté du supplice, Hémon porte sur celui-ci un jugement moderne et anachronique: si, dans la légende grecque, Créon donne l'ordre d'enterrer sa nièce vivante, au lieu de *l'égorger sur le champ,* ce n'est pas par sadisme, mais pour éviter toute effusion de sang, qui, selon la mentalité antique, rejaillirait comme une souillure sur la cité entière.

vers 2292-2293: de même que le plus-que-parfait du subjonctif exprime, dans le premier vers, l'irréel du passé, l'imparfait du subjonctif marque, dans le second, l'irréel du présent.

vers 2294: *que j'aye*: subjonctif de souhait; prononcer le *e* de *aye,* nécessaire à la métrique.

vers 2305: *nepveu*: «petit-fils» (latinisme); *le preux nepveu d'Acrise*: la périphrase désigne Persée, qui délivra Andromède d'un monstre marin.

vers 2309: *la fille de Cephee*: Andromède.

vers 2312: *ce pendant*: «pendant ce temps». Il faut supposer qu'Antigone, désormais emmurée, a disparu aux yeux d'Hémon et des spectateurs lorsque le jeune homme prononce sa tirade.

vers 2314-2315: pressentiment tragique.- *La pauvrette pourra s'estre ouverte le sein*: l'accord du participe se fait ici avec le sujet, bien qu'il s'agisse d'un verbe pronominal complété par un objet direct.

vers 2324: *ce que n'advienne*: «et que cela n'arrive pas»: *ce que* fonctionne comme un relatif de liaison.

vers 2326-2415: ce chœur comprend quinze strophes de six hexasyllabes (le schéma des rimes est ABABCC, c'est-à-dire quatre vers à rimes croisées suivis de deux vers à rimes plates; seule la rime B est féminine). Le chœur dont s'inspire Garnier se situait chez Sophocle tout de suite avant les adieux d'Antigone à la vie (781-800). Le dramaturge français l'a donc déplacé de manière significative: cet hymne à l'amour prend un relief différent, puisqu'il succède aux plaintes amoureuses d'Hémon. D'autre part, le chant de la pièce de Garnier est plus long que celui de Sophocle.

vers 2342: *voire que tu te prens*: «encore que tu t'en prennes».

vers 2349: *porte-couronnes*: mot composé à l'imitation du grec (στεφανηφόροι).

vers 2373: *ards de*: «brûlés par».

vers 2378-2379: *nous allons...esprouvant*: la périphrase marque l'action envisagée dans son déroulement.

vers 2398: *tout* est employé adverbialement (au sens de «totalement»).

ACTE V

vers 2416: avant le récit du messager, Sophocle avait imaginé le dramatique conflit entre Tirésias et Créon. Le roi n'écoutait ni les avertissements ni les conseils du devin et il finissait par injurier son interlocuteur; puis en songeant aux effrayantes prédictions du vieillard et devant les craintes du chœur, il changeait d'avis et donnait un contre-ordre, exigeant soudain la libération d'Antigone; mais c'était agir trop tard et la situation n'en devenait que plus tragique. Garnier supprime cette scène. Toutefois, le messager évoquera de semblables événements, qui se dérouleront en coulisse (vers 2505-2509 et 2528-2531). Ce messager n'est pas nécessairement le même que celui du troisième acte: Garnier ne mentionne dans la liste des *entreparleurs* qu'un seul messager, mais ce rôle peut fort bien être réparti entre deux acteurs différents.

vers 2416-2422: ces réflexions sur les vicissitudes de la Fortune, habituelles dans le théâtre de Garnier, sont ici proches des sentences du messager de Sophocle, mais le poète français les développe davantage et les enrichit du point de vue rhétorique par un style redondant et imagé. On s'en persuadera en se reportant aux vers 1158-1160 de la tragédie antique:

> Τύχη γὰρ ὀρϑοῖ καὶ τύχη καταρρέπει
> τὸν εὐτυχοῦντα τόν τε δυστυχοῦντ᾽ ἀεί·
> καὶ μάντις οὐδεὶς τῶν ἐφεστώτων βροτοῖς.

(La fortune relève, la fortune précipite les heureux, les malheureux, et nul ne sait lire dans le destin des mortels.)

D'autre part, le passage contient peut-être des souvenirs de la dernière antistrophe du chœur qui terminait le quatrième acte de l'*Antigone* de Baïf (1277-1285), où l'on peut d'ailleurs lire la rime *renverse/bouleverse*, reprise par Garnier dans l'ordre inverse aux vers 2416-2417:

> O dieux, qui sur nous regardez,
> La ville de Thèbes gardez:
> Plus qu'assez la fortune adverse

A troublé l'aise de nos Rois.
Donnez-leur repos quelquefois,
De peur que tout ne se renverse.
« On voit souvent que le malheur,
« Qui bat les Princes et les leurs,
« L'aise des sujets bouleverse.

vers 2422: *si*: «ainsi».

vers 2423-2429: comme Sophocle (1161-1165), le messager applique les considérations philosophiques qui précèdent au cas de Créon:

Κρέων γὰρ ἦν ζηλωτός, ὡς ἐμοί, ποτέ,
σώσας μὲν ἐχθρῶν τήνδε Καδμείαν χθόνα
λαβών τε χώρας παντελῆ μοναρχίαν
ηὔθυνε, θάλλων εὐγενεῖ τέκνων σπορᾷ·
καὶ νῦν ἀφεῖται πάντα. (...)

(Créon, naguère, me semblait digne d'envie. Il avait délivré le sol thébain, il était monté sur le trône, il régnait en monarque absolu, il fleurissait en beaux enfants: tout s'est évanoui!)

vers 2430-2431: cette sentence a pour source les vers 1165-1167 de *l'Antigone* de Sophocle:

(...) Τὰς γὰρ ἡδονὰς
ὅταν προδῶσιν ἄνδρες, οὐ τίθημ᾿ ἐγὼ
ζῆν τοῦτον, ἀλλ᾿ ἔμψυχον ἡγοῦμαι νεκρόν.

(Quand un homme a perdu la joie, je tiens qu'il ne vit plus: c'est un mort qui respire.)

vers 2432-2439: comme dans la pièce grecque, le messager utilise la deuxième personne, et semble ainsi s'adresser directement au spectateur, qui se sent presque intégré à l'action; mais Garnier amplifie les vers 1168-1171 de la tragédie de Sophocle:

Πλούτει τε γὰρ κατ᾿ οἶκον, εἰ βούλει, μέγα
καὶ ζῆ τύραννον σχῆμ᾿ ἔχων· ἐὰν δ᾿ ἀπῆ
τούτων τὸ χαίρειν, τἄλλ᾿ ἐγὼ καπνοῦ σκιᾶς
οὐκ ἂν πρίαιμην ἀνδρὶ πρὸς τὴν ἡδονήν.

(Remplis de trésors un palais, mène un train royal: là où manque le plaisir de vivre, tout le reste en comparaison ne vaut pas l'ombre d'une fumée.)

vers 2432: *haras*: «troupeaux» (mot régional, des dialectes de l'ouest).

vers 2440-2457: passage stichomythique, plus étendu chez Garnier que chez Sophocle, plus pathétique (cf. vers 2443, 2456), plus imagé (vers 2441, 2444, 2445, 2446). La métaphore *in absentia* de la tempête pour désigner la Fortune, déjà implicite au début de la tirade du messager, se retrouve au vers 2441: le verbe *battre* appartient en effet au vocabulaire de la navigation.

vers 2446: la brutalité de la phrase nominale traduit la vivacité de l'émotion.

vers 2449: l'*outrecuidance* de Créon (c'est-à-dire le sentiment qui pousse l'imagination à l'excès ou l'homme à se croire plus qu'il n'est et à faire preuve de trop d'audace, en bravant par exemple les dieux, les lois ou la morale), est un avatar de l'*hybris* (la démesure) des tragédies grecques.- *tous roides morts*. *tous* remplace *tout* à partir de l'édition de 1582: Garnier a-t-il voulu simplement accorder l'adverbe, comme l'usage de son temps le lui permettait, ou bien a-t-il substitué l'adjectif à l'adverbe, pour insister sur le nombre des morts, préférant ainsi fonder le pathétique sur la quantité des *accidents* plutôt que sur la description concrète de la raideur des cadavres?- On remarquera la répétition lancinante du mot *mort* depuis ce vers jusqu'au vers 2459: il résonne comme un écho funèbre et correspond au paroxysme du tragique.

vers 2460: *ou bien si* introduit le second terme d'une alternative dans une interrogation partielle; ce tour remonte à l'ancienne langue; *si*, qui est habituellement une conjonction de subordination de sens hypothétique, est ici un adverbe interrogatif servant à suggérer une réponse possible parmi d'autres.

vers 2461-2497: Garnier amplifie les vers 1183-1191 prononcés par l'Eurydice de Sophocle, en privilégiant les sensations et les perceptions fortes, ainsi que l'angoisse du personnage.

vers 2461: le récit est adressé aux *Thebains*: la foule (qui réunit sans doute les différents chœurs de la pièce) s'est rassemblée près des murailles, accourant aux nouvelles (cf. d'ailleurs les vers 2490-2492, très explicites). Il faut, à cet égard, souligner que, durant une bonne partie de la représentation, c'est toute la vie, remuante et colorée, de la cité que Garnier tente de ressusciter aux yeux du spectateur, ce qui n'est pas l'un des moindres charmes de cette tragédie.

vers 2463: encore un exemple de forme nominale du verbe (en l'occurrence un gérondif) dont l'agent est différent du sujet du verbe de la proposition: c'est Eurydice qui entend, mais c'est le *bruit* qui la trouble.

vers 2468-2469: cf. Baïf, 1317-1319:

> (...) une triste manière
> De bruit par entre-vous d'un malheur j'ai *ouïe*
> Et de peur que j'en ai, me suis *évanouie*

vers 2468: *à cette voix ouye*: latinisme consistant à employer un adjectif épithète d'un nom au lieu d'un substantif suivi d'un complément prépositionnel (cf. *Sicilia amissa*, «la Sicile perdue», c'est-à-dire «la perte de la Sicile»).

vers 2476-2479: Racine s'est probablement souvenu de ces vers dans *Phèdre* (153-156) en les appliquant à un contexte fort différent:

> Je ne me soutiens plus: ma force m'abandonne.
> Mes yeux sont éblouis du jour que je revoi,
> Et mes genoux tremblants se dérobent sous moi.

vers 2480-2481: ce n'est pas la première fois, dans le théâtre de Garnier, que l'orfraye (=*l'effraie*, un oiseau de nuit de mauvais augure) laisse entendre de longs gémissements, qui sont autant de tristes présages: on en trouve des exemples dans *Hippolyte* (239) et dans *Les Juives* (740). Ces cris d'oiseau peuvent, lors d'une représentation, être entendus au loin, derrière le décor, par exemple au moment d'un chœur, mais dans la première partie de la pièce, puisqu'il est dit aux vers 2484-2487 qu'ils sont antérieurs à la bataille, donc au troisième acte: un tel procédé permet de créer une atmosphère lugubre et prémonitoire. D'autre part, la référence à ces phénomènes s'accompagne d'une indication temporelle: ils se sont produits le matin même: l'unité de temps est donc respectée dans cette tragédie.

vers 2482: *dessur* correspond à la préposition simple *sur*, de même que *dessus* correspond à *sus*, *dessous* à *sous*, etc. (voir aussi 637, 645, 1005, 1083, 1109, etc.).

vers 2484: *fussent*: un verbe d'opinion comme *estimer*, même employé à la forme affirmative, pouvait être, au seizième siècle, suivi du subjonctif: ce tour indiquait que le locuteur prenait une distance (plus ou moins grande) à l'égard de son propre énoncé, ce qui se vérifie ici, puisqu'Eurydice reconnaît son erreur: elle voyait dans les présages l'annonce de la mort des deux frères ennemis, alors que maintenant elle les met en relation avec le nouveau malheur qui frappe la maison royale.

vers 2492: *horrrible*: «qui dépasse l'imagination par son caractère monstrueux, inédit». Le terme possède des connotations religieuses qui n'existent plus aujourd'hui, auxquelles on peut ajouter d'autres idées: le tremblement du corps et un certain nombre de sensations physiologiques (en particulier les cheveux et la peau qui se hérissent). Il faut, à ce propos, se référer aux troubles d'ordre pathologique qu'Eurydice vient d'évoquer dans les vers 2476-2479.

vers 2505: *deasprie*: «désamorcée, affaiblie, calmée»: *de-* est un préfixe privatif.

vers 2505-2509: Garnier condense en cinq vers deux scènes de la tragédie de Sophocle, le dialogue entre Créon et Tirésias, où le devin tentait de ramener le roi à la raison, puis lui lançait de sombres prédictions, ainsi que le court passage où le chœur persuadait Créon de rapporter son édit et sa condamnation. Si le conflit dramatique y perd, la vraisemblance y gagne, en faisant apparaître le revirement du monarque plus tardif, donc moins brutal et plus réfléchi.

vers 2512: *pource que*: «parce que»; la valeur causale de *pour*, que nous avons déjà relevée, se manifeste ici pleinement.

vers 2514-2527: la plupart des détails de l'ensevelissement de Polynice sont empruntés aux vers 1196-1204 de la pièce de Sophocle.

vers 2517: *et le portons laver*: «et nous le portons pour le laver»; le pronom complément *le* est placé en facteur commun aux deux verbes; l'infinitif qui suit un verbe de mouvement comme *porter* a un sens final. Les grammairiens ne l'assimilent pas exactement à un complément circonstanciel de but, car il n'est pas déplaçable dans la proposition, comme le serait un complément prépositionnel (par exemple *pour le laver*); ils préfèrent le nommer *infinitif de progrédience* ou *infinitif complément de progrédience.*

vers 2519: *souefvement* est une forme ancienne et d'origine populaire, la forme savante qui correspond étant représentée par *suavement.*

vers 2520-2523: cette invocation d'Hécate et de Pluton figure déjà chez Sophocle, qui appelait la déesse «la gardienne des routes». Cette divinité marine et terrestre guidait en effet les voyageurs, notamment pendant les orages ou les tempêtes; elle favorisait aussi les accouchements et aidait à la fertilité du sol; enfin, c'était une déesse magicienne, responsable des visions nocturnes (celle des spectres). Elle apparaissait sous trois formes différentes, souvent avec trois corps et trois têtes. Garnier développe la brève évocation de Sophocle (1199-1200): «ayant supplié la Gardienne des routes et Pluton de contenir, divinités bienveillantes, leur colère» et s'inspire peut-être de la traduction latine de Lalemant: *Persephone dea/Trivia* (cf. M.-M. Mouflard, *R. Garnier*, tome III, p.85).- Au vers 2520, *reclamee* signifie «invoquée» (c'est un latinisme); *en trois noms*: Hécate est invoquée sous trois noms: le sien et ceux d'Artémis et de la Lune, auxquelles elle est souvent assimilée. La même déesse est donc célébrée sous trois figures différentes: la Lune au ciel, Artémis sur la terre et Hécate aux enfers.

vers 2524: *nostre antique mere*: la terre de notre patrie.

vers 2527: *espandans*: au seizième siècle, le participe présent peut s'accorder en nombre, voire en genre, avec le nom auquel il se rapporte. Il faudra attendre 1679 pour que l'Académie française proclame l'invariabilité du participe présent.- La suppression du *t* au pluriel est fréquente: cette consonne n'étant plus prononcée devant *s* depuis le début du treizième siècle (réduction des affriquées), on l'efface souvent dans la graphie en cette position.

vers 2531: proposition participiale à nuance causale, dont le sujet est *Creon* et le verbe *voulant.*

vers 2532-2583: Garnier suit le récit de Sophocle (1209-1243), mais ajoute plusieurs traits originaux: le trouble et le désespoir du roi sont décrits de manière plus concrète et plus détaillée, en un mot plus théâtrale et plus pathétique (cf. vers 2534-2541; 2544-2546; 2567-2569). En revanche, Garnier a supprimé un détail qui choquait la bienséance: chez Sophocle, Hémon crachait au visage de son père (Sophocle, vers 1232). Comme au troisième acte, le récit est par deux fois interrompu par des passages au style direct: les paroles de Créon ainsi rapportées sont une forme de théâtre dans le théâtre et les vers 2570-2575 pourraient être dits, lors d'une représentation, en coulisse, par le roi lui-même; les moyens sonores dont nous disposons aujourd'hui permettraient d'ailleurs d'amplifier sa voix, en la faisant résonner d'une manière toute pathétique.

vers 2553: *capable*: «suffisamment grande».- *Avoir été brisee*: cet infinitif passé passif est le centre d'une proposition infinitive de type latin, qui complète un verbe exprimant une opération de l'esprit (*trouver* au sens de «découvrir»).

vers 2560: *cruels* et *cruelle* sont respectivement les attributs des compléments d'objet *les Dieux* et *la Parque*.

vers 2581: *grand'erre* est une expression adverbiale signifiant: «très vite». Le mot *erre* veut dire par ailleurs «marche, allure, voyage».- *Dont*: «ce dont».

vers 2585-2587: cette comparaison ne figure pas chez Sophocle.

vers 2588: Garnier, contrairement à Sophocle, a interrompu le récit du messager, qui reprend au vers 2589 pour relater la mort d'Hémon.

vers 2591: le baiser au mort est courant chez Garnier, comme dans la poésie latine.

vers 2594-2599: passage lyrique ajouté par Garnier.

vers 2596: *les Dires*: les Furies (latin *Dirae*).

vers 2602: noter l'accord en nombre de l'indéfini *aucuns*.

vers 2603: *accravanté*: «abattu»; le terme est assez fréquent chez Garnier.

vers 2609: *celuy...qui*: le pronom démonstratif est éloigné du relatif dont il est l'antécédent, mais il n'est pas pour autant renforcé par un adverbe de lieu (*celui-là...qui*).

vers 2610: *il puisse avoir danger.* «il puisse y avoir un danger quelconque».

vers 2615: à quelques vers de distance, on trouve, pour marquer la concession, *combien que* et *bien que* (cf., plus haut, vers 2563), l'un et l'autre suivis du subjonctif.

vers 2616: intéressante indication sur le lieu du drame.

vers 2618: *voila pas*: la négation *ne* manque souvent dans l'interro-négation.- L'expression *Creon l'infortuné* fait du roi le symbole du malheur et de la déchéance imprévisible; elle met en lumière une des leçons traditionnelles du genre tragique: la puissance royale n'est pas à l'abri de la main de la Fortune. L'adjectif *infortuné*, apposé au nom propre, joue presque le rôle d'une épithète homérique, qui confère au personnage une sorte de fonction symbolique et exemplaire. Au vers suivant, une autre épithète, celle de *vieillard obstiné*, lui est en outre attribuée: elle souligne son aveuglement et sa part de responsabilité.

vers 2620: chez Sophocle, Créon apportait lui-même sur la scène le cadavre de son fils, mais l'effet scénique et la puissance pathétique du geste sont à peu près identiques dans les deux pièces; chez Garnier, le roi n'a même plus la force, dans son chagrin, de soulever le corps.

vers 2623: *je crains*: pressentiment tragique: jusqu'au dernier moment, l'auteur crée un climat angoissant.

vers 2624-2649: cette tirade s'inspire des vers 1261-1276 de la tragédie de Sophocle, où les plaintes de Créon étaient plus concises. Comme dans la pièce grecque, le roi reconnaît ses erreurs. A partir du vers 2626, il s'accuse sans aucune complaisance. Sa confession est dénuée d'hypocrisie, elle est totale et sincère: c'est ce qui la rend si émouvante. Au vers 2628, il se traite lui-même de *tigre*, terme qu'Hémon avait déjà employé à son égard à la fin du quatrième acte (vers 2274) et il donne ainsi rétrospectivement raison à son fils. Plus loin, au vers 2637, il rend hommage au geste pieux d'Antigone. En lui faisant justice à titre posthume, le bourreau repentant devient presque sympathique et ressemble au héros tragique tel que le concevait Aristote: il se situe à mi-chemin entre le mal et le bien; il est victime autant d'une erreur de jugement, de son *hamartia*, que de sa passion de l'autorité.

vers 2636: *J'ay enclose Antigone*: on pouvait accorder le participe passé employé avec le verbe *avoir* avec le complément d'objet direct, même placé <u>après</u> le verbe. Ronsard a utilisé ce tour dans un poème célèbre, où les exigences de la rime peuvent également expliquer le phénomène:

> Mignonne, allons voir si la rose,
> Qui ce matin avait *déclose*
> Sa robe de pourpre au soleil (...)

vers 2640-2649: *Trop tard vous cognoissez vostre incurable offense*: Créon découvre trop tard son aveuglement: il s'agit là d'une situation tragique traditionnelle et privilégiée, largement exploitée dans ces dix vers.

vers 2644: *Dieu mesme ne sçauroit*: nouvelle mention d'un dieu unique, dans cette tragédie à sujet païen (cf. vers 810, 1807, 1808, 1810, 1815).

vers 2650-2651: Garnier remplace le messager du palais par une servante (ou une suivante de la reine): elle souligne l'accumulation des catastrophes: la fatalité déclenchée par la faute de Créon produit un enchaînement de désastres qu'on ne peut plus arrêter: c'est le procédé tragique de la *machine infernale*.

vers 2654-2655: Sophocle parlait simplement d'une blessure (νεοτόμοισι πλήγμασιν-1283); l'image d'un étang plein de flots de sang est propre à Garnier.

vers 2659: l'Orque: divinité infernale assimilée à Pluton et symbolisant ici l'Enfer. Garnier songeait-il à représenter au fond de la scène l'entrée des Enfers, que Créon évoquera quelques vers plus loin (2706 sq.) quand il appellera la mort et exprimera le souhait de noyer son crime *au fond de l'Acheron* et de le montrer à Minos, juge des âmes? C'est peu probable, mais l'imagination du poète pourrait diriger celle du metteur en scène.

vers 2662: *chetif*: à prendre au sens médiéval de «malheureux»; le terme est déjà poétique au seizième siècle; il est redondant par rapport à *pauvre* et *infortuné*.

vers 2263: on imagine aisément le jeu de scène: Créon jette à terre avec fureur sa couronne et la leçon de la tragédie en reçoit davantage d'efficacité.

vers 2665: *esclandres desastreux*: «malheurs causés par une mauvaise influence des astres, par l'hostilité de la Fortune». Dans *desastre*, *des-* est un préfixe privatif.

vers 2670: Créon souligne sa culpabilité, effaçant ainsi l'influence des astres un instant évoquée cinq vers plus haut.

vers 2673: *desastreuse*: cf. note du vers 2665.

vers 2682: Créon se penche sur le corps de son fils pour l'embrasser: Garnier multiplie tout au long de cette scène de déploration les gestes pathétiques.

vers 2687: le rythme de ce vers suggère des paroles entrecoupées de sanglots; quant à l'énumération brutale des trois mots très brefs *niepce, femme, et enfant*, elle donne l'impression de rugissements de fureur et de désespoir.

vers 2688-2697: le récit de Dorothée diffère de celui du personnage de Sophocle: Garnier ne se contente pas de décrire les gémissements et le geste suicidaire d'Eurydice, il ajoute la solennelle prière aux Mânes et aux Fureurs infernales, ainsi que la traditionnelle image de l'âme vomie hors du corps et la vision du regard terni, préfiguration de la mort.

vers 2698: *au cœur*: «dans le cœur», mot à mot *en le cœur*; *au* est ici la contraction de *en le* (*en le> el> eu> ou> au*).

vers 2705: *atterre*: «renverse à terre, abat».- *la Mort*: dans l'édition de 1582, *mort* était écrit avec une initiale minuscule: la majuscule de 1585 prouve le désir de personnifier cette notion.

vers 2706-2713: sur une mise en scène possible de ce passage, voir, plus haut, la note correspondant au vers 2659.

vers 2716-2725: Garnier ajoute à son modèle le geste pathétique de Créon ne pouvant lâcher ni le corps de son fils ni celui de sa femme.

vers 2724: *meurtrier*: synérèse.

vers 2729: *impiteux*: «impitoyables, cruels»; *tu vois des funerailles*: ce nouveau cortège funèbre constitue le dernier élément spectaculaire de la tragédie.

vers 2738-2741: le chœur tire la leçon religieuse de la pièce, justifiant ainsi une fois de plus le sous-titre de la tragédie; elle est conforme aux vers 1349-1350 *de l'Antigone* de Sophocle (χρὴ δ᾿ ἐς τὰ ϑεῶν/μηδὲν ἀσεπτεῖν: «et surtout il ne faut jamais manquer à la piété») et aux avertissements lancés à Créon par le devin Tirésias aux vers 1064-1076 de la même pièce:

> «Sache donc que plusieurs soleils n'accompliront pas leur course que tu ne donnes à la mort un enfant de tes entrailles en expiation des victimes dont tu as à répondre: cette innocente que tu enlèves au monde des vivants pour la murer dans un caveau souterrain et ce mort que tu retiens en peine sur la terre, loin des dieux infernaux, privé des honneurs funèbres et des purifications. Tu n'as pas de droit sur eux, et non plus aucune divinité d'en haut. Tu leur fais violence. C'est pourquoi, préparant lentement leur piège mortel, les Vengeresses d'Hadès et des dieux te prendront à tes propres crimes.»

On peut, en outre, observer que Créon est châtié par Pluton parce qu'il a ouvertement méprisé ses exigences, exactement comme Penthée avait été puni par Dionysos pour s'être moqué de lui et de son culte. Cet ancien roi de Thèbes avait voulu s'emparer du dieu en le faisant enchaîner; Créon a tenté, lui aussi, à sa manière, de capturer Pluton, en cherchant à nier ses lois et à faire prévaloir les siennes: le parallélisme des deux destinées donne au drame une cohérence supplémentaire.

ANNEXES

INDEX

BIBLIOGRAPHIE

INDEX VERBORUM

(Les astériques que nous avons placés dans le texte de Garnier renvoient à ce glossaire. Les chiffres correspondent aux numéros des vers. Nous n'avons pas jugé indispensable d'indiquer systématiquement, pour chaque terme, toutes les occurrences possibles.)

après un élément positif, comme en 1350, *mais surtout après négation*, 188, 202, 271, 328, 595, 779, 987, 1222, 1264, 1270, 2022, 2256, 2324; *ains que*: avant que, 2660.

ainsi que: alors que, tandis que, au moment où, 1179.

alaigre: vif, fort (*employé comme adverbe en* 1046).

allentir (s'): ralentir son ardeur, *en parlant de Mars, c'est-à-dire du combat*, 8.

alme: nourricier, 1144.

amas: accumulation, *Argument.*

amasser: accumuler, 2295; réunir, *en parlant de troupes armées*, 2427; s'amasser *(le corps)*: se recroqueviller, prêt à bondir, prendre pesamment son élan, 1125.

amiable: aimable, agréable, 220.

amitié: amour, 2388.

amortir: éteindre, 246, 329; anéantir, faire disparaître, assouvir, 2631.

amuser (s'): être occupé, perdre son temps, 1059.

angoisse: souffrance, 2233, 2709; douleur cuisante, mortelle, 2649.

angoissé: en proie à une forte douleur, qui provoque un resserrement de la gorge, 1363.

angoisseux: v i v e m e n t douloureux, *variante du vers* 1585.

animé: vivant, 639; pourvu d'une âme, 264; violent, 561.

animer: exciter; *s'animer au combat:* se lancer avec ardeur dans la bataille, 573; *s'animant le cœur:* excitant son ardeur, ranimant son courage, 1182.

animeux: violent, impétueux, 496, 593; cruel, 1870.

antique: ancien, 2693.

antre: grotte, caverne, 75, 391, 1395, 2078, 2172, 2216, 2219, 2538, 2545.

apparier: comparer, 2679; mettre ensemble, joindre, 1959; *apparier sa playe:* blesser de la même façon, au même endroit, 1161.

apparira: = appariera, *troisième personne du singulier du futur du verbe* apparier (voir ce mot).

apprentif, -ive: apprenti, qui apprend, 2496.

ard: *participe passé de* ardre: brûlé, 2373.

ardant: voir ardent.

ardent: chaud, 2215; brûlant, 334, 837; violent, 596, 693; *ardente à*, 1602, *ardente de*, 2474: impatiente de.

ardeur: échauffement, mouvement violent de l'âme, 543; *par métaphore,* passion amoureuse, 1408.

ardre: brûler, 836.

armer: prendre les armes, *variante du vers* 1527.

armet: casque léger, qui protège la tête, le visage, le cou: 690, 706, 797, 1075, 1112.

arraisonner: adresser la parole à, 1022.

arranger: ranger, disposer une armée en rang, 298.

artifice: œuvre ou objet d'art, 819.

asprir: irriter, 217.

asprit: *3° personne du singulier du verbe* asprir (voir ce mot).

asseuré: sûr, 1170.

asseurer: comme assurer.

assurer: rendre sûr, rassurer, 703; *s'asseurer de:* être sûr de, 1735.

attacher: mettre au corps à corps pour un combat (*employé au participe passé*, 549).

attenue: liée, obligée, 1281.

atterrer: renverser, faire tomber, détruire, 946, 1769, 2705.

attester: prendre les dieux *ou* un dieu à témoin, 2057.

attrainer: tirer (*dans une certaine direction*), 1765.

aucun: quelqu'un; *au pluriel*, quelques-uns, certains, 257.

austerité: sévérité, 2687.

avanture: événement fortuit, *parfois* malheureux, funeste, 265; *d'avanture:* par hasard, *Argument.*

aviander (s'): se nourrir, 1581.

aviser: voir, apercevoir, 1658.

bailler: donner, 855, 2080.

bande: troupe, groupe, 923, 1817; troupe armée, 1716.

bandé: réuni en bande, en troupe armée; *contrairement bandez:* dressés l'un contre l'autre, chacun à la tête de son armée, 501.

bander (se): *se bander pour:* prendre le parti de, se réunir à, rejoindre, 520.

barbare: étranger, qui n'appartient pas au monde grec, 436.

bataille: bataillon, 545.

battre: frapper, abattre, 909, 2441.

beant: désireux: *beant après la sepulture:* désireux de la mort, 1404.

bechee: becquée, 1784.

becu: pourvu d'un bec, 1534.

belliqueux: qui fait preuve de courage au combat, 1002, 1014, 1529.

besoing: nécessité, situation critique, urgence, 1629, 1707.

bienvueillance: bonté, volonté de bien faire, 1544, 1572.

blandissant: caressant, doux, tendre, 434, 610.

blesmi, -ie: blême, pâle, sombre, assombri, sans éclat; *en parlant des Enfers*, 997.

boucler: bouclier, 797.

bourne: borne, 2145.

bourreler: torturer, 2072.

bourrelle: *féminin de* bourreau, *employé comme adjectif en* 162 et 2282.

boursoufler: souffler, 1067.

brasser (se): *se brasser du mal*: s'attirer, se créer du mal, 1602.

brave: brave, 1034; *brave conseil*, bon conseil, excellent conseil, 2024 *(ironique dans ce contexte)*.

brief: bref; *en brief*: rapidement, 397.

brosser: courir (dans les brousailles), 2544.

bugler: beugler, 1066.

capable: suffisamment grand, qui contient assez, vaste, spacieux: *lieu capable*, 1053; *capable ouverture*, 2553.

carnager: avide de carnage, 775.

carriere: distance, espace, 1081.

case: cabane, chaumière, 804.

catastrophe: dernière péripétie, dernier événement de la tragédie, et qui entraîne le dénouement, *Argument*.

cault: rusé, trompeur, traître, 175, 612.

cautele: ruse, hypocrisie, déloyauté, 1190, 2049.

cautelle: comme cautele.

cave: région souterraine, *en parlant des Enfers*, 1224.

cavé: creusé, creux, 391.

celer: cacher, 2500.

ce pendant: pendant ce temps, 974, 1164, 2312.

cerner: faire le tour de, 470.

chagrin: *adj*. en proie à un vif chagrin: *vieillesse chagrine*, 2625.

chaloir: *en emploi impersonnel*, ne me chault: il ne m'importe pas, peu m'importe, 924.

chamailler (se) *ou* s'entre-chamailler: se battre en donnant de grands coups, 1135.

champ: champ de bataille, 1019; champ clos *ou, par métonymie*, tournoi, combat singulier, *souvent employé au pluriel*: 1080, *Argument*.

charoignier: carnassier, 2635.

charongne: charogne (*ou, en contexte*, corps voué à la mort, 37).

chault: voir chaloir.

chef: tête, 1145, 1267, 1596, 2489, 2623; mais a aussi assez souvent le sens moderne de «chef»: 1486, etc.

cheoir: comme choir.

chere: visage, mine; *faire chere*, accueillir, 683.

chetif: malheureux, 512, 1001, 1268, 1294, 2447, 2662.

choir: tomber, 552.

clairté: clarté, 213.

clorre: clore, fermer, 148, 1289; *participe passé* clos: enfermé; clos de: enfermé dans, par, 106.

clos: voir clorre.

cœur: ardeur, 1182; courage, 1907; *bon cœur*: générosité, *c'est-à-dire* dévouement des âmes bien nées, *donc* courageuses; *également employé au sens moderne de cœur.*

cognoistre: prendre connaissance de, se rendre compte de, s'apercevoir de, 1030, 2640; reconnaître.

coi ou coy: tranquille, 1133.

col: cou, 828, 1129, 1447.

coléré: irrité, 315, 2582.

colerer (se): se mettre en colère, être en colère, 1144.

combien que: bien que *(suivi du subjonctif)*, 149, 199, 768.

comblé: rempli, 831; *en mauvaise part*, 984; accablé, *Argument.*

combler: remplir, accabler, 2651.

communiquer: participer, *Dédicace.*

confesser: avouer, 1796.

confiner: *employé avec valeur passive*, 2219: être enfermé, emprisonné.

confit: achevé, parfait, accompli, 2681, *pris ironiquement en 346*; *confite en*: complètement enveloppée par, dominée par, en proie à: *confite en langueur*, 1403.

conjouissement: action de se réjouir en commun, *Dédicace.*

connois: *voir* cognoistre.

conquereur: conquérant, 2587.

conquerre: conquérir, 814.

conseil: décision, 2643.

consommer: consumer, 7.

constamment: avec constance, 2.

contraint: enfermé, 255.

contraire: hostile, 210, 274.

contrairement: l'un contre l'autre, 501.

contre-mont: voir pié-contre-mont.

contumax: rétif, rebelle, obstiné, opiniâtre, *en parlant d'un individu, ou même d'un peuple tout entier*, 917, 1988, 2406.

convenir: falloir; *en emploi impersonnel*: me convient: il me faut, 858.

cordelle: parti, faction, complot; *estre de sa cordelle*: être du même parti qu'elle, du même complot, 1853.

corrompre: violer, ne pas respecter, fouler aux pieds, *en parlant d'une loi*, 1826, 2030, 2031.

couard: lâche, 1556, 1557.

coulpe: faute, 2671.

courage: cœur, *au sens figuré*, 81, 1065, 1902.

courbe: courbé, penché, incliné, 981.

courraye: courroie, 1120.

course: *donner à course*: poursuivre, donner la chasse, chercher au pas de course, 2545.

coustau: coteau, 796, 1131, 1460, 1468, 1742, 2179, 2246.

couverture: prétexte, excuse, 1593.

coy: voir coi.

crimineux: criminel, 272, 2280.

crope: croupe, 610.

cruauté: acte cruel, *parfois* sanguinaire, 346.

cruel: cruel, *passim, peut-être parfois avec une connotation supplémentaire* (sanguinaire), *d'après le sens du latin* cruor (sang qui coule), 288, 483, *Argument.*

cuider: croire, penser *(souvent à tort)*, s'imaginer, 110.

cure: soin, 1893.

dague: poignard, 1249, 1373.

dam: dommage, malheur, 2676.

dard: arme de jet, 322, 552, 657; *pris au sens figuré,* aiguillon de la mort, 156, 2210.

darde: javelot; *appliqué métaphoriquement à la mort,* 261, 1301.

darder: lancer *(une arme, un trait, une flèche)* 2334; *employé au sens figuré,* 1267.

deasprie: désamorcée, émoussée, atténuée, adoucie, 2505.

debat: querelle, différend, conflit, 772.

debatre: contester, s'opposer en paroles à, 2044.

debonnaire: noble, bon par nature, *sans aucune idée péjorative,* 86, 782, 1220, 1944, 1966, 2268, 2405, 2684.

debonnairement: avec bonté et générosité, *Dédicace.*

debonnaireté: bonté, *Dédicace.*

deceler: dénoncer, 1900; *à la voix pronominale,* se découvrir, se dénoncer, 1598.

deceptif: trompeur, 2663.

dechasser: chasser, expulser, 746, 801, *Dédicace.*

declose: *comme* desclose: *voir* desclos.

deconfort: douleur, chagrin, tristesse, 1779, 2646.

deconforter: souffrir, exprimer sa souffrance, son désespoir, perdre confiance, se désespérer, se décourager, 1950.

defaillir: manquer, 2081, 2478.

defaut: *troisième personne du singulier du présent de l'indicatif du verbe* defaillir, 2478.

defraudé: privé, dépossédé, spolié, *variante du vers* 1949.

degenerer: perdre sa générosité, *c'est-à-dire* la noblesse que l'on tient de la naissance ou de la nature, 1547.

dejetté: rejeté, banni, 510.

delectable: agréable, délicieux, 927.

delivre: libre, délivrée, 326, 1617.

demarche: avancée, déplacement d'une armée ou d'un guerrier, 579.

demarcher: marcher en avant, avancer, 542.

demonstrer: montrer, 2536, *Dedicace.*

démuree: détruite, *en parlant d'une ville*, dont on a détruit les murs, 1636.

denïer: dénier, nier, 1999.

departir: séparer, trancher (*en parlant d'un différend*, 1063).

depescher: se dépêcher, 548.

deplorable: qui provoque les pleurs, 1325.

derechef: de nouveau; *écrit en deux mots (de rechef)*, 1558.

desanimé: sans vie, dont l'âme a quitté le corps, 1177.

desastre: malheur, infortune causée par le mauvais sort, par une mauvaise conjonction des astres: *au singulier*, 651, 1363, 1378, 2625; *au pluriel*: 1786.

desastreux: né sous un mauvais astre, malheureux, victime du sort, 471, 2673; qui cause un désastre, un malheur, qui apporte le mauvais sort, 1324, 2665.

desbordé: excessif, 829, 1948.

desclos: sorti, 1374, ouvert, 2301.

descouvrir: observer au loin, chercher en profondeur, 2554.

desemparer: quitter, 2403.

desfaire: tuer, 265, 2451.

desfier: *faire desfier*: provoquer de la défiance, 709.

desloger: quitter la vie, 2187; *en parlant de l'âme,* quitter le corps.

desolé: victime de désolation, *c'est-à-dire* de dépeuplement,

de ravages *(causés par la guerre, par exemple)*, 461.

desoler (se): s'affliger, se désespérer, 991.

desourdir: défaire, couper le fil de, *par exemple celui de la vie*, 1278, mettre fin à ce qui a été ourdi.

desplaisant: affligé, *Argument.*

despouiller: *employé transitivement ou intransitivement*: quitter, abandonner, se défaire de, 118, 198; déposer (*les armes*), 676; renoncer à, 840; despouillé de: privé de, 296.

dessur: dessus, 637, 645, 1005, 1083, 1109, 1180, 1337, 1344, 2482.

destiné: voulu par le destin, 2071.

destordre (se): se tordre, 2562.

destremper: adoucir, tempérer, 204; dissoudre, 1975; tremper, 672; mouiller, 2477.

detestable: qu'on peut ou qu'on doit maudire, en prenant les dieux à témoin, haïssable, 1169; qui fait horreur aux dieux, 2626.

detester: haïr, maudire, en prenant les dieux à témoin, 2561.

detrancher: trancher, 1137.

deul: comme dueil, 2671.

deule: *troisième personne du singulier du subjonctif présent du verbe* douloir, 1561.

estomach: *comme* estomac.

estonner: frapper de la foudre, 2057; s'estonner de: être stupéfait de, 1157, 2604.

estouper: fermer, étouffer, éteindre; *en parlant des sens*, 155.

estrange: inouï, peu commun, 265, 1276, inhabituel; 2400; étranger, 787, 2401.

estreinte: resserrement; serrement de cœur, de gorge; douleur très vive, poignante, 1381.

evertuer (s'): faire effort, se donner de la peine, faire preuve d'énergie, 2548.

execrable: détestable, haïssable, objet de répulsion morale et religieuse, qu'on doit maudire (*ou parfois* qui mérite d'être dévoué aux divinités infernales), 350, 1197, 1203, 2533.

execration: action qui, par son atteinte à des valeurs sacrées, attire la réprobation morale et religieuse, *Argument*.

execré: détesté pour des motifs religieux, maudit, 1729.

exercer: accomplir (*un fait*, c'est-à-dire un acte criminel, un forfait), 1994.

exercite: *substantif masculin*, armée, 440.

faict: acte; *parfois:* acte criminel, 1994.

faillir: manquer; cœurs faillis: courages défaillants, 1498; commettre une erreur, une faute, manquer à son devoir, désobéir à une loi, 1838.

fallacieux: trompeur, parjure, 721.

fameux: célèbre, renommé, 438, 870.

fanatique: en proie à une folie furieuse, 2568.

fantaisie: esprit, imagination, 1261.

faut: *troisième personne du singulier du présent de l'indicatif de* faillir *(voir ce mot)*.

faux: parjure, menteur, hypocrite, 1027.

feintise: hypocrisie, ruse, mensonge, déguisement, 1869.

felon: cruel, traître, 1428, 2274.

felonnie: méchanceté, trahison, 1848.

ferré, -ee: en fer, 1777.

fier: sauvage, cruel, 44, 541, 585; féroce, 629, 1938; cruel, 2208.

flestrissante: qui se flétrit, 637.

foi: voir *foy*.

forçaire: forçat, 827.

forçant, -e: violent, qui cherche à s'imposer par la force, 593.

forcené: qui a perdu la raison, 2453.

forcenement: folie, démence, perte de la raison, 812, 1513.

forcer: violer, faire violence à, ne pas respecter, fouler aux pieds, 308, 319; enfoncer (une porte), 475; contraindre, 1255.

forceur: violeur, 2121.

forfaict: voir forfait.

forfaicture: forfait, crime grave, 131.

forfaire: commettre un crime grave, 181, 1992, 1995.

forfait: crime grave, 168, 235, 272, 2626.

forfaiture: 2169, *voir* forfaicture.

forligner: s'écarter d'une route, dévier, 1725.

fors: *préposition*, sauf, 301.

fortune: hasard, événement fortuit, 132; *la fortune*: le destin, 200; personnification du destin: 206, 209 *et passim*; malheur, destin funeste, 1372.

fourvoyer: détourner d'une route, du droit chemin, d'un dessein, 10.

foy: fidélité (*notamment à la parole donnée*, loyauté), 344, 700; serment, 1027, 1148.

franchement: librement, ouvertement, courageusement, 1795.

franchir: escalader, monter sur, 1044.

franchise: liberté, 1977.

fraude: ruse, malice, vol, 346, 850; acte déloyal, 2048.

frauder: voler, tromper, 314.

fraudulent: trompeur, 725.

frenesie: agitation furieuse, délire, 1260.

funeral: funéraire, 1532, 1603.

fureur: forte colère, 538; passion violente, folie furieuse, 217, 333, 351, 475, 1128, 1726, 1976, 2505, 2586, 2632; folie meurtrière et guerrière, 762, 1033; folie des Bacchantes, 485.

furie: fureur, folie furieuse, 1204.

furieusement: follement et rageusement, *Argument*.

furieux: fou furieux, déchaîné, 356, 586, 633, 808.

garantir: protéger, 1667.

garder: maintenir, conserver, 344; *en particulier,* respecter *une loi, un édit, une prescription,* 1757, 1812, 1825; défendre, protéger, 448, 1673, 2117; se garder que*:* éviter que, 2332.

gemmeux: de pierre précieuse, qui connaît les pierres précieuses ou les possède, 442.

gendarme: homme armé, soldat, 321, 640, 795.

genereux: noble, bien né, porté aux actions héroïques, 123, 1024, 1456.

generosité: aptitude à se comporter courageusement, héroïquement, 83.

geniteur: père, 45, 187, 478, 1438.

geniture: enfant(s), 304, 482, 670, 1216, 2716.

gens: suite, domestiques, *Argument*; soldats ou partisans accompagnant leur chef, 803.

germain: frère : *employé comme adjectif épithète de* frere, 57,

1523 ; *employé comme substantif*, 319, 694, 913, 967, 1372, 1581, 1835, 1878, 2167, 2514.

gesir: être couché, étendu, 1103; *participe-adjectif* gisant, 1366, 1507, 1537, *souvent en parlant d'un blessé, d'un malade ou d'un mort.*

gisant: *voir* gesir.

gisoit: *imparfait de* gesir.

gist: *présent de* gesir.

gloute: gloutonne, 1699.

gourd: engourdi, maladroit, 1499, 2540.

griefvement: gravement, 1992.

griffu: qui possède des griffes, 312.

guerdon: récompense, *variante du vers* 1222.

guerdonner: récompenser, 2024.

guiere: guère, 1297.

guigner: guetter, observer, regarder de biais, à la dérobée, 2577.

haras: troupeaux, 2432.

harnois: équipement du guerrier, équipement complet, panoplie, armure, 777, 795, 879, 1119, 1178.

hasard: entreprise risquée, hasardeuse, danger, combat périlleux, 1031; hasard,132.

hasarder (se): prendre un risque, 1556.

herbette: petite herbe, herbe tendre, 454.

herisser: se hérisser, se dresser, 534.

herissonner: se hérisser, 798.

heur: bonheur, 2662; succès, 547, 889.

honneste: honorable, 2072.

honte: respect; *honte paternelle:* respect du père, 353.

horreur: action qui inspire la répulsion, parce qu'elle défie les lois naturelles et religieuses, 131; *au pluriel,* crimes abominables, 157; sentiment de répulsion devant un crime sanguinaire, 673; profondeur insondable et effrayante, *en parlant d'une forêt dont les feuilles se hérissent,* 76.

horrible: affreux, 691; affreux et inimaginable, 1204; funeste, qui fait frémir par avance, 2492; monstrueux, 1318; qui provoque l'horreur, la répulsion, *en parlant d'un crime,* 166, 235, 272, *ou en évoquant un lieu sauvage, par exemple une montagne,* 392, *ou encore une tempête,* 2664.

horriblement: sauvagement, monstrueusement, 1126 (*s'applique à des sangliers qui grondent et dont le poil se hérisse*).

hostie: victime, 1241.

humeur: caractère, tempérament, 2398.

illustrer: mettre en lumière, donner du lustre, de la gloire à, *Dédicace.*

imbecile: faible, 1210, 1568.

immanité: cruauté, 1938.

impiteux: impitoyable, impie (*sens ambigu*, 2729).

imprudence: manque de réflexion ou de sagesse, 134, 1993.

indulgent: *construit avec la préposition* à: complaisant envers, qui écoute, sensible à, 1339.

industrieux: habile, intelligent, actif, 1467.

infame: déshonorant, 293; de mauvaise renommée, 1728.

infecter: souiller, empoisonner, 252, *Argument*.

infortune: événement malheureux; *employé au masculin au vers* 2440.

infracteur: homme qui commet une infraction à la loi, 1741, *Argument*.

injure: injustice, tort, offense (commise ou subie), 98.

injurieux: qui cause un dommage, un tort, qui blesse, pernicieux, nuisible, 809, 2103.

inspérément: contre toute attente, 891.

ire: colère, 556, 1519, 2066, 2209.

ireux: irrité, 1143.

irreverend: qui ne révère pas; qui ne craint pas un dieu ou les dieux, impie, 481.

issu: sorti, 259, 877.

ja: déjà, *passim*.

joindre: rejoindre, 551; s'attacher à, 602; accompagner, 2191.

journalier: du jour, 94.

jusqu'à tant: jusqu'à ce que, 512.

juste: convenable, bien mesuré: *d'une juste carriere:* à une distance convenable, raisonnable, exactement calculée, 1081.

labeur: peine, 727.

lairray: *première personne du singulier du futur du verbe* laier, «laisser», 1279.

lamentable: émouvant, pathétique, 2588; *lamentables cris*: cris de lamentation, 2642.

lamenter: se plaindre, gémir, 212, 226, 532, 1084; *lamenter sur:* verser des lamentations sur, 2491, 2620.

langoureux: chagriné, abattu, souffrant, 1273, 2727.

langueur: tristesse maladive, faiblesse extrême, 1232, 1248, 1292, 1403, 1617, 1947, 2251.

larmoyable: sur qui l'on peut verser des larmes, pitoyable, 1336.

larmoyant: qui verse des larmes, mêlé de larmes, 375.

larmoyer: *transitif:* larmoyer quelque chose *(par exemple un malheur)*, verser des larmes sur, pleurer, déplorer, 1087; *parfois en emploi intransitif absolu*, 2609, 2223; *intransitif avec la préposition* pour, verser des larmes sur, 2223. *Le mot n'a pas, dans la pièce, de sens péjoratif.*

larron: voleur, ravisseur, 617.

larves: spectres, fantômes, 1328.

larveux: rempli de spectres, 2323.

lasche-cœur: au cœur lâche *(mot à mot, « lâche quant au cœur », imitation du tour gréco-latin comprenant un adjectif accompagné d'un accusatif de relation)*, sans courage, 92.

lascher: relâcher, 2571.

legier: léger, 2529.

lice: champ clos destiné à un tournoi, à un combat singulier, 1081, 1191.

licol: licou, lacet, corde, 144, 1339.

liesse: joie, 1424.

lignage: famille, descendance, 348, 1351.

limer: user, ronger, 2605.

los: gloire, 2174.

loyer: rétribution, récompense, 1754, 2089, 2267; salaire, paiement, châtiment, 303, 902.

lugubre: plaintif, 2499, affligeant, sinistre, endeuillé, 1325.

lumière jumelle: *périphrase désignant* les yeux, 246, *calque du latin* lumina gemina.

magnanime: plein de courage, d'ardeur, à l'âme forte, 428; noble, à l'âme grande, 656, *Argument.*

maille: cotte de maille, *q u i protège le buste du guerrier,* 1137.

mais: *employé parfois au sens de* plutôt, 1245, au contraire, 1907.

maistriser: exercer le pouvoir, 907; se rendre maître de, dominer, 1976.

majeurs: ancêtres, 1462.

malaise: malheur, souffrance, 374.

malaiser: *faire malaiser:* faire souffrir, rendre malheureux, 2226.

malencontre: malheur, 2428, 2489.

malfaire: *malfaire à:* nuire à, mal se comporter envers, 523.

malheurer: rendre malheureux, 6.

malice: méchanceté, 850, 2049.

mal-sage: imprudent, maladroit, 1179.

mal-voulu: contesté, non désiré, mal aimé, *en parlant d'un roi ou d'un maître,* 923.

manoir: demeure, 49, 857, 1302, 2217.

martyre: douleur vive, 2430.

martyrer: martyriser, 2531.

mechef: malheur, accident, 473, 2493.

merci: pitié, 1665, 2027.

merveillable: merveilleux, admirable, étonnant, *Dédicace.*

merveilleusement: considérablement, *Argument.*

mesfaict: mauvaise action, crime, 1894.

mesfaire: faire du mal, commettre un méfait, 2137.

mesfait: *troisième personne du singulier de l'indicatif présent du verbe* mesfaire.

mesnage: famille, entourage, 2661.

meu: *participe passé de* mouvoir *(voir ce mot).*

meurtrir: tuer, assassiner, 44, 285, 565, 801, 2682.

meurtrissant: qui tue, 156, 553.

meurtrisseur: comme meutrisseur, *variante du vers* 2639.

meutrisseur: meurtrier, 2639, *peut-être lapsus pour* meurtrisseur.

moderer: gouverner, diriger, régler, 2644.

molestie: poids (*souvent* difficile à supporter, écrasant), mauvais traitement, *Dédicace.*

monstreuse: monstrueuse, 652.

mortifere: qui cause *ou* apporte la mort, 1973.

mourable: mourant, 661.

mouvoir: inciter, pousser, 2452.

musard: paresseux, lent, qui tarde, 262.

mussoter (se): se cacher, 1131 (dérivé de *musser*, «cacher»).

mutin: *employé comme adjectif,* révolté, 961.

mystere: pratique religieuse, cérémonie, ensemble de cultes secrets, connus des seuls initiés, 422.

naguiere (ou n'aguiere): naguère, il y a peu, il y a un instant, tout à l'heure, 1854.

natif, -ive: natal, 510, 1881.

nativité: naissance, 452.

nautonnier: batelier, 79.

navrer: blesser, 1380, 2364.

nazeaux: narines, *en parlant d'un être humain,* 1071.

neant: *pour neant*: pour rien, en vain, 147, 2642.

nepveu: petit-fils, 2305.

nerfs: muscles, 1183.

nerveux: musclé, fort, robuste, énergique, 686.

netti: nettoyé, purifié, 1240.

nocher: batelier, 2203.

nombrer: compter, dénombrer, énumérer, 908.

nonchaloir: négligence; *venir à nonchaloir à*, être négligé par quelqu'un, 2397.

noüer: nager, 1329, naviguer, 1187; noyer, inonder, 1888.

nuiteux: plongé dans la nuit, 1981.

obstiné: tenace, acharné, perpétuel, 1769.

occire: tuer, 110, 262, 1958.

occise: tuée, 2431.

offense: outrage, crime, 166, 1240, 2281.

offenser: blesser, maltraiter, attaquer, causer un dommage, endommager, 114, 128.

office: devoir, 1453, 1796, 2508, 2637, 2668, *Argument.*

offusquer: *offusquer la vue,* obscurcir et offenser la vue, 716.

onc: jamais, 135, 296.

onque: jamais, 86.

or: maintenant, 401; à l'instant présent, 1322, à présent, 287, 2262, désormais, 2598.

ord, -e: sale, 2161.

ordonnance: ordre, 38, 1551, 1552, 1740, 1804, 1807.

ore: maintenant, 625, 1331, 2488; ore...ore: tantôt...tantôt, 1116-1117.

ores: maintenant, 301, 1037, 1624.

ores que: bien que, 1850.

orfraye: effraie *(oiseau de nuit qui annonce des malheurs),* 2481.

ostinément: obstinément, 2685.

ouïr: entendre, 2463, 2468.

ourdir: inventer, confectionner, fabriquer, 144.

outrage: attaque, blessure, affront, crime, 346; mauvais traitement, 1584, 2065; blessure d'amour, 1413.

outrager: blesser, 2387, meurtrir, 2722; insulter, 432; maltraiter, arracher, 1089; *s'outrager,* se blesser, se faire du tort, du mal, 2611.

outrageux: qui commet des affronts ou des crimes, cruel, 89, 2271; qui attaque, qui ravage, 1502.

outre: au-delà; *passer plus outre:* franchir une limite, 485; aller plus loin, *au sens propre,* 987, *au sens figuré,* 773.

outré: outragé, indigné, 1070; accablé, blessé, atteint, 1284.

outrecuidance: audace, démesure, 2449.

outre-percer *ou* outrepercer: percer de part en part, transpercer, 1034, 1107, 1439.

ouye: *participe passé féminin du verbe* ouïr, *voir ce mot.*

oyant: *participe présent du verbe* ouïr, *voir ce mot.*

paistre: faire paître, 24.

palfroy: palefroi, *cheval qui, à l'origine, était destiné à la parade, mais qui a ensuite servi au combat,* 1104.

palus: étangs, marais, marécages, 171, 2055.

parentage: famille, 2629.

partant: aussi, par conséquent, 226.

pasmer: se pâmer, 993.

passer: faire passer, 80, 613, 2203.

passion: souffrance, 360.

pasteur: berger, 801, 1130, *Argument.*

pastis: pâturages, 982.

patience: aptitude à endurer, à souffrir, 2296.

patron: maître, protecteur, 901.

pavois: grand bouclier, 689, 1079, 1109.

pensement: pensée, 364, 1857.

peste: fléau, 1891, 2026.

pestifere: qui apporte un fléau, 102.

petillant: qui lance des étincelles, des éclairs, 2350.

petit: *un petit de*: un peu de, 710.

pié-contre-mont: à l'envers, sens dessus-dessous, la tête ou le faîte en bas, 1099.

pied: *mesure de longueur valant 32,88 cm.*: demy pied *(de son espee)*,1153.

pire: *en un pire*: en une situation pire, 911.

piteux: pieux, 2264, 2637; qui inspire la pitié, 1123, 2229; malheureux, 1341; qui exprime la pitié, 1780; *signifie parfois aussi au XVI° siècle* «qui ressent de la pitié»; *en général, le mot n'a pas, à cette époque, de connotation péjorative.*

pitoyable: qui provoque la pitié, 566; qui éprouve de la pitié, 158, 1252, 1765; *avec cumul des deux sens précédents*, 1380; répréhensible et digne de pitié, 1994.

plantureux: fertile, 770, 1459.

pleureux: où l'on pleure, triste, 2216.

plorer: pleurer, 1384.

poignant, -e: piquant, -e, 2327.

poil: cheveu, 1596.

poincte: *désigne* la pointe de l'épée, 1116.

poind: *troisième personne du singulier du présent de l'indicatif du verbe* poindre: *voir ce mot.*

poindre: piquer, tourmenter violemment, 126; infliger une douleur cuisante, 2391.

poingt: *troisième personne du singulier du présent de l'indicatif du verbe* poindre *(voir ce mot).*

poiser: peser, 691.

poitrir: pétrir, broyer, écraser, 800.

policer: organiser, gouverner, administrer, 2136.

polu: souillé, 127, 241, 298, 1215.

porter: supporter, 846, 1962, 2032, 2497, 2575, *porter une querelle*: soutenir une cause, prendre le parti de, 895.

poster: *(à)*: courir à toute vitesse (vers), 2549.

poudre: poussière, 1013.

poudreux: poussiéreux, 2516.

poudroyant: poussiéreux, 1051.

poursuivre: rechercher, revendiquer, chercher à obtenir, 1883, 1884.

pourtant: pour autant, 69; *peut prendre le sens moderne en phrase négative*, 1867.

premïer: récompenser, 1998.

premier que: avant que, 511, 1032.

presagir: présager, 2614.

presser: faire pression sur, 1243; opprimer, écraser, 1720;

accabler, 604; réprimer, refouler, 2605.

prest, -e: *prest (e) de:* prêt (e) à, 1660.

preud'hommie: sagesse, *Dédicace.*

preux: courageux, vaillant, 1015, 1476, 2305.

prins: *participe passé du verbe* prendre, 1426, *Argument.*

print: prit *(troisième personne du singulier du passé simple du verbe* prendre), 1661, 1790.

prise: *se mettre en prise* à: s'exposer à, 706.

privez: *adj.,* domestiques, *en parlant des animaux.*

prodige: miracle, fait inconcevable, *d'où, pris en mauvaise part,* action qui défie les lois de la nature, 131.

produire: mettre au monde, enfanter, faire naître, 1197, 1202.

propitiable: *à,* propice à, favorable à, *en parlant des dieux,* 1836.

propitier: se rendre propice, favorable, *en parlant des Mânes,* 1788, *des divinités infernales,* 2522.

propos: dessein (ce que l'on se *propose* de faire), 1244.

proposer: avoir comme dessein de, rechercher, 349; regarder, considérer, 890.

protervité: insolence, *variante du vers* 1849.

province: royaume, 863, 2036.

prudence: sagesse, 2612.

pucelle: jeune fille, 2381.

querelle: parti, 895.

quereller: se quereller, 539.

quitter: laisser, abandonner *quelque chose à quelqu'un,* 60.

radieux: qui rayonne, qui lance des rayons, 1411.

radresser (se): reprendre le fil de son discours, *Dedicace.*

rassis: calmé, serein, modéré, 1920.

reboucher: s'irriter, 2577.

rechasser: renvoyer *une armée,* 784.

rechef: voir derechef.

reclamer: invoquer, appeler à haute voix et à plusieurs reprises, 2520.

reclus: renfermé, clos, inaccessible, à l'écart, 1395, 2219.

reconnoistre: avoir de la reconnaissance pour, récompenser: *reconnoistre ses gens:* récompenser ses partisans, 803.

recoy: repos, 159, 1306, 1588.

reculer: écarter, repousser, faire reculer, 146; refuser d'avancer, refuser, 1762.

refendre: fendre, *avec valeur à la fois itérative et intensive,* 243.

refraischir: apaiser, 1225.

refrongner: souffler par le nez, grogner, 1141.

refuir: couler abondamment, 239;
s'enfuir, 988.

regarder: prendre garde, 1548,
1559; considérer, réfléchir,
1558.

regir: gouverner, 916.

rejoindre: réunir, réconcilier, 504.

relante: qui a une mauvaise odeur
(et de manière persistante),
2621.

remise: timide, retenue, 1549.

remparer: fortifier, 841.

rencontrer: lutter contre, être aux
prises avec, se mesurer à,
1093; se rencontrer:
s'affronter *(au combat)*, 579.

rencontrez: *participe passé
masculin pluriel de*
rencontrer, *voir ce mot.*

rengreger: renforcer, augmenter,
multiplier, aggraver, 1451.

repentance: repentir, 2641.

reposer: se reposer, être en repos,
sans inquiétude, 951.

reprochable: blâmable, 1977.

repugner: se rebeller contre,
s'opposer à, 1815.

requerir: demander, 197, 2082.

requoy: comme recoy.

retors: *voir* retort.

retort: tordu, 636; sinueux, 872,
1711; bouclés, *en parlant des
cheveux*, 2384.

reverence: respect, 556.

rond: voûte du ciel, 468; *rond
terrien,* surface du globe
terrestre, 2093.

rongnon: rein, 1321.

rouer: faire tourner, 2419.

roussin: cheval, 1095.

rudache: rondache, bouclier rond,
705.

ruer: précipiter, 2306, 2540; *se
ruer des coups*, se donner des
coups violents, 1136.

rumeur: bruit, 2466.

saccager: mettre à sac, dévaster,
1880.

sacquer: enfoncer brutalement,
658; tirer, retirer du fourreau
avec violence, 553; prendre
en main *(une arme)* et la tirer
du fourreau, 2580.

saison: époque, *Dédicace.*

sale: impur, coupable, qui souille,
95.

saquer: comme sacquer.

sauteler: bondir à petits sauts
répétés, 457.

scadron: escadron, 571.

segret: secret, qui agit
secrètement, 2355; écarté,
obscur, 1346, 2246.

sejour: demeure, patrie, pays, 29,
792; *faire sejour*: demeurer,
645.

senestre: gauche, 1109.

sepulchral: funéraire, 1796.

sepulturer: enterrer, 1597, 2167.

serf, -ve: esclave, 140.

servage: esclavage, 1720.

serve: *féminin de* serf, *voir ce
mot.*

si: ainsi, 2422; pourtant, 2075, 2494; si est - ce que: néanmoins, toujours est-il que, 896; et si: et, qui plus est, 1287.

si est-ce que: voir si.

soigneux: zélé, appliqué; *employé avec une valeur adverbiale,* soigneusement, respectuesement, *variante du vers* 1526.

soin: souci, préoccupation, 995.

soing: souci, 950.

soldart: soldat, 868.

souci: soin, 2394; avoir souci, avoir soin, 1878; prendre souci, prendre soin, 1038; mon souci *(terme de tendresse),* 97.

soucieux: qui prend soin, *employé adverbialement au sens de* avec soin, 1774.

soudart: soldat, *sans valeur péjorative,* 336, 495, 717, 805, 1006, 1644.

souefvement: suavement, 2519.

soulas: consolation, plaisir, joie, 1291.

soulfreux: plein de soufre, 163.

soupireux: accompagné d'un soupir, 2579.

sourciller: élever: *sourciller le front,* 817.

sourcilleux: très élevé, 145.

succez: événement, résultat, 524.

superbe: orgueilleux, 802, 2420.

tabour: tambour, 421.

taille: tranchant de l'épée, *d'où* coup de taille, coup donné avec le tranchant de l'épée, 1136.

tandis: pendant ce temps, 1054.

targer: comme targuer.

targue: bouclier, 552, 731, 797.

targuer: protéger, couvrir, *par exemple* avec un bouclier, 1640; *ou* comme avec un bouclier, 698.

temperer: gouverner, 2347.

tempester: se déchaîner avec la violence de la tempête, 956, 1422, 2068, 1138.

terroir: terre, terre cultivée, domaine, 321, 621, 979.

testifier: témoigner de, *Dédicace.*

thyrse: bâton qui appartenait à Dionysos et aux Bacchantes. *Il était entouré de pampre et de lierre; une pomme de pin se trouvait à son sommet; le dieu s'en servait pour abattre ses ennemis.* 480.

tige: *substantif masculin,* lignée, souche, 1571.

timide: craintif, -ive, 269.

tirer (se): se retirer, se mettre à l'écart, 27.

tolir: comme tollir.

tollir: ôter, enlever, arracher, 290, 1359, 1905.

tolut: passé simple de tollir.

tortices: anneaux *(d'un dragon)* entrelacés, 630.

tortu: tordu, 456; sinueux, 2510; *au sens figuré,* qui sort du

INDEX NOMINUM

(Cet index contient les noms de personnes et de lieux, ainsi que les adjectifs qui leur correspondent.)

Achaie: contrée du Péloponnèse, 894; Grèce, 1716.

Acheron: fleuve des Enfers, 153, 216, 1539, 1981, 2202, 2323, 2626, 2694, 2710.

Acheronté: de l'Achéron, 230, 1303.

Acherontide: de l'Achéron, 2696.

Acrise: = *Acrisios*, roi d'Argos, grand-père de Persée, 2305.

Acron: guerrier qui participe à l'assaut contre Thèbes, 1016.

Acteon: fils d'une princesse thébaine; en chassant, il surprit Artémis au bain; pour se venger, la déesse le transforma en cerf: il fut dévoré par ses propres chiens, 650.

Actor: guerrier tué pendant la bataille, 1017.

Adraste: roi des Argiens, allié de Polynice contre Etéocle, 513, 859, 882, 1022, 1041, 2201, *Argument*.

Aedonide: *comme* Edonide.

Afrique: 1396.

Agave: = *Agavé*, fille de Cadmos et d'Harmonie, et mère de Penthée, roi de Thèbes, 430, 480. Frappée de folie par Dionysos, elle tua de ses propres mains, sans en prendre conscience, son fils, qui refusait d'installer dans sa cité le culte du dieu.

Agenor: descendant de Zeus et père de Cadmos, 1571.

Agenoree: d'Agénor, 1082.

Agenoride: d'Agénor, 1209; de la descendance d'Agénor, 309, 1349; du pays d'Agénor, 663.

Agnien: pur, *épithète de Dionysos*, 405.

Agyeu: protecteur des rues, *épithète de Dionysos*, 468.

Alecton: = *Alecto*, une des trois Furies, déesses de la vengeance divine, 162.

Amphiare: *comme* Amphiaree, *voir ce nom*, 1664.

Amphiaree: = *Amphiaraos*, il était devin, gendre du roi d'Argos et allié de Polynice; il avait la réputation de manier la lance avec dextérité; il mourut au combat devant Thèbes, de la manière qu'il avait lui-même prédite: Zeus l'engloutit dans la terre, ainsi que son char, 1017, 1664, *Argument*.

Amphion: fils de Zeus et d'Antiope, et frère jumeau de

Zéthos; selon la légende, les deux frères régnèrent à Thèbes, qu'ils entourèrent de murailles, 818.

Amphionique: d'Amphion, 769.

Andromede: fille de Céphée, roi d'Ethiopie; attachée à un rocher, elle devait être dévorée par un monstre, mais Persée la délivra à temps, 2305.

Antigone: fille d'Œdipe et de Jocaste, sœur d'Ismène, d'Etéocle et de Polynice; fiancée d'Hémon, fils de Créon, son oncle, frère de Jocaste.

Apollon: dieu grec de la lumière, du soleil et de la poésie, fils de Zeus, *Argument*.

Arabe: 1467.

Araxe: fleuve d'Arménie, 439.

Areopage: tribunal d'Arès dans l'ancienne cité d'Athènes, *Dédicace*.

Argien: *subst.* habitant d'Argos, *Argument*; Grec, 1478, 1714; *adj.*, d'Argos, 318.

Argive: grec, 878, 2487.

Argolide: *adj.*, grec, 65, 1029; d'Argos, 662.

Argolique: grec, 1491.

Armenien: 880.

Atrope: = *Atropos*, la dernière des trois Parques, celle qui coupe le fil de la destinée des mortels, 1431.

Averne: lac d'Italie, près de Naples, d'où s'élevaient des émanations sulfureuses: il

était considéré comme l'entrée des Enfers, 2197.

Aurore: déesse du lever du jour, 94.

Bacchante: femme du cortège de Dionysos, 2585.

Bacchique: de Bacchus, 485.

Bacchus: autre nom de Dionysos, 1145, 1463.

Bassarean: vêtu d'une peau de renard, *épithète de Dionysos*, 406.

Bassaride: revêtue d'une peau de renard, vêtue comme une bacchante, 480.

Beotique: de Béotie, 446.

Bœocie: = *Béotie*, 622.

Cadme: = *Cadmos*, fils d'Agénor et de Téléphassa, premier roi de Thèbes, 608, 908.

Cadmean: de Cadmos, 321.

Cadmee: de Cadmos, 515, 1049, 1504.

Cadmus: 1725, *comme* Cadme.

Capanee: chef grec, allié de Polynice, trouve la mort devant Thèbes. Une tradition veut qu'il ait juré d'incendier Thèbes; 1016, 1634, *Argument*.

Capharez: *les rochers Capharez*: les rochers du cap Capharée, promontoire de l'île d'Eubée, 2058.

Castalide: de la fontaine Castalie, dont l'eau descendait du mont Parnasse, à Delphes, 607.

Cephee: père d'Andromède, roi des Céphènes, peuple que la

BIBLIOGRAPHIE

I - EDITIONS:

A - *Robert Garnier:*

1) éditions parues du vivant de l'auteur:

Antigone, ou la pieté, tragédie de Rob. Garnier, conseiller du Roy, et de Monseigneur frere unique de sa Majesté, lieutenant general Criminel au siege Presidial et Senechaussee du Mayne. A Paris. Par Mamert Patisson Imprimeur du Roy, au logis de Robert Estienne, 1580. Avec privilege.

Les Tragedies de Robert Garnier, conseiller du Roy, et de Monseigneur frere unique de sa Majesté, lieutenant general Criminel au siege Presidial et Senechaussee du Mayne. A Paris. Par Mamert Patisson Imprimeur du Roy, au logis de Robert Estienne, 1580. Avec privilege.

Les Tragedies de Robert Garnier, conseiller du Roy, et de Monseigneur frere unique de sa Majesté, lieutenant general Criminel au siege Presidial et Senechaussee du Mayne. A Paris. Par Mamert Patisson Imprimeur du Roy, au logis de Robert Estienne, 1582. Avec privilege.

Les Tragedies de Robert Garnier, conseiller du Roy, Lieutenant general Criminel au siege Presidial et Senechaussee du Maine; au Roy de France et de Polongne, à Paris. Par Mamert Patisson Imprimeur du Roy, chez Robert Estienne, 1585. Avec privilege.

Les Tragedies de Robert Garnier, conseiller du Roy, Lieutenant general Criminel au siege Presidial et Senechaussee du Maine; au Roy de France et de Polongne. A Tholose (=Toulouse), par Pierre Jagourt, 1588.

2) principales éditions parues depuis 1882:

Robert Garnier: *Les Tragédies,* éditées par W. Fœrster, Heilbronn, Verlag von Gebr. Henninger, 1882-1883, 4 vol. (*Antigone* est placée dans le troisième volume); réédition Genève, Slatkine, 1970.

Robert Garnier : *Œuvres complètes,* éditées par L. Pinvert, Paris, Garnier, 1923, 2 vol.

Œuvres complètes de Robert Garnier, éditées par Raymond Lebègue, Paris, Société Les Belles Lettres, 1949-1974, 4 vol.; *Antigone* figure dans le même volume que *La Troade* (1952); l'*Hymne de la Monarchie* se trouve dans celui qui contient *Les Juives* et *Bradamante* (1949).

B - Autres auteurs:

Aristote, *Poétique,* traduite par Michel Magnien, Le Livre de Poche classique, Paris, Librairie Générale Française, 1990.

Baïf (Jean-Antoine de), *Antigone,* adaptation française de la pièce de Sophocle, 1573; nos citations renvoient au texte édité par Simone Maser (qui suit, en modernisant l'orthographe, l'édition procurée par Ch. Marty-Laveaux, dans les *Euvres en rime de Ian Antoine de Baïf,* tome III, Genève, Slatkine reprints); dans *La tragédie à l'époque d'Henri II et de Charles IX,* première série, vol. 5, coll. Théâtre français de la Renaissance, dirigée par Enea Balmas et Michel Dassonville, Florence, Leo S. Olschki, et Paris, P.U.F., 1993.

Bodin (Jean), *Les Six Livres de la Republique,* Paris, Jacques du Puys, 1576.

Du Bellay, *La Deffence et Illustration de la Langue Françoise,* éd. H. Chamard, Paris, Didier, 1948; rééd. 1970.

Eschyle, *Théâtre,* traduction nouvelle, en français, avec texte, avant-propos, notices et notes par Emile Chambry, Paris, Garnier, 1956.

Euripide, *Les Bacchantes,* introduction, texte, traduction, commentaire, analyse métrique des parties lyriques, par Maurice Lacroix, Paris, 1976.

Euripide, *Les Phéniciennes,* texte traduit et annoté par Louis Méridier, établi et annoté par Fernand Chapouthier, Paris, Société d'Edition «Les Belles Lettres», 1961.

Grévin (Jacques), *Cesar,* 1561, éd. Mariangela Mazzochi Doglio, dans *La tragédie à l'époque d'Henri II et de Charles IX,* première série, vol.2, coll. Théâtre français de la Renaissance, dirigée par Enea Balmas et Michel Dassonville, Florence, Leo S. Olschki, et Paris, P.U.F., 1989.

La Taille (Jean de), *De l'Art de la Tragedie,* dans *Saül le furieux, La Famine ou les Gabeonites,* édition critique par Elliott Forsyth, Paris, Librairie Marcel Didier, 1968.

Nonnos de Panopolis, *Les Dionysiaques,* Paris, Société d'Edition «Les Belles Lettres», en cours de publication depuis 1976.

Ronsard, *Dithyrambes,* dans *Les Amours,* édition établie, présentée et annotée par André Gendre, Paris, Le Livre de Poche classique, Librairie générale Française pour l'introduction et les notes, 1993.

Ronsard, *Les Hymnes de 1555,* éd. P. Laumonier, tome VIII des *Œuvres complètes,* troisième tirage revu et augmenté, Paris, Librairie Marcel Didier, 1973.

Ronsard, *Hynne de Bacchus,* 1560, dans *Œuvres complètes,* éditées par Jean Céard, Daniel Ménager et Michel Simonin, Paris, Gallimard, Bibliothèque de la Pléiade, 1994, tome II, pp.594-601.

Ronsard, *Odes,* dans *Œuvres complètes,* éditées par Jean Céard, Daniel Ménager et Michel Simonin, Paris, Gallimard, Bibliothèque de la Pléiade, 1994, tome I, pp.587-1010.

Ronsard, *Preface sur la Franciade,* dans *Œuvres complètes,* éditées par Jean Céard, Daniel Ménager et Michel Simonin, Paris, Gallimard, Bibliothèque de la Pléiade, 1994, tome I, pp.1161-1180.

Sénèque, *Tragédies,* texte établi et traduit par Léon Herrmann, Paris, Société d'Edition «Les Belles Lettres», 1928-1982, 2 vol.

Sophocle, *Théâtre complet,* édité et traduit en français par R. Pignarre, Paris, Garnier, 1947, 2 vol.

Stace, *Thébaïde,* texte établi et traduit par Roger Lesueur, tome III, Paris, Société d'Edition «Les Belles Lettres», 1994.

II - OUVRAGES:

A - Sur le contexte historique:

G. Zeller, *Les Institutions de France au XVI° siècle,* Paris, P.U.F., 1948.

M. Orlea, *La Noblesse aux Etats généraux de 1576 et de 1588- Etude politique et sociale,* Paris, P.U.F., 1980.

M. Pernot, *Les Guerres de religion en France, 1559-1598,* Paris, C.D.U.- S.E.D.E.S., 1987.

D. Crouzet, *Les Guerriers de Dieu- La Violence en France au temps des troubles de religion, vers 1525-vers 1610,* Seyssel, Champ Vallon, coll. Epoques, 1990, 2 vol.

B - Sur la tragédie de la Renaissance et le genre dramatique:

E. Faguet, *Essai sur la tragédie française au XVI° siècle,* thèse, Paris, Hachette, 1883, rééd. Paris, Fontemoing et Cie, 1912.

E. Rigal, *De Jodelle à Molière,* Paris, Hachette, 1911.

G. Lanson, *Esquisse d'une histoire de la tragédie française*, New-York, 1920; nouvelle édition, Paris, 1927, rééd. 1954.

R. Lebègue, *La Tragédie française de la Renaissance*, Bruxelles, Office de Publicité, 1944; 2° édition, Paris, S.E.D.E.S., 1954.

H.B. Charlton, *Senecan tradition in Renaissance tragedy*, Manchester, 1946.

J. Morel, *La Tragédie*, Paris, A. Colin, coll. U, 2°éd., 1964.

M. Sakharoff, *Le Héros, sa liberté et son efficacité de Garnier à Rotrou*, Paris, Nizet, 1967.

A.-J. Festugière, *De l'Essence de la tragédie grecque*, Paris, Aubier-Montaigne, 1969.

P. Larthomas, *Le Langage dramatique*, Paris, Armand Colin, 1972.

P. Leblanc, *Les Ecrits théoriques et critiques des années 1540-1561 sur la tragédie*, Paris, Nizet, 1972.

J. Morel, *Littérature française, La Renaissance, III*, pp. 137-167, Paris, Arthaud, 1973.

C. Federici, *Réalisme et dramaturgie. Etude de quatre écrivains: Garnier, Hardy, Rotrou, Corneille*, Paris, Nizet, 1974.

D. Stone, *French humanist tragedy. A reassessment*, Manchester University Press, 1974.

F. Charpentier, *Pour une lecture de la tragédie humaniste (Jodelle, Garnier, Montchrestien)*, Saint-Etienne, Publications de l'Université de Saint-Etienne, 1979.

M. Lazard, *Le Théâtre en France au XVI° siècle*, P.U.F., 1980.

A. Couprie, *Lire la tragédie*, Paris, Dunod, 1994.

C - Sur Robert Garnier:

S. Bernage, *Etude sur Robert Garnier*, Paris, Delalain frères, 1880.

H. Chardon, *R. Garnier: sa vie, ses poésies inédites*, R.H. Archives, 1905, rééd. Genève, Slatkine, 1970.

D. Frick, *R. Garnier als barocker Dichter*, Zurich, 1951.

M.-M. Mouflard, *Robert Garnier, 1545-1590*, La Ferté-Bernard, Bellanger, et La Roche-sur-Yon, Imprimerie Centrale de l'Ouest, 3 vol.: *La Vie*, 1961; *L'Œuvre*, 1963; *Les Sources*, 1964.

M. Gras, *Robert Garnier, son art et sa méthode*, Travaux d'Humanisme et Renaissance, Genève, Droz, 1965.

G. Jondorf, *Robert Garnier and the themes of political tragedy in the sixteenth century*, Cambridge University Press, 1969.

J. Holyoake, *A Critical Study of the Tragedies of Robert Garnier (1545-1590)*, American University Studies, Series II Romance Languages and Literature, vol. 57, Peter Lang [New-York, Bern, Frankfurt am Main, Paris]-Peter Lang Publishing, Inc., New-York, 1987.

D - Sur ANTIGONE:

M. Gantner, *Wie hat Garnier in seiner Antigone die antiken Dichtungen benutzt?* Passau, 1887.

J. Izarn, *Les imitations et l'originalité de R. Garnier dans* <u>Antigone</u>, mémoire inédit, présenté à la Faculté des Lettres de Paris, 1949.

Index des mots de l'<u>Antigone</u> de Robert Garnier, concordance, éd. Quemada, Besançon, Faculté des Lettres et Sciences humaines, 1959.

S. Fraisse, *Le Mythe d'Antigone*, Paris, A. Colin, coll. U. Prisme, 1974.

III - ARTICLES ET RECUEIL D'ARTICLES:

A - Sur la tragédie de la Renaissance:

G. Lanson, «Etudes sur les origines de la tragédie classique», *Revue d'Histoire Littéraire de la France*, vol.X, Paris, Armand Colin, 1903, pp.177-231 et 413-436.

R. Lebègue, «La représentation des tragédies au seizième siècle», dans *Mélanges Chamard*, Paris, Nizet, 1951, pp.199-204.

R. Griffiths, «The Influence of formulary rhetoric upon French Renaissance tragedy», *The Modern Language Review*, 1964, pp.201-208.

J. Jacquot et alii, *Les Tragédies de Sénèque et le théâtre de la Renaissance*, C.N.R.S., 1964.

Ch. Mazouer, «Les Mythes antiques dans la tragédie française du XVI° siècle», dans *L'imaginaire du changement en France au XVI° siècle*, éd. Cl. Dubois, Presses Universitaires de Bordeaux, 1984, tome I, pp. 132-161.

B - Sur Robert Garnier:

R. Lebègue, «R. Garnier», *Revue des Cours et Conférences*, 1931-1932. (Le dernier des cinq articles a été réimprimé au tome I des *Etudes sur le théâtre français*, Paris, Nizet, 1977).

R. Lebègue, «Notes sur le vocabulaire de Garnier», *Le Français Moderne*, vol. XVII, 1949, pp.165-181.

R. Lebègue, «Tradition et nouveauté dans le théâtre de Robert Garnier», *Actes du colloque Renaissance-Classicisme du Maine*, Paris, Nizet, 1975, pp. 283-289.

J. Emelina, «La Mort dans les tragédies de R. Garnier», *Mélanges Jean Larmat*, Annales de la Faculté des Lettres et Sciences Humaines de Nice, n° 39, 1982; Paris, Les Belles Lettres, 1983, pp. 321-334.

J. Bailbé, «Ronsard et Robert Garnier» dans *Ronsard et la Grèce, 1585-1985, Actes du colloque d'Athènes et de Delphes, 4-7 octobre 1985*, présentés par Kyriaki Christodoulou, Publications de l'Union scientifique franco-hellénique, série Recherches, n° 3, Paris, Nizet, 1988, pp. 263-275.

F. Lestringant, «Pour une lecture politique du théâtre de Robert Garnier: le commentaire d'André Thevet en 1584», dans *Parcours et rencontres, Mélanges de langue, d'histoire et de littérature françaises offerts à Enea Balmas*, Paris, Klincksieck, 1993, tome 1, pp.405-422.

C - Sur ANTIGONE:

R. Lebègue, «L'unité de lieu dans l'*Antigone* de R. Garnier», *Revue du XVI° siècle*, 1924, XI, pp. 238-251.

Th. Maulnier, «L'*Antigone* de Robert Garnier», *Revue de Paris*, juin 1946, pp. 62-69.

J. Morel, «Le mythe d'Antigone, de Garnier à Racine», dans la *Revista de Letras*, Assis (Brésil), 1964; publié de nouveau sous le titre «Le mythe d'Antigone», dans *Agréables mensonges*, Paris, Klincksieck, 1991.

R. Aulotte, «L'*Ode à l'aimée* de Sapho chez Robert Garnier», dans *Bulletin de l'Association Guillaume Budé*, 4e série, n° 1, mars 1965.

R. Garapon, «L'*Antigone* de Robert Garnier et la légende d'Œdipe», dans *Studi di letteratura francese, XV- Edipo in Francia*, Firenze, Leo Olschki editore, 1989, pp.33-39.

Ch. Mazouer, «La vision tragique de Robert Garnier dans *Hippolyte, La Troade* et *Antigone*», dans *Tragedia e sentimento del tragico nella letteratura francese del Cinquecento*, Studi di Letteratura francese, vol. 232-XVIII, Firenze, Leo Olschki editore, 1990.

V. Sasu «Un cas d'intertextualité au XVI° siècle: l'*Antigone* de Robert Garnier», dans *Romania, Les Mélanges à la mémoire d'Enzo Giudici*, Acta Universitatis Lodziensis, Folia litteraria, n° 26, 1990, pp.257-282.

TABLE DES MATIÈRES

Imprimé en Suisse